裁判精要与规则适用丛书

侵犯人身权利罪
裁判精要与规则适用

人民法院出版社
《法律家》实践教学编委会　编

QINFAN RENSHEN QUANLIZUI
CAIPAN JINGYAO YU GUIZE SHIYONG

人民法院出版社

图书在版编目（CIP）数据

侵犯人身权利罪裁判精要与规则适用 / 人民法院出版社，《法律家》实践教学编委会编.——北京：人民法院出版社，2020.11
（裁判精要与规则适用丛书）
ISBN 978-7-5109-2966-3

Ⅰ.①侵… Ⅱ.①人… ②法… Ⅲ.①侵犯人身权利罪—案例—中国 Ⅳ.①D924.345

中国版本图书馆CIP数据核字（2020）第205607号

侵犯人身权利罪裁判精要与规则适用
人民法院出版社、《法律家》实践教学编委会　编

策划编辑	李安尼
责任编辑	赵芳慧
出版发行	人民法院出版社
地　　址	北京市东城区东交民巷27号（100745）
电　　话	（010）67550628（责任编辑）　67550558（发行部查询）
	65223677（读者服务部）
客服QQ	2092078039
网　　址	http://www.courtbook.com.cn
E－mail	courtpress@sohu.com
印　　刷	三河市国英印务有限公司
经　　销	新华书店
开　　本	787毫米×1092毫米　1/16
字　　数	367千字
印　　张	23.25
版　　次	2020年11月第1版　2020年11月第1次印刷
书　　号	ISBN 978-7-5109-2966-3
定　　价	75.00元

版权所有　侵权必究

《侵犯人身权利罪裁判精要与规则适用》编辑委员会

主　编：李　本

副主编：徐　伟　王元庆　胡凤滨　张春玲　董玉凤　姚　红

编　委：张　春　聂国丰　马腾溪　白　雪　路俊梅　姜　丽
　　　　谭　畅　李　娜　王梓伊　李圣楠　王育民　秦　利
　　　　付芳琳　张东齐　宋婉凝　郭晓萍　翟丽晶　宁虹超
　　　　程　芳　郭英杰　曹营珠　吴晓朦　全　蕾　曲殿君
　　　　郭庆香　何　波

前　言

最高人民法院一向重视案例在司法审判中的作用，自二十世纪五六十年代开始，就有通过编选案例来总结审判工作经验、指导审判工作的习惯。自1985年起，最高人民法院编辑的《最高人民法院公报》定期公开出版发行，并在公报中发布典型案例，登载该案例的裁判摘要或裁判要点。2010年最高人民法院发布《关于案例指导工作的规定》，建立了在司法审判中"类案参照适用"的规则与制度。同时，最高人民法院规定了作为"类案"标准的"指导性案例"的来源、甄选、审查、发布的规则。到目前为止，最高人民法院已经发布一定数量的指导性案例。这些案例对统一法律适用，提高审判质量，维护司法公正，起到了相当大的作用。

但与此同时应当看到，我国案例指导制度建立的时间仍相对较短。最高人民法院对推出指导性案例较为慎重，其发布的指导性案例数量较少而司法实践中对指导性案例的需求量又很大，现有的指导性案例尚不能完全满足司法实践中对指导性案例的需求。因此，就需要有其他具有一定权威性和规范性的典型案例在司法审判工作中类比参考适用。

基于上述情况，为满足司法实践中对具有指导性作用案例的需求，人民法院出版社与《法律家》实践教学编委会共同推出了《裁判精要与规则适用》丛书。本丛书从最近几年《最高人民法院公报》中发布的案例和最高人民法院各审判庭选择公布的案例中精选部分对我国司法审判工作有一定指导与示范作用的典型案例，提炼出体现认定事实和适用法律裁量标准范式的"裁判要旨"，在法理上深入论述，并着重指出比照适用的要点。

本丛书为开放式丛书，本次拟推出刑事卷4册，分别为：《侵犯财产罪裁判精要与规则适用》《侵犯人身权利罪裁判精要与规则适用》《妨害社会管理秩序罪裁判精要与规则适用》《破坏社会主义市场经济秩序罪裁判精要与规则适用》。每一分册在体例上均包含案例来源、基本案情、判决主文、裁判要旨、重点提示五个部分。

本丛书具有以下显著特色：

1. 案例权威，内容丰富。本丛书选取的案例主要来自《最高人民法院公报》《人民司法·案例》《人民法院报》等，并依托案例大数据资源，对民刑事审判实践中较为常见的争议点进行归纳总结，抓住案件认定事实和适用法律的关键点，并对民刑事审判实践中适用案例时要注意的问题，作了重点提示。

2. 实用方便，指导实践。本丛书对选取的案例进行逐个梳理，通过对案例基本案情、判决主文、裁判要旨的提炼，法律修订前后的对比，编辑出契合司法审判中常见问题的裁判规则，对解决类似问题具有一定的参考作用。

3. 传统纸媒与数字内容深度融合。鉴于本丛书涉及的案例和裁判文书原文内容庞大，悉数收录全文将增大图书篇幅、不便于阅读，遂本丛书纸质部分仅提供了案例来源、基本案情、判决主文、裁判要旨、重点提示五部分内容。读者可扫描相应位置的二维码，进入"法律家"数据平台查看裁判文书原文。

最后，要着重强调，正是由于本丛书所选取的案例中裁判法官们具有深厚的学术造诣、严谨的执法态度以及在司法实践中积极探索的精神，才使本丛书中的案例能够成为司法实践中具有指导性作用的案例，成为中国法学理论界、法律实务界和社会各界学习、研究、适用法律的范本，在此特表示感谢。

人民法院出版社
《法律家》实践教学编委会
二〇二〇年九月十五日

目 录

第一章 故意杀人罪（14例）

一、故意杀人罪的认定（6例）……………………………………（1）
1. 将新生婴儿遗弃在获救希望渺茫的深山野林的行为性质……（1）
2. 玩"危险游戏"致人死亡案件中主观心态的认定…………（3）
3. 不具备"轻信能够避免"条件而放任死亡后果发生行为的定性……（5）
4. 交通肇事后逃逸致人死亡的行为构成何罪…………………（8）
5. 聚众斗殴致人死亡的行为定性………………………………（11）
6. 提供农药由受害人自行服下后未予施救致死的行为构成何罪……（15）

二、故意杀人罪的量刑（4例）……………………………………（18）
1. 家暴受害者为反抗而杀害施暴者的量刑……………………（18）
2. 对并非以特别残忍手段致人死亡的满75周岁被告人的量刑……（20）
3. 吸食毒品后产生错误认识持刀杀人的量刑问题……………（23）
4. 聚众斗殴致人重伤、死亡案件中首要分子的刑事责任……（25）

三、故意杀人罪与他罪的界限（4例）……………………………（28）
1. 强推被害人落水溺亡行为的性质认定………………………（28）
2. 投毒后造成目标之外他人死亡的行为如何定性……………（31）
3. 醉驾致死案中如何区分交通肇事罪与故意杀人罪…………（34）
4. 运赃途中为抗拒抓捕而杀人的行为性质认定………………（36）

第二章　过失致人死亡罪（7例）

一、犯罪过失的认定（2例）······（39）
1. 过失犯罪中违反注意义务的判断标准······（39）
2. 疏忽大意的过失与意外事件的区别······（42）

二、过失致人死亡罪与他罪的界限（5例）······（44）
1. 家长体罚子女致子女死亡行为的定性······（44）
2. 争执中使用轻微暴力致受害人摔倒死亡的行为构成何罪······（46）
3. 因争执手推被害人致其坠楼死亡行为的性质······（49）
4. 在一端封闭的便道上交通肇事的性质认定······（51）
5. 仅有被告人供述如何认定夫妻间争执致一方死亡的性质······（54）

第三章　故意伤害罪（16例）

一、故意伤害罪的认定（7例）······（57）
1. 打击错误致人死亡的行为定性问题······（57）
2. 监护人殴打未成年人致其轻伤应如何定罪······（59）
3. 酒后驾车造成重大伤害案件的定罪量刑······（61）
4. 为实施伤害行为提供工具的行为性质认定问题······（64）
5. 因不满转院建议殴打医生致其轻伤的行为性质······（67）
6. 造成被害人死亡后果的伤害行为构成何罪······（69）
7. 犯罪行为停止后持枪射击致人伤亡的行为定性······（71）

二、转化型故意伤害罪（2例）······（74）
1. 犯意对转化型犯罪认定的影响······（74）
2. 在聚众斗殴转化型犯罪中如何确定量刑起点······（76）

三、故意伤害罪与正当防卫的界限（3例）······（79）
1. 反抗家庭暴力致施暴方死亡行为的定罪量刑······（79）
2. 制止家庭暴力行为的正当性分析······（82）

3. 正当防卫中不法侵害行为的界定…………………………………（84）

四、故意伤害罪的量刑（4例）…………………………………………（86）
　　1. 多因一果故意伤害致死的量刑……………………………………（86）
　　2. 医疗纠纷中打伤医务人员的量刑考量因素………………………（89）
　　3. 关于未成年人犯罪的缓刑适用问题………………………………（91）
　　4. 尚未完全丧失辨认或控制能力的精神病人实施伤害行为的量刑……（94）

第四章　过失致人重伤罪（2例）

　　1. 主观过失及被害人自身疾病对定罪的影响………………………（97）
　　2. 争抢买单中推搡致人重伤行为的主观罪过认定…………………（99）

第五章　强奸罪（26例）

一、强奸罪的认定（6例）……………………………………………（102）
　　1. 强奸案中"一对一"证据的审查…………………………………（102）
　　2. 利用抢劫形成的精神强制与被害妇女发生性关系是否构成犯罪……（105）
　　3. 暴力与陪酒女发生性关系行为的性质认定………………………（108）
　　4. 见危不助的消极不作为可否与积极作为构成事中共犯……………（111）
　　5. 明知幼女被强迫卖淫仍强行与其发生性关系的性质认定…………（113）
　　6. 非正常婚姻状态下强奸罪的认定…………………………………（115）

二、轮奸的认定及量刑（5例）………………………………………（118）
　　1. 轮流强奸中一人未得逞是否构成轮奸……………………………（118）
　　2. 多人未经共谋在不同地点先后强奸同一被害人是否构成轮奸……（120）
　　3. 轮奸幼女加重处罚与从重处罚情节同时适用的问题………………（122）
　　4. 二人轮流强奸同一女性一人未得逞的是否构成轮奸………………（125）
　　5. 帮助犯起意强奸同一被害人的，强奸完毕离开的行为人是否
　　　　构成轮奸……………………………………………………………（127）

三、奸淫幼女的认定及量刑（5例）……………………………（130）
1. 对明知幼女的认定及对未成年人强奸幼女的量刑……………（130）
2. 有共同家庭生活关系的人多次奸淫幼女致其怀孕是否属于
   "情节恶劣"……………………………………………………（132）
3. 奸淫幼女案中"明知"被害人系幼女的认定问题………………（134）
4. 以金钱诱惑多名幼女发生性关系的定罪量刑问题……………（136）
5. 幼女自愿与其发生性行为的性质认定…………………………（138）

四、强奸犯罪形态的认定（2例）……………………………（140）
1. 趁妇女行动不便强行与其发生性行为的犯罪形态认定………（140）
2. 共谋轮奸中未得逞的人犯罪形态的认定问题…………………（142）

五、强奸罪加重处罚情形（6例）……………………………（144）
1. 多次性侵智力残疾妇女行为的处罚问题………………………（144）
2. 长期性侵多名不满14周岁的继女的处罚问题…………………（146）
3. 长时间非法拘禁并多次实施强奸行为的量刑问题……………（147）
4. 强奸致被害人怀孕的是否属于强奸罪的其他严重后果………（149）
5. 进入学校宿舍性侵多人的量刑问题……………………………（152）
6. 强奸罪"公共场所当众"加重处罚情节的认定…………………（154）

六、强奸罪罪数的认定（2例）………………………………（156）
1. 强奸犯罪中使用暴力致被害人死亡的定罪问题………………（156）
2. 强奸犯罪中非强奸行为导致被害人死亡的罪数认定…………（158）

第六章 强制猥亵、侮辱罪（6例）

1. 以将裸照上传网络胁迫妇女自拍侮辱性照片行为的定性……（161）
2. 深夜潜入学校宿舍猥亵在校女生的定罪处罚…………………（163）
3. 医生超出职责范围检查多名女学生身体的定罪量刑问题……（165）
4. 因涉嫌强制猥亵妇女到案后主动供述猥亵儿童事实的是否
   构成自首…………………………………………………………（167）

5. 多次奸淫幼女又实施猥亵行为的定罪量刑问题 ············（169）
6. 强制猥亵妇女案件中禁止令的适用问题 ··················（171）

第七章 猥亵儿童罪（8例）

1. 与男童发生性行为的定罪量刑问题 ······················（174）
2. 通过网络实施的非直接接触的淫秽行为如何定性 ··········（176）
3. 在性侵未成年人的"零口供"案件中如何把握证据标准 ······（178）
4. 教师在学校教室等地猥亵儿童的量刑问题 ················（180）
5. 继父多次猥亵未成年继女的定罪量刑问题 ················（182）
6. 多次猥亵多名未满14周岁男童但有悔罪表现的量刑 ········（184）
7. 奸淫幼女与猥亵儿童的区别 ····························（186）
8. 无证据证明猥亵行为与女童性器官接触时的定性问题 ······（188）

第八章 非法拘禁罪（6例）

1. 债务无法查清情形下索债型非法拘禁行为的定性 ··········（191）
2. 抱走年幼继女向欲离婚妻子索要抚养费、彩礼费行为的定性 ···（193）
3. 传销组织看管他人致其逃跑时死亡的定性 ················（196）
4. 以剥夺他人人身自由的方式索回赌资行为的定性 ··········（198）
5. 为要挟配偶回家挟持儿童行为的定性 ····················（201）
6. 为索债拘禁他人致死行为的定性与处罚 ··················（203）

第九章 绑架罪（8例）

一、绑架罪的认定（3例）································（208）
1. 绑架罪中以勒索财物为目的的认定及情节较轻的适用 ······（208）
2. 索取财物明显超过债务数额行为的定性 ··················（211）

3. 当场勒索与当场抢劫的区分……………………………………（213）
　二、绑架罪的量刑（3例）……………………………………………（215）
　　1. 宽严相济刑事政策在严重暴力犯罪事件中的适用………………（215）
　　2. "杀害被绑架人"的认定及未造成死亡后果的刑罚适用…………（219）
　　3. "致使被绑架人死亡"情形中刑法因果关系的分析………………（222）
　三、绑架罪与他罪的界限（2例）……………………………………（224）
　　1. 行为手段的当场性对区分绑架罪与抢劫罪的影响………………（224）
　　2. 受雇劫持他人后又向雇主勒索钱财行为的定性…………………（226）

第十章　拐卖妇女、儿童罪（10例）

　一、拐卖妇女、儿童罪的认定（7例）………………………………（230）
　　1. 介绍被拐骗妇女给他人为妻从中谋利行为的定性………………（230）
　　2. 受害人特殊身份与职业对拐卖妇女罪定性的影响………………（233）
　　3. 以非法获利为目的出卖亲生子女行为的定性……………………（235）
　　4. 以收养为名安排孕妇待产后出卖婴儿行为的定性………………（238）
　　5. 居间介绍收养儿童与以非法获利为目的拐卖儿童的区分………（241）
　　6. 为无民事行为能力妇女介绍对象收取费用行为的定性…………（244）
　　7. 收买婴幼儿后转卖行为的定性……………………………………（246）
　二、拐卖妇女、儿童罪的量刑（3例）………………………………（248）
　　1. 关于多次居间介绍且强抢儿童贩卖的量刑问题…………………（248）
　　2. 因家境困难出卖亲生子的量刑问题………………………………（250）
　　3. 关于拐卖儿童后又主动送回的量刑问题…………………………（252）

第十一章　收买被拐卖的妇女、儿童罪（3例）

　　1. 收买被拐卖的妇女后又强迫其卖淫的定罪量刑问题……………（255）
　　2. 收买被拐卖的儿童罪中"明知"的认定……………………………（257）

3. 收买被拐卖的儿童后未虐待且未阻止解救的量刑问题……………（259）

第十二章 诬告陷害罪（2例）

1. 诬告陷害罪自诉案件的审查与处理………………………………（261）
2. 捏造司法工作人员犯罪事实的定性与处理………………………（263）

第十三章 强迫劳动罪（2例）

1. 以限制人身自由的方式强迫未成年人劳动的定罪量刑问题………（267）
2. 强迫劳动罪与非罪的区分…………………………………………（270）

第十四章 非法侵入住宅罪（1例）

非法侵入住宅罪的认定标准……………………………………………（273）

第十五章 侮辱罪、诽谤罪（2例）

1. "人肉搜索"致人自杀死亡的行为性质及侮辱罪提起公诉的情形（276）
2. 利用网络散布捏造事实的行为的认定………………………………（278）

第十六章 侵犯公民个人信息罪（8例）

一、公民个人信息的认定（2例）……………………………………（282）
1. 公开的工商企业登记信息的性质认定………………………………（282）
2. 手机定位信息是否属于刑法中的公民个人信息……………………（285）

二、侵犯公民个人信息罪的认定（5例）……………………………（288）
　　1. 买卖网购订单信息行为的定性………………………………（288）
　　2. 购买学生信息并出售牟利行为的定性………………………（290）
　　3. 非法获取并在网上发布他人开房记录致其自杀行为的定性……（292）
　　4. 侵犯公民个人信息犯罪的构罪要素…………………………（296）
　　5. 通过跟踪获取他人日常活动信息行为的定性………………（299）

三、侵犯公民个人信息罪的量刑（1例）……………………………（301）
　　侵犯公民个人信息犯罪中情节严重的认定……………………（301）

第十七章　重婚罪（3例）

　　1. 外籍已婚人士在我国境内与他人以夫妻名义同居的定性问题………（305）
　　2. 重婚罪追诉时效的认定问题…………………………………（308）
　　3. 涉外重婚犯罪案件的管辖及域外证据的审查采信问题……（310）

第十八章　虐待罪（2例）

　　1. 长期殴打共同生活的原配偶致其自杀身亡的行为定性……（314）
　　2. 虐待未成年子女过程中又实施故意伤害行为的处理………（316）

第十九章　遗弃罪（2例）

　　1. 继父母将智障继子女私自送走致其流浪的行为定性………（319）
　　2. 借送养之名出卖亲生子女行为的定罪问题…………………（321）

第二十章　拐骗儿童罪（2例）

　　1. 以寄养家庭为名使儿童脱离家庭以供役使行为的定性……（324）

2. 拐骗儿童后组织儿童乞讨行为的定性 ……………………………………（326）

第二十一章　组织残疾人、儿童乞讨罪（2例）

1. 组织儿童乞讨罪中"暴力、胁迫"手段、"组织"行为的认定……（329）
2. 暴力控制多名残疾人在多地多次乞讨的定罪处罚问题………………（332）

附录：侵犯公民人身权利罪相关规定 ……………………………………（335）

第一章　故意杀人罪（14例）

一、故意杀人罪的认定（6例）

1. 将新生婴儿遗弃在获救希望渺茫的深山野林的行为性质

案例来源

万×龙、徐××故意杀人案

发布单位：最高人民法院刑事审判第一、二、三、四、五庭《刑事审判参考》2014年第3集（总第98集）

审判法院：黑龙江省双鸭山市宝清县人民法院

基本案情

万×龙与徐××系夫妻。2010年7月16日，万×龙与徐××刚出生4天的女儿万××被确诊为梅毒携带者且治愈后将留有残疾。当日下午，万×龙将万××遗弃在黑龙江省宝清县妇幼保健院北面路边菜园内，后因担心万××被路人抱走，万×龙与徐××商定后欲将万××扔到宝清县人烟稀少的龙头桥水库。当日晚间，万×龙驾驶摩托车搭载万××去往水库过程中，发现宝清县××镇××村小西山有片林地，人烟稀少，即将万××置于该地后驾车回家。次日早晨，一农民上山捡蘑菇时救回了尚存活的万××并报案。

公诉机关以万×龙、徐××犯故意杀人罪，提起公诉。

判决主文

一审法院判决：被告人万×龙、徐××犯故意杀人罪，判处万×龙有期徒刑四年、徐××有期徒刑二年。

宣判后，被告人万×龙、徐××未提起上诉，公诉机关亦未提出抗诉，判决已发生法律效力。

裁判要旨

将新生婴儿遗弃在妇幼保健院附近后，因担心过路行人发现，又将其捡回扔到人烟稀少的深山野林的行为，足以表明行为人明知其遗弃行为会导致婴儿死亡的后果，仍持希望或者放任态度，具有杀害的故意，构成故意杀人罪，而非遗弃罪。

重点提示

司法实践中，认定父母拒不履行抚养义务、将出生不久的女婴遗弃在获救希望渺茫的深山野林的行为构成何罪时，应当注意以下几点：（1）抛弃行为的原因和动机对行为定性的影响。对于因家庭经济困难而遗弃患病婴幼儿的案件，应当区分行为人实施遗弃行为的动机以及是否希望婴幼儿能够得到他人的有效救助。通常情形下，对于行为人将患重病的婴幼儿遗弃在医院、政府民政部门或福利院等机构，或者同时还对婴幼儿的疾病情况予以说明的，则表明行为人具有希望婴幼儿获得关怀和救治的意愿，应当认定为遗弃行为；相反，将婴幼儿放置到车辆穿行的高速公路等具有高度危险的地区或者是人迹罕至的野外，足以反映出行为人主观上希望或放任婴幼儿死亡，至少也是不希望婴幼儿获得救治，应认定行为人具有杀害婴幼儿的故意，构成故意杀人罪。（2）遗弃的时间、地点、对象、手段、后果等客观要件对行为定性的影响。区分遗弃婴幼儿是构成遗弃罪还是故意杀人罪的关键在于，遗弃行为是否具有导致婴幼儿生命被剥夺的紧迫现实危险，因此遗弃行为的发生时间、地点、对象、手段就成为判断遗弃行为性质的决定性因素。刑法意义上的遗弃必须是对行为人抚养义务的违反，同时不会使婴幼儿的命运处于行为人排他性的支配之下。如果行为人将婴幼儿弃置于超市入口、车站站台、集市路边等人流量大、容易被人发现并获得救助的地点，由于婴幼儿具有较大的存活可能性，此种遗弃行为应认定为构成遗弃罪而非故意杀人罪；反之，如果行为人是将婴幼儿遗弃于不能获得救助或者获得救助希望渺茫的地点的，则构成故意杀人罪。（3）行为人实施遗弃行为后的表现对行为定性的影响。行为人将婴幼儿遗弃后，当其发现遗弃行为对婴幼儿生命、健康产生威胁时，此时行为人的表现同样反映了行为人的主观意愿。此时，行为人是对婴幼儿予以积极救助还是对婴幼儿置之不理甚至对婴幼儿施加二次伤害，能够反映出其是否具有杀害婴幼儿的主观故意，同时还能够成为量刑的重要参考依据。例如，行为人将婴幼儿遗弃后仍躲在附近观察，直到婴幼儿被人带走后才离去，或者婴幼儿一直未被人注意，行为人又将婴幼儿带到能够获得他人关注、救助、关心更多的地点的，虽然行为人是二次遗弃，但由于其变更遗弃地点客观上减少了婴幼儿受到伤害的可能性，因此应当定性为遗弃罪。与之相反，如果行为人将婴幼儿带到遗弃地点后便直接离开，放任婴幼儿死亡的，或者在婴幼儿处于生命、健康危险时，实施二次伤害行为的，则可以认定行为人主观上持放任甚至追求婴幼儿死亡的故意，构成故意杀人罪。

2. 玩"危险游戏"致人死亡案件中主观心态的认定

案例来源

张×故意杀人案

发布单位：最高人民法院刑事审判第一、二、三、四、五庭《刑事审判参考》2014年第6集（总第101集）

审判法院：浙江省高级人民法院

基本案情

张×与张×敏均在浙江省慈溪市务工，共同居住在慈溪市××镇××

村××二弄××号×××室。2012年8月13日1时许,张×决定与张×敏尝试一下其在网上看到的"用绳子勒脖子会让人产生快感"的"游戏"。之后,张×与张×敏面对面躺在床上,张×用事先准备好的裙带系住张×敏的颈部,将两端拉紧,亲友和邻居听到张×敏的挣扎、呼救,前来询问,张×称张×敏在说梦话。随后,张×发现张×敏已窒息死亡。8时许,张×在割腕自杀未遂醒来后向公安机关报警求救。面对公安机关询问,张×交代了自己的犯罪事实。案发后,双方家属达成赔偿和解协议。

公诉机关以张×犯故意杀人罪,提起公诉。

张×辩称:其没有杀死张×敏的故意。

张×的辩护人辩称:张×并不具有杀人的主观故意,其行为构成过失致人死亡罪而非故意杀人罪,请求对张×从轻处罚。

一审法院判决后,被告人张×不服,以一审判决定性不当为由,提起上诉。

判决主文

一审法院判决:被告人张×犯故意杀人罪,判处有期徒刑七年。

二审法院裁定:驳回上诉,维持原判。

裁判要旨

行为人与被害人尝试勒颈部会有快感的"游戏",最终用裙带将被害人勒死。行为人作为成年人,理应对勒颈部可能致人死亡的常识有所认识,却仍不顾致命的可能,对死亡结果是明知的。在"游戏"进行中,行为人不顾被害人呼救,在其挣扎、反应激烈时仍然继续,对死亡结果持放任态度,其行为符合故意杀人罪的特征,应以故意杀人罪定罪处罚。

重点提示

对于因追求刺激玩"危险游戏"造成被害人死亡的案件,虽然"危险游戏"已脱离正常娱乐、放松范畴,具备相当危险性,但因当事人多为自愿参与,所以在危险后果发生后对被告人主观心态的认定存在一定困难和争议,存在该行为仅构成过失致人死亡罪和成立间接故意杀人罪的两种不同意见。司法实践中，认定被告人的主观心态和行为性质时，应当注意以下几点：(1)"危险游戏"开始前，被告人对所面临的高度危险性是否明知。被告人与被害人参与危险游戏，目的虽是追求刺激，但所采取的行为往往都具有高度危险性，即存在足以致人死亡的危险，被告人作为一个具有完全行为能力的成年人，对人所共知的常识不存在认识上的障碍，对游戏的高度危险性应有充分认识。此外，结合在案的证据，若实施危险游戏的工具会致人死亡，且有被告人的供述予以印证的，则应认定在游戏开始前，被告人对其实施的危险行为可能会造成他人死亡的后果是明知的。(2)"危险游戏"进行过程中，被告人对所面临的高度危险性是否明知。对此要考察被告人与被害人之间是否存在终止游戏的约定。如果双方事先对终止游戏的情形作出了约定，而在游戏进行中，被害人予以反抗要求终止游戏，则应认定被告人明知其行为足以造成被害人无法承受的痛苦和生命危险，即其危险是完全可以感知并应作出理性判断。此种情形下，若被告人未终止而是继续进行危险游戏并最终导致被害人死亡的，则应认定在游戏进行中被告人对其危险行为已现实威胁到被害人的生命安全是明知的。(3)被告人是否存在放任危险结果发生的行为。在被告人明知危险行为可能面临的危险和游戏现实危险性的情况下，是否放弃继续实施危险行为，表明了被告人对危害结果发生的主观心态。如果被害人已出现挣扎、呼救等激烈的异常反应，而被告人则以使被害人体验快感的时间更久些为由，继续实施危险行为并最终造成被害人死亡的，则表明被告人放任了被害人死亡结果的发生，主观上具有间接故意杀人的特征，构成故意杀人罪。

3. 不具备"轻信能够避免"条件而放任死亡后果发生行为的定性

案例来源

赵×故意杀人案

发布单位：国家法官学院《中国审判案例要览》(2014年刑事审判案例卷)

审判法院：山东省青岛市市北区人民法院

判决日期：2013 年 12 月 6 日

案　　　号：（2013）北刑初字第 561 号

基本案情

2012 年 12 月 31 日，赵×驾驶车牌号为鲁 UT9××× 的出租车行驶至青岛市市北区抚顺路与鞍山二路交叉口时，与李××驾驶的车牌号为鲁 BD6××× 的比亚迪车发生剐蹭，李×× 在未停车的情况下驾车离开。此后，赵×尾随李×× 车辆至青岛市鞍山二路与南宁路路口附近时，比亚迪车上的李××、葛×× 手持器械和杨×× 下车，向赵×驾驶的出租车走来，李×× 持棒球棒将出租车左侧后车窗玻璃砸碎，葛×× 持铁锹将出租车右侧后车窗及前挡风玻璃砸碎。为此，赵×为躲避李××、葛×× 等人的伤害，欲驾驶车辆冲散李×× 等人后离开。但赵×在加速驾车离开时将车前方的杨×× 撞倒，并从杨×× 身上碾过，杨×× 后经医院抢救无效死亡。此后，赵×拨打报警电话投案。案发后，赵×的亲属代为赔偿杨×× 亲属共计 70 万元。

公诉机关以赵×犯过失致人死亡罪，提起公诉。

赵×的辩护人辩称：首先，赵×是在人身安全受到他人侵害时为避免受到更大伤害而采取驾车逃离的措施，并无伤害他人的主观故意，不构成故意杀人罪，而是构成过失致人死亡罪。其次，赵×在案发后投案自首，系初犯，且其家属积极赔偿被害人损失，可从轻或减轻处罚。

判决主文

一审法院判决：被告人赵×犯故意杀人罪，判处有期徒刑二年六个月。

宣判后，被告人赵×未提起上诉，公诉机关亦未提出抗诉，判决已发生法律效力。

裁判要旨

行为人在其人身安全受到被害人侵害时，驾驶机动车撞击并碾压被害人致其死亡。行为人作为完全刑事责任能力人，应当明知驾车撞击并碾压被害人可能造成被害人受伤或死亡的后果，仍实施该行为且未采取任何减速及救助措施，主观意志上不具备"轻信能够避免"的条件，而是对危害后果的发生持放任态度，属于间接故意的情形，应以故意杀人罪定罪处罚。

重点提示

司法实践中，认定行为人因琐事与被害人发生冲突后，为躲避被害人的袭击，驾驶机动车冲撞被害人致其死亡案件的性质时，应当注意以下几点：（1）"轻信能够避免"条件的认定。轻信能够避免，是指行为人在对主客观方面条件进行分析之后得出判断，认为危害后果可以避免，譬如自恃技术熟练、经验丰富或者采取了一定的防止措施，认为能够避免危害结果的发生。由此可知，在"轻信能够避免"的条件下，行为人是不希望危害后果的发生的，即对危害后果的发生持有的是排斥或反对的态度。若行为人对危害后果的发生持放任态度，则其主观意志与"轻信能够避免"有本质的不同，应认定为不具备"轻信能够避免"的条件。（2）过于自信的过失与间接故意的区分。在认识因素上，两者均属于已经预见到自己的行为可能会发生危害社会的后果；但在意志因素上，过于自信的过失是因轻信危害后果能够避免而对危害后果的发生持反对的、排斥的态度，间接故意则是对危害后果的发生持放任态度，不积极追求危害后果的发生，但也不排斥、不反对危害后果的发生。据此，在行为人与被害人发生冲突后，驾驶机动车撞向被害人时，未采取减速制动措施或转向避让等措施。在撞倒被害人后，亦未采取减速停车或及时救治被害人等措施，而是径直碾压或者在感觉机动车有所颠簸、可能有人在车下时，仍未采取任何施救或补救措施，而是驾车离开现场的，应认定行为人主观上属于已经预见到自己的行为可能发生被害人伤害或死亡的后果，却对该后果持放任态度，既不积极追求危害后果的发生，也不排斥、不反对危害后果的发生，属于间接故意的情形。（3）防卫过当并非故意杀人罪"情节较轻"的认定情节。我国《刑法》第232条对故意杀人罪"情节较轻"的具体情形和认定标准并没有作出明确规定，实务中，通常是结合犯罪行为的客观危害性、行为人的主观恶性及人身危险性等因素综合判定。虽然刑法理论通说认为防卫过当杀人属于"情节较轻"，但根据我国《刑法》第20条的规定可知，防卫过当属于刑法总则中明确规定的减轻处罚情节，而故意杀人"情节较轻"的认定属于刑法分则关于故意杀人罪法定刑的规定，若将防卫过当认定为故意杀人罪"情节较轻"的情节，则会产生在量刑时重复使用防卫过当这一法定情节的情况，与"禁止重复评价量刑情节"的刑法量刑原则相悖。

4. 交通肇事后逃逸致人死亡的行为构成何罪

案例来源

李××故意杀人案

发布单位：最高人民法院《人民司法·案例》2013年第4期（总第663期）

审判法院：上海市虹口区人民法院

判决日期：2012年8月7日

案　　号：（2012）虹刑初字第587号

基本案情

2005年10月16日，李××驾驶二轮摩托车进行营运载客时，搭载乘客章×行驶期间，因对二轮摩托车操作不当，车头撞击到路边隔离带，致章×从摩托车后座甩出倒地。事故发生后，李××下车查看，发现章×躺在机动车道内，但因身体严重受伤而失去活动能力。李××为逃避责任，自行驾车逃逸，将章×擅自遗留在机动车道内且未采取任何保护措施。此后，章×被途径的大货车碾压致当场死亡。案发后，××市公安局××分局交通警察支队出具的《道路交通事故认定书》认定：李××负此事故的全部责任。××

科学技术研究所出具的《尸体检验报告书》认定：章×符合在交通事故中造成复合伤而死亡。2011年10月，李××主动至××省××县公安局××派出所投案。

公诉机关以李××犯故意杀人罪，提起公诉。

庭审中，李××的辩护人辩称：发生交通事故时，李××的主观心态系基于轻信可以避免死亡结果而自行逃逸，其行为属于交通肇事逃逸致人死亡的加重情节，而不构成故意杀人罪。

判决主文

一审法院判决：被告人李××犯故意杀人罪，判处有期徒刑十二年，剥夺政治权利三年。

宣判后，被告人李××未提起上诉，公诉机关亦未提出抗诉，判决已发生法律效力。

裁判要旨

行为人在交通肇事后，为逃避法律追究，明知对先行行为产生的救助义务不履行可能导致受害人死亡的危害结果，仍对死亡后果的发生不管不顾而逃离现场，最终导致受害人死亡的，其主观心态系放任死亡后果的发生，应认定为间接故意杀人，以故意杀人罪定罪处罚。

重点提示

实务中对车辆驾驶人交通肇事逃逸后，致事故受害人被其他机动车碾压致死行为的定性，存在着交通肇事逃逸致人死亡的加重情节和间接故意杀人的争议。司法实践中，界定交通肇事后逃逸致人死亡的行为性质时，应当注意以下几点：（1）交通肇事逃逸属于不纯正的不作为犯罪。不纯正的不作为犯罪作为不作为犯罪的一种具体表现形式，具体是指行为人通过不作为的犯罪行为实施了通常以作为方式成立的犯罪。不纯正的不作为犯罪的构成要件为：①行为人必须负有法律规定的作为义务。在交通肇事案件中，根据《道路交通安全法》第 70 条的规定可知，机动车驾驶人负有的作为义务是在发生交通事故后履行抢救伤员并报警的法定义务。②行为人具备履行义务能力而不履行。只要行为人具备能够履行的能力而不履行的，即成立不作为。在交通肇事逃逸案件中，即使发生事故的原因系驾驶人操作不当引发，但若机动车驾驶人仍能驾车逃逸，则表明驾驶人在事故后仍具备行动能力，完全能够对受害人展开施救并避免更严重的危害结果发生。③行为人不履行特定作为义务导致可能或者已经造成的危害结果与作为犯罪可能或者已经造成的危害结果具有等价性。由于认定犯罪成立是不纯正不作为与作为共用一个犯罪构成要件，因此不纯正不作为与作为必须具备等价性。交通肇事逃逸案件中的驾驶人在交通事故发生后，应当预见到受伤的受害人极易被后续经过车辆碾压致死，仍逃逸不救助受害人的行为可能造成的危害结果与作为的杀人行为可能造成的危害结果具有等价性。(2) 交通肇事逃逸后受害人遭其他机动车碾压死亡不构成因果关系中断。因果关系的中断必须满足以下条件：①必须有其他因素的介入。②介入因素必须是异常原因，必须是在通常情况下不会介入的某种行为或自然力。③中途介入的因素必须合乎规律地引起危害结果的发生。在交通肇事逃逸后受害人遭其他机动车碾压死亡的案件中，受害人死亡的原因包括两个：一是受害人因机动车驾驶人肇事的行为受伤；二是其他介入因素，即受害人受伤后再次被其他机动车碾压。在正常通行的道路中，机动车往来属于正常情况，机动车驾驶人逃逸后，后续机动车是必然会出现的因素，不属于异常介入因素。此外，受害人受伤后身处通行道路中且行动能力受限，被其他机动车碾压属于必然或者极大可能发生的后果，故受害人的死亡结果并非出乎意料。综上，驾驶人肇事后逃逸致受害人被其他机动车碾压并非异常介入因素，受害人死亡是必然或极大可能的危害后果，因此驾驶人的逃逸行为与受害人的死亡结果之间不构成因果关系中断。(3) 间接故意犯罪与过于自信过失犯罪的区分。首先，从认识因素上看，间接故意犯罪与过于自信过失犯罪在行为人对危害结果发生可能性转化为现实性的认识程度上存在不同。前者要求行为人明知自己的行为会发生危害后果，即对犯罪实行行为可能发生的结果有着较为清楚和现实的认识；而后者则要求行为人只要能够预见到危害结果具有发生的可能性即可，即对其实行行为可能发生的危害结果只存在较为模糊的认识。其次，从意志因素上看，虽然间接故意犯罪与过于自信过失犯罪的行为人对犯罪结果的发生均不抱有希望的态度，但间接故意犯罪中行为人对危害结果的发生所持的是放任的态度，即是在追求其他目的而非以追求危害后果的发生为目的；而在过于自信的过失犯罪中，行为人在主观上是反对、否定危害后果的发生，危害后果的发生是出乎其意料，是其认为能够避免而未能避免的结果。

5. 聚众斗殴致人死亡的行为定性

案例来源

闭××、吴×故意杀人，周×良、甘××、韦×议等故意伤害案

发布单位：国家法官学院《中国审判案例要览》(2013年刑事审判案例卷)

审判法院：广西壮族自治区高级人民法院

判决日期：2012年4月24日

案　　号：(2012)桂刑三终字第47号

基本案情

2010年10月26日晚，闭××、吴×、周×良、韦×斌、甘××、韦×议、钟××、周×才、周×任、周××、周建×、"二哥"及"六哥"(均另案处理)等人在××美食城喝酒期间与邻座的黄××、李×年、李×彦发生口角并引发双方争吵。为此，周×良指使周×才、周×任、"二哥"到周×才住处拿来西瓜刀。因双方结账离开时再次发生冲突，周×才、周×良、周××、周建×等人殴打黄××、李×年，分别造成黄××轻微伤和李×年轻伤。在殴打完黄××、李×年后，周×才、周×良、周××、周建×等人又伙同闭××、吴×、韦×斌、甘××、韦×议、钟××等人在××美食城广场对面的修车店殴打李×彦。在殴打过程中，闭××、吴×各持一把西瓜刀砍击李×彦后颈、后背、手臂等部位，致李×彦当场死亡。案发后，闭××、吴×各自使用的西瓜刀被分别丢弃到了两处鱼塘内。

案发后，周建×、韦×议、钟××、周×才的亲属分别自愿赔偿黄××、李×年4000元、2000元、2000元、1000元。而对于李×彦的死亡，闭××、吴×的亲属均自愿赔偿20 000元，周×任、韦×议、钟××的亲属均自愿赔偿10 000元，韦×斌、周×才的亲属均自愿赔偿30 000元，其中韦×斌、周×才亲属共赔付的60 000元已交付给李×彦的亲属，并已获得李×彦亲属的谅解。

公诉机关以闭××、吴×犯故意杀人罪，周×良、甘××、韦×议、钟××、周建×、周××、周×任、韦×斌、周×才犯故意伤害罪，提起公诉。

闭××、甘××、韦×议、钟××、周×任辩称：对公诉机关指控的事实与罪名无异议。

闭××的辩护人辩称：首先，闭××并无杀人故意，李×彦的死亡并非闭××一人所为。其次，闭××对黄××、李×年两名受害人未实施伤害行为，且存在法定或酌定从轻或减轻处罚情节。

甘××的辩护人辩称：被害人有过错，甘××存在酌定从轻处罚情节。

韦×议的辩护人辩称：韦×议具有酌定从轻处罚情节。

钟××的辩护人辩称：钟××存在减轻和从轻情节，建议法院从轻处罚。

周×任的辩护人辩称：周×任为从犯，对其量刑应减为两年左右。

周建×、周××、周×才辩称：自己未参与殴打死者。

周建×的辩护人辩称：周建×未直接伤害李×彦，且为从犯，案发后认罪态度良好，被害人对本案亦有过错，故周建×存在从轻处罚情节。

周××的辩护人辩称：周××未参与殴打李×彦，只构成故意伤害罪前款，另外周××为未成年人且为初犯，存在减轻或从轻处罚情节。

周×才的辩护人辩称：周×才未参与殴打李×彦，且案发后其家属积极赔偿并取得了谅解，建议对周×才适用缓刑。

吴×辩称：其行为不构成故意杀人罪。

吴×的辩护人辩称：首先，吴×无杀害李×彦的故意，且缺乏证据证明其对李×彦实施了致命伤害。其次，吴×为从犯，且在案发后积极向李×彦进行了赔偿。

周×良辩称：其只是打电话叫人拿来西瓜刀，并未实施犯罪行为。

周×良的辩护人辩称：周×良叫人拿刀只是为了用来防身，并未实际伤害黄××、李×年，且在案发后周×良积极认罪，主动坦白。

韦×斌辩称：其只是踢了被害人几脚，未造成其他伤害。

韦×斌的辩护人辩称：韦×斌为从犯，案发后积极赔偿并取得被害人亲属的谅解，建议从轻处罚。

一审法院判决后，被告人闭××、吴×、周×良、钟××、周建×、周××均不服，被告人闭××以其具有从轻处罚情节为由，提起上诉，请求对其从轻处罚。被告人吴×以一审判决对其犯罪行为定性错误，量刑过重为由，提起上诉，请求以故意伤害罪对其从轻处罚。被告人周×良以一审判决对其犯罪行为定性错误，量刑过重，且违反审理期限为由，提起上诉，请求依法改判。被告人钟××以原判决适用法律不当，量刑过重为由，提起上诉，请求依法改判。被告人周建×以原判决量刑过重为由，提起上诉，请求依法改判。被告人周××以原判决对其犯罪行为定性错误，适用法律不当，量刑过重为由，提起上诉，请求撤销一审判决，对其减轻或免除处罚。

判决主文

一审法院认定：被告人闭××、吴×持刀故意非法剥夺他人生命，造成严重危害结果，其行为构成故意杀人罪。两人均为共同故意犯罪的主犯。其中，被告人闭××犯罪时未满18周岁，应当从轻或减轻处罚。被告人闭××、吴×亲属均已赔偿被害人李×彦亲属和被害人黄××、李×年的经济损失，可酌情从轻处罚。其余九名被告人的行为则构成故意伤害罪，其中被告人周×良由于指使其他行为人提供作案工具，也成立主犯，应当按照其所参与的全部犯罪处罚。余下8名被告人均起次要作用，属于从犯。

一审法院判决：一、被告人闭××犯故意杀人罪，判处无期徒刑，剥夺政治权利终身；二、被告人吴×犯故意杀人罪，判处无期徒刑，剥夺政治权利终身；三、被告人周×良犯故意伤害罪，判处有期徒刑十五年，剥夺政治权利五年；四、被告人甘××犯故意伤害罪，判处有期徒刑六年；五、被告人韦×议犯故意伤害罪，判处有期徒刑四年六个月；六、被告人钟××犯故意伤害罪，判处有期徒刑三年六个月；七、被告人周建×犯故意伤害罪，判处有期徒刑三年六个月；八、被告人周××犯故意伤害罪，判处有期徒刑三年；九、被告人周×任犯故意伤害罪，判处有期徒刑三年，缓刑三年；十、被告人韦×斌犯故意伤害罪，判处有期徒刑三年，缓刑三年；十一、被告人周×才犯故意伤害罪，判处有期徒刑三年，缓刑三年；十二、扣押在案的单刃平头、不锈钢作案刀具一把予以没收。

二审法院判决：维持一审判决第三、四、五、六、七、八、九、十、十一、十二项；撤销一审判决第一、二项；上诉人闭××犯故意杀人罪，判处有期徒刑十五年；上诉人吴×犯故意杀人罪，判处有期徒刑十五年，剥夺政治权利五年。

裁判要旨

聚众斗殴过程中，行为人故意持械向被害人身体多个部位砍去，致其当场死亡。在该犯罪行为中，行为人明知其持械伤害行为可能造成被害人死亡，仍实施该暴力行为，具有主观过错。同时该犯罪行为发生在共同故意伤害的基础犯罪行为中，行为人系伤害犯罪行为的实行犯，其行为已构成实行过限，应对过限犯罪行为独立承担法律责任，即应以故意杀人罪而非故意伤害罪追究其刑事责任。

重点提示

根据我国《刑法》第292条的规定可知，聚众斗殴致人重伤、死亡的案件应当以故意伤害罪、故意杀人罪定罪处罚，但对于是否所有参加聚众斗殴的行为人均一律按故意伤害或故意杀人罪定罪处罚，我国刑法及相关司法解释则无明确规定。司法实践中，对聚众斗殴致人死亡的案件进行定性分析时，应区分不同情况分别处理，具体为：（1）聚众斗殴致人死亡，不应一律认定为故意杀人罪。虽然我国《刑法》第292条对聚众斗殴中出现重伤或死亡后果的行为作出转化定罪的规定，但具体应以何罪定罪处罚则应当根据案件证据结合刑法规定进行确定。具体而言，在聚众斗殴发生致人死亡的后果时，应当在判断死亡结果是否是行为人实施的犯罪行为所致的基础上，判断行为人对死亡后果持有的主观心态，若行为人仅有伤害的主观故意，即使造成被害人死亡的后果，仍应以故意伤害罪追究行为人的刑事责任，即不能仅凭死亡后果的发生来认定行为人的犯罪故意内容，不能直接认定为故意杀人罪。（2）对于不能确定致人死亡的直接责任人，但能认定首要分子和共同加害人的案件，对首要分子和共同加害人实施转化定罪，以故意杀人罪定罪处罚。而对于不能确定致人死亡的直接责任人和首要分子的案件，对共同加害人应定性为故意杀人罪，积极参加者定性为聚众斗殴罪。对此种情况，根据共同犯罪的理论可知，在聚众斗殴过程中，共同加害人在对被害人实施共同伤害行为时，对可能造成被害人死亡的后果具有共同认识，且与死亡后果的发生均具有因果关系，对其及首要分子以故意杀人罪定罪处罚符合主客观相一致原则。至于对各共同加害人的具体刑罚裁量，则可根据其对造成被害人死亡后果的原因力大小而定。（3）对于不能确定致人死亡的直接责任人，也不能认定共同加害人的案件，则应只对首要分子进行故意杀人罪的转化定罪，对其他积极参加者则应区分主观心态以故意伤害罪或聚众斗殴罪定罪处罚。

6. 提供农药由受害人自行服下后未予施救致死的行为构成何罪

案例来源

刘××故意杀人案

发布单位：最高人民法院刑事审判第一、二、三、四、五庭《刑事审判参考》2012年第1集（总第84集）

审判法院：北京市第二中级人民法院

判决日期：2011年6月28日

案　　号：（2011）二中刑初字第 1161 号

基本案情

秦××因患重病常年卧床，一直由其妻子刘××扶养和照料。2010年11月8日，刘××在其暂住地出租房内，因不满秦××病痛叫喊对他人休息造成影响而与秦××发生争吵。而后，刘××将存放在暂住地的敌敌畏倒入杯中提供给秦××，秦××在自行服下后因中毒死亡。同日，刘××被公安机关抓获归案。

公诉机关以刘××犯故意杀人罪，提起公诉。

刘××辩称：其不是故意杀害丈夫秦××。

刘××辩护人辩称：首先，案发前秦××曾多次有过自杀的想法，刘××只是为秦××的自杀创造条件，并没有杀害秦××的主观故意，其行为也不必然导致秦××服毒死亡，刘××的行为不构成犯罪。其次，秦××患病多年来，刘××一直悉心照顾，且在归案后如实供述犯罪事实，认罪、悔罪，并得到秦××亲属的谅解，故应对刘××从轻处罚。

案件审理中，秦××的4名兄弟姐妹出具证明证实：秦××现有亲属均对刘××的行为表示谅解并放弃刑事附带民事赔偿请求，请求法院对刘××予以从轻、减轻处罚。

判决主文

一审法院判决：被告人刘××犯故意杀人罪，判处有期徒刑七年，剥夺政治权利一年。

宣判后，被告人刘××未提起上诉，公诉机关亦未提出抗诉，判决已发生法律效力。

裁判要旨

行为人与患重病卧床的丈夫发生争吵后，将家中农药倒入杯中提供给丈夫自行服下，致丈夫中毒死亡的，其主观上明知将农药提供给患病卧床并有轻生念头的丈夫，会导致其服毒身亡的后果，仍将农药提供给丈夫，且事发后未采取积极措施进行救助，放任危害后果的发生，其行为构成故意杀人罪。但鉴于其杀人的主观恶性和人身危害性与普通故意杀人存在一定区别，对其可从轻处罚。

重点提示

对于因家庭内部纠纷引发的行为人提供农药，由配偶自行服下后未采取任何救助措施导致配偶中毒身亡的行为，如何定性的问题存在争议。司法实践中，对该行为予以定性时，应当注意以下几点：（1）帮助自杀的行为是否构成犯罪。对于该行为要从主客观两个方面具体分析：如果帮助者对他人存在强烈的自杀倾向不知情，且帮助者提供的帮助行为与自杀后果之间没有刑法上的因果关系，则帮助者的行为不构成犯罪。反之，如果帮助者主观上明知他人存在强烈的自杀倾向，客观上又通过言行强化他人产生自杀的决意，并提供自杀工具或者帮助他人完成自杀行为的，则能够认定帮助行为与死亡后果之间存在刑法上的因果关系，帮助者的行为构成故意杀人罪。（2）配偶自行服下农药后未采取任何救助措施的行为成立不作为故意杀人罪。不作为犯罪的成立应具备如下条件：行为人负有特定的作为义务；行为人能够履行义务而怠于履行；行为人不履行作为义务与危害结果之间具有因果关系。由于配偶服用的农药由行为人提供，且提供农药的行为发生在双方争吵之后，故可认定行为人通过言语强化了配偶的自杀决意，其提供农药的先前行为具有致使配偶生命健康权益处于危险的状态，因此行为人具有阻止该危险现实化的义务。此外，由于行为人与配偶之间存在合法的婚姻关系，根据《婚姻法》的相关规定，夫妻之间存在救助义务，尤其是自杀行为发生在封闭的私人空间内时，作为合法夫妻的行为人在发现配偶服用农药后，负有积极施救的义务。行为人在配偶自行服下农药后未采取积极有效的救助措施，属于有能力救助而未实施救助。综上，行为人的行为满足不作为犯罪的特征，成立不作为的故意杀人罪。（3）故意杀人罪"情节较轻"的理解和把握。我国刑法及相关司法解释对故意杀人罪"情节较轻"的情形并未作出明确规定，故对故意杀人罪"情节较轻"予以认定要综合考虑案件的性质，犯罪的起因、动机、目的、手段等情节，犯罪的后果，被告人的主观恶性和人身危险性等因素。一般情况下，认定故意杀人情节较轻的尺度是对社会危害性较小，主观恶性和人身危险性较小。例如，近亲属对一贯恶者的人"大义灭亲"的，或者长期遭受家庭成员迫害不堪忍受折磨而将其杀死的，均属于故意杀人罪"情节较轻"。

二、故意杀人罪的量刑（4例）

1. 家暴受害者为反抗而杀害施暴者的量刑

案例来源

姚××故意杀人案

发布单位：《人民法院报》2016年1月7日刊载

审判法院：浙江省温州市中级人民法院

判决日期：2015年3月5日

案　　号：（2015）浙温刑初字第4号

基本案情

姚××与方×顺系夫妻关系，双方育有三女一子，方×顺脾气暴躁，婚后双方经常发生争吵，因方×顺长期殴打姚××，造成姚××多次受伤。方×顺曾持水果刀等企图伤害姚××，宣称欲杀死姚××，均被人拦下。2013年下半年，在方×顺有婚外情后，其变本加厉殴打姚××，姚××为维持家庭，一直忍受。2014年8月16日，方×顺在其务工的鞋底厂宿舍因琐事再次殴打姚××，并提出离婚，要求姚××独自抚养两个孩子，承担抚养费用。次日凌晨，姚××在绝望无助、心生怨恨的情况下，趁方×顺熟睡之际，使用宿舍内的钢管、菜刀将方×顺杀害。作案后，姚××主动报警并在案发现场等待公安机关侦查人员调查。

案发后，方×顺的父母方×清、张×凤表示谅解姚××的行为，请求对姚××从轻处罚。

公诉机关以姚××犯故意杀人罪,提起公诉。

姚××辩称:本人并非故意杀害方×顺,而是迫不得已。

姚××的辩护人辩称:方×顺长期对姚××实施家庭暴力,具有重大过错,姚××是在不堪忍受方×顺家庭暴力的情形下将其杀害,应当认定为故意杀人情节较轻。案发后,姚××主动自首,并已取得方×顺家人的谅解,主观恶性及社会危害性较小。

判决主文

一审法院判决:被告人姚××犯故意杀人罪,判处有期徒刑五年;随案移送的螺纹钢管一根、菜刀二把予以没收并销毁。

宣判后,被告人姚××未提起上诉,公诉机关亦未提出抗诉,判决已发生法律效力。

裁判要旨

长期遭受严重家暴的受害者为反抗、摆脱家暴杀死施暴者,其行为具有防卫因素,主观恶性及社会危害性较小,犯罪情节并非特别恶劣,作案手段并非特别残忍的,可以认定为故意杀人"情节较轻"。

重点提示

司法实践中,对家庭暴力受害者为反抗而杀害施暴者的犯罪行为进行量刑时,应当注意以下几点:(1)长期严重家庭暴力行为的认定。家庭暴力,是指家庭成员包括配偶、父母、子女以及其他共同生活的近亲属之间实施的,通过殴打、捆绑、禁闭、残害或者其他手段对受暴人身体、精神、性等方面侵害的行为。在具体认定家庭暴力行为时,首先需要明确家庭暴力所具有的周期性,即施暴者与受暴者要经过从紧张期到暴力期再到平静期的至少两个以上的周期。对家庭成员之间因琐事偶尔发生的肢体冲突不能认定为家庭暴力。其次,受暴者所遭受的家庭暴力必须达到一定的程度。根据《最高人民法院、最高人民检察院、公安部、司法部关于依法办理家庭暴力犯罪案件的意见》的规定，家庭暴力需要符合强度和长度两个方面的要求，即遭受严重家庭暴力，身体、精神受到重大损害或者遭受了长期家庭暴力。而对于判断何种情形属于长期严重的家庭暴力，既要考虑家庭暴力持续的时间长短，还要考虑家庭暴力持续的时间在婚姻家庭关系存续期间所占的比例以及对受暴者心理、精神所造成的影响等因素。（2）受暴者为了反抗、摆脱家庭暴力而杀人的行为具有防卫因素。实务中，受暴者忍受施暴者的家庭暴力后，通常的遭遇是施暴者更加凶狠、频繁地实施家庭暴力行为，而诱发受暴者产生杀害施暴者的犯罪动机或者使该犯罪动机外化的最主要的因素就是施暴者实施的家庭暴力，即施暴者实施的家庭暴力行为是受暴者采取以暴制暴方式实施杀害行为的起因，施暴者具有严重过错。而受暴者实施杀害行为的动机是为了摆脱、反抗家庭暴力，具有防卫因素。因此，根据案件具体情况及相关证据，若能够认定受暴者的杀人动机是因不堪忍受家庭暴力，为了反抗、摆脱家庭暴力而产生杀人故意，则可对受暴者酌情从轻处罚。（3）受暴者的特殊心理行为模式对犯罪情节认定的影响。受暴者通过以暴制暴方式杀害施暴者的行为与一般的故意杀人的区别在于，受暴者具有特殊的心理和行为模式。在该类型案件中，受暴者通常是出于自我保护的目的，为防止施暴者对其实施更大的家庭暴力伤害，而使用具有杀伤性的工具伤害施暴者致命部位，故对其行为不能一概认定为"犯罪手段特别残忍"。这主要是因为受暴者是以反抗、摆脱家庭暴力作为杀人动机，其所杀伤的对象具有特定性，只是针对施暴者，对社会大众不具有人身危险性，且通常受暴者作案后都具有自首情节或者认罪、悔罪态度较好，不会继续实施破坏犯罪现场、毁灭罪证、侮辱施暴者尸体等行为。因此，对受暴者应以故意杀人"情节较轻"予以认定。

2. 对并非以特别残忍手段致人死亡的满 75 周岁被告人的量刑

案例来源

胡××故意杀人案

发布单位：最高人民法院《人民司法·案例》2012年第20期（总第

655 期）

审判法院：浙江省金华市中级人民法院

案　　号：（2012）浙刑三终字第 152 号

基本案情

胡××于 1936 年 8 月 22 日出生，其认为前任村书记黄×琪、调解委员黄×成等村干部对其分地不公，一直欺压自己，因此对黄×琪、黄×成以及现任村书记黄×忠等村干部怀恨在心，并预谋将黄×琪、黄×成、黄×忠杀害，为此还准备了一把杀人工具尖刀。

2011 年 11 月 7 日 19 时许，胡××看到来村里做群众工作的黄×忠与其他工作人员经过××自然村靠近×××路的村口时，即一边尾随其后，一边用脏话骂黄×忠，趁黄×忠不备之机，用事先准备的尖刀从黄×忠左侧后背猛刺一刀，送医后黄×忠于当晚 22 时许因抢救无效死亡。经法医检验，黄×忠系被他人用单刃锐器刺击左背部，因左肺下叶破裂、心脏破裂，致心肺功能衰竭、失血性休克而死亡。案发后，胡××主动拦下警车向公安机关投案。

公诉机关以胡××犯故意杀人罪，提起公诉。

胡××对起诉书指控犯罪事实无异议，但辩称其犯罪时已满 75 周岁，请求法院从轻处罚。

一审法院判决后，被告人胡××不服，提起上诉称：一审判决关于其以特别残忍手段致人死亡的认定错误；其主动投案自首，实施犯罪行为时已年满 75 周岁，一审判决量刑不当。因此，请求依法改判。

判决主文

一审法院认定：被告人胡××携尖刀故意杀人，造成黄×忠死亡，其行为已构成故意杀人罪。同时鉴于被告人胡××预谋杀害三人，并事先准备尖刀；案发当日，被告人胡××尾随、辱骂黄×忠后，公然持刀从黄×忠身后猛刺，造成黄×忠心、肺破裂死亡，应认定以特别残忍手段致人死亡，虽然被告人胡××犯罪时已年满 75 周岁并具有自首情节，仍应依法严惩。

一审法院判决：被告人胡××犯故意杀人罪，判处死刑，剥夺政治权利终身。

二审法院判决：撤销一审判决中对上诉人胡××的量刑部分，维持一审判决的其他部分；上诉人胡××犯故意杀人罪，判处无期徒刑，剥夺政治权利终身。

裁判要旨

审判的时候已满75周岁的人，除以特别残忍手段致人死亡外，不适用死刑。其中手段特别残忍不同于情节特别恶劣，是指犯罪人为达到犯罪目的，实施危害行为所采用的具体方式、方法，不包括主观预谋以及人身危险性等因素。对审判的时候已满75周岁的人犯罪可以适用无期徒刑，且在判决时应当同时引用《刑法》第17条及第49条之规定。

重点提示

司法实践中，对审判时已满75周岁的被告人，非以特别残忍手段致人死亡的犯罪行为进行量刑时，应当注意以下几点：（1）对审判时已满75周岁的被告人一般不适用死刑。由于自然人的刑事责任能力总体上呈现为从发展到成熟再到衰退的过程，而通常当年龄增长到步入老年阶段，伴随着老年人人体各器官功能的衰退，老年人的认知能力和记忆力也随之逐步减退，从而影响到老年人对行为的辨识能力以及选择、决定能力，造成老年人的刑事责任能力减弱甚至丧失。为了达到罪责刑相适应，我国《刑法》第17条规定，已满75周岁的人故意犯罪的，可以从轻或者减轻处罚；过失犯罪的，应当从轻或者减轻处罚。第49条第2款规定，审判的时候已满75周岁的人，不适用死刑，但以特别残忍手段致人死亡的除外。（2）故意杀人罪手段特别残忍的判断。关于"特别残忍手段"的含义，全国人大常委会法制工作委员会刑法室作出的解释是，"特别残忍手段"是指故意要造成他人严重残疾而采用毁容、挖人眼睛、砍掉人双脚等特别残忍的手段伤害他人的行为。结合多年的司法实践，可以归纳出在故意伤害和故意杀人罪中"特别残忍手段"大致包括：一是毁伤人体主要器官，使人体基本机能毁损或完全丧失，并带来巨大的精神痛苦；二是故意延长被害人的痛苦时间或者不必要地增加痛苦程度，或者使用非致命性工具数次或数十次击打被害人造成被害人重伤死亡等。综上，故意杀人手段特别残忍应当是杀人过程中故意追求被害人肉体和精神痛苦的行为，应当结合杀人手段的种类、杀人行为持续的时间和次数以及手段是否让其他社会民众在心理上普遍难以接受等方面综合考虑。（3）对老年人犯罪适用无期徒刑。通常除老年行为人存在其他法定或酌定从重情节的，可以对其不判处无期徒刑，但并不是一律不能适用无期徒刑。我国《刑法》第49条第2款规定对除使用手段特别残忍之外的年满75周岁的老年人不适用死刑，则表明最高刑为无期徒刑。这与第17条规定的已满75周岁的人故意犯罪的，可以从轻或者减轻处罚的规定并不冲突。第49条第2款是对死刑的排除规则，而第17条的规定属于对具体量刑的原则，意在突出在刑事政策上对老年人犯罪和一般成年人犯罪的区别对待。两条规定分属不同层次，而不是对同一案件的重复评价。

3. 吸食毒品后产生错误认识持刀杀人的量刑问题

案例来源

李××故意杀人死刑复核案

发布单位：最高人民法院发布：六起毒品犯罪典型案例（2012年6月26日）

审判法院：最高人民法院

基本案情

2009年12月31日5时左右，李××服食了氯胺酮。随后，李××致电男友林×并向其发送信息，但林×均未予以回复。随后李××与同事华××取得联系，得知华××在酒吧包房与人饮酒。李××因怀疑华××与林×在一起，认为华××欲勾引林×，遂产生将华××杀害的想法。之后，李××持菜刀至华××所在的酒吧包房，将华××骗至卫生间，在卫生间中，李××持菜刀向华××的头、肩、臂等部位砍击一百余刀，致使华××急性失血性休克死亡。案发后，李××使用作案的菜刀将自己的手腕砍伤。

公诉机关以李××犯故意杀人罪，提起公诉。

判决主文

法院判决：被告人李××犯故意杀人罪，判处死刑。

原审法院依法将本案报请复核法院核准。

复核法院裁定：核准对被告人李××判处死刑的判决。

裁判要旨

正常人服食毒品后出现的短暂神智异常与不能辨认和控制自己行为的精神病人的神智异常是不同的，因此吸毒人员不属于刑法规定的不负刑事责任的人。行为人明知我国禁止服食毒品，却仍然吸食氯胺酮，并在出现短暂神智异常期间持刀砍击被害人一百余刀致其死亡，其行为构成故意杀人罪。同时，其犯罪情节恶劣，手段极其残忍，罪行极其严重，应依法判处死刑。

重点提示

关于吸毒后杀人如何量刑的问题，我国刑法及相关司法解释并未作出明确规定。司法实践中，对吸食毒品后因产生错误认识而持刀杀人的被告人进行量刑时，应当注意以下几点：（1）行为人所实施的杀人行为可归责于其吸食毒品的行为。具备完全刑事责任能力的自然人，故意或者过失使自己丧失或部分丧失辨认、控制能力，并实施犯罪行为的，由于其可以自由决定自己是否陷入丧失或部分丧失辨认、控制能力的状态，因此，使自己陷入丧失或部分丧失辨认、控制能力状态的行为与该状态下实施的犯罪行为之间存在因果关系，即行为人的犯罪行为可以归责于其使自己陷入丧失或部分丧失辨认、控制能力状态的行为，依法应当承担刑事责任。（2）行为人对吸食毒品后实施的犯罪行为承担刑事责任不违反罪刑法定原则。首先，依据罪刑法定原则，只要刑法对诸如故意杀人、故意伤害等犯罪行为予以明确规定，除对不满16周岁未成年人免予刑事处罚、精神病人在不能辨认或控制自己行为时不负刑事责任、正当防卫和紧急避险不负刑事责任外，都应当依法定罪处罚。其次，由于我国《刑法》第18条第4款规定，醉酒的人犯罪，应当负刑事责任。根据举轻以明重的解释方法，由于吸毒行为在我国属于违法行为，吸毒后犯罪的行为比醉酒犯罪的行为在性质上更严重，因此，类比醉酒的人，吸食毒品的自然人实施犯罪行为应当承担刑事责任。（3）吸食毒品导致神志异常不属于刑法意义上的精神病人，不属于从轻或减轻刑罚的对象。具备完全行为能力的行为人吸毒后实施犯罪行为的，由于其犯罪行为可以归责为吸毒行为，即使其在实施犯罪行为时辨认、控制能力存在缺失，甚至出现精神障碍，但这些均能够归因于行为人的自主吸毒行为，不同于精神疾病发作，不能将其视为刑法意义上的精神病人，不具备从轻或减轻处罚的法定情节。

4. 聚众斗殴致人重伤、死亡案件中首要分子的刑事责任

案例来源

郑×故意杀人死刑复核、非法持有枪支，马××故意杀人死刑复核案

发布单位：最高人民法院《人民司法·案例》2011年第14期（总第625期）

审判法院：最高人民法院

案　　号：（2010）刑五复60157376号

基本案情

郑×与黄××（同案被告人，已判刑）相识多年，2008年初得知黄××想承包河面打鱼后，郑×为取得郎×承包水面的承包权，经多次协商未果后，于2008年4月16日纠集多人烧毁郎×工人住的窝棚并将工人赶走，又搭建新的窝棚，运去渔船和渔具，其后留驻陈××等4人打鱼。郎×得知此事后于次日授意陈×东、朱××、李××等共纠集40余人携带铁锹等工具前往承包水面。而郑×、马××则纠集60余人携带镐把等工具，郑×还准

备了2支猎枪、1支半自动步枪。当日17时许，双方在承包水面附近聚集并发生械斗。在多人一起对郎×、李××进行围殴中，郑×指使他人殴打郎×，马××持械击打郎×的头部和前胸，又持械击打李××的腿部和腰部，而后双方人员各自逃离现场。此次械斗造成李××因受打击颅脑开放性损伤而当场死亡，郎×被送医治疗后因受打击造成颅脑开放性损伤，抢救无效死亡。

公诉机关以郑×犯故意杀人罪、非法持有枪支罪，马××犯故意杀人罪，提起公诉。

郑×辩称：其不是强取豪夺。

郑×的辩护人辩称：郑×的行为不构成故意杀人罪，应定故意伤害罪；公诉机关指控郑×为本案主犯的证据不足；郑×具有自首情节，由于本案是因民事纠纷引发，亲属愿意赔偿，请求对郑×从轻处罚。

马××辩称：其系受郑×蒙蔽，没有杀人。

马××的辩护人辩称：郎×的承包合同不具有合法性，马××对郑×没有水面承包权的情况并不知情，其认为是因承包合同纠纷与被害人发生争执，量刑应酌情考虑。公诉机关指控马××用木棍打击郎×头部的证据不足，且被害人是聚众斗殴犯罪对方的组织者和指挥者；马××无前科劣迹，应从轻处罚。

一审法院判决后，被告人郑×不服，提起上诉称：一审判决与事实不符，其行为应认定构成聚众斗殴罪；且其系从犯，有自首情节且认罪态度好；一审量刑过重。

被告人马××亦不服，提起上诉称：本人以为上诉人郑×已承包水面，是受蒙蔽参与聚众斗殴的，且在斗殴过程中没有打死郎×；在本次斗殴中本人仅是找了几个人，不是主犯，不构成故意杀人罪；一审量刑过重。

判决主文

一审法院判决：被告人郑×犯故意杀人罪，判处死刑，剥夺政治权利终身；犯非法持有枪支罪，判处有期徒刑三年。决定执行死刑，剥夺政治权利终身。被告人马××犯故意杀人罪，判处死刑，剥夺政治权利终身。

二审法院裁定：驳回上诉，维持原判，并将案件报请最高人民法院核准。

复核法院裁定：核准对上诉人郑×、马××的死刑判决。

裁判要旨

聚众斗殴致人重伤、死亡案件存在转化认定问题。对于首要分子未直接实施致人重伤、死亡行为的，或者首要分子虽然参与实施殴打，但其行为不是致死被害人的直接原因的，应区分不同情况，依据共同犯罪的理论，准确界定罪责。

重点提示

在聚众斗殴致人重伤、死亡的案件中，由于该类型犯罪具有一定的偶发性和松散性，且斗殴进行时场面通常极其混乱，一般都难以准确认定致人重伤、死亡的直接责任人和直接行为人，甚至难以查清共同加害人。为此，对此类案件应区分不同情况，准确界定各行为人的罪责。司法实践中，界定此类案件中首要分子的罪责时，应当注意以下几点：（1）聚众斗殴共同犯罪中首要分子的认定，根据我国《刑法》第97条的规定可知，首要分子，是指在犯罪集团或者聚众犯罪中起组织、策划、指挥作用的犯罪分子。由于聚众斗殴犯罪同时包含聚众和斗殴两个行为，因此该种类型犯罪的首要分子既应当是聚众行为的纠集者，也应当是斗殴行为的指挥者、实施者，即首要分子在实施犯罪行为过程中既要在聚众行为中起到组织、策划、指挥作用，还要在斗殴行为中起到组织、策划、指挥作用。但需要注意的是，在认定首要分子时，不要求其同时起到组织、策划、指挥作用，也不要求其两个阶段行为都亲自参与。（2）聚众斗殴致人重伤、死亡情形下首要分子的刑事责任。首先，需要审查的是首要分子的预谋内容。在聚众斗殴犯罪中，首要分子在预谋其犯罪行为时，通常同时包含对双重客体损害结果的希望或放任心态。因此，不论首要分子是否直接参与了聚众斗殴行为，都要对其事前预谋实施的全部罪行承担刑事责任。具体而言，如果能够认定首要分子预谋时主观上具有追求致人重伤、死亡的故意，则其必须承担故意伤害罪、故意杀人罪的责任。如果不能认定首要分子在预谋时的主观故意内容,但其他参与者造成致人重伤、死亡的后果,由于该危害结果并不会超出首要分子的犯意范围,首要分子仍要承担故意伤害罪、故意杀人罪的责任。但是,如果首要分子在预谋阶段对犯罪结果作出如不能打死人,不能打得太重等明确限制且其自身又没有参与实施斗殴阶段行为的,则只构成聚众斗殴罪,首要分子只在其组织、指挥的全部犯罪范围内承担刑事责任。其次,需要审查的是首要分子在斗殴中的行为。如果首要分子所预谋的内容不明确,且首要分子又直接参与聚众斗殴,其他参与者致人重伤、死亡的,首要分子的刑事责任要区分不同情况进行认定:①首要分子只在口头上进行控制,但在聚众斗殴犯罪实施过程中,伴随着暴力程度的升级,首要分子自身也积极投入其中的,首要分子应对造成的严重后果承担刑事责任。②在聚众斗殴过程中,参加者不是由首要分子纠集,而是自愿、主动参与其中并造成严重后果的,首要分子对此明知且未进行阻止的,则首要分子应当对该积极参加者的行为所造成的后果承担刑事责任。③聚众斗殴过程中多人持械实施明显升级的暴力行为时,首要分子未明确加以控制的,则首要分子需要对因此造成的后果承担刑事责任。

三、故意杀人罪与他罪的界限(4例)

1. 强推被害人落水溺亡行为的性质认定

案例来源

汪××、戴×× 故意杀人案

发布单位:最高人民法院《人民司法·案例》2016年第14期(总第745期)

审判法院:江西省高级人民法院

案　　号:(2015)赣刑三终字第109号

基本案情

2014年7月21日，15周岁的李××得知戴××（不满18周岁）在××河游泳后邀请汪××等人一同到河边浮桥处找戴××玩。李××越过护栏坐在桥边，汪××试图将李××推下水，但未成功，李××告知汪××自己不会游泳，叫汪××不要推她。此后汪××又推李××，李××及时抱住戴×甲的腿因而未落水，并再次告诫汪××自己不会游泳，戴×甲也警告汪××此处水深，不可以开玩笑。过一会儿后，汪××再次推李××欲使其落水，李××顺势抓住附近灯柱，同时大声说其不会游泳。这时戴××将李××抓住灯柱的手指掰开，李××顺势抓住戴××，二人共同掉落河水中。戴××爬上岸边浮桶，李××沉入水中后，汪××、戴××均未实施营救，徐×等人进行了救援但未果。随后，同行的刘××报警，戴××应汪××安排告知警方案发地点。之后，汪××与戴××离开现场，汪××离开现场在途中拒接电话并拔出了手机卡。次日，李××尸体被打捞上岸。

公诉机关以汪××、戴××犯故意杀人罪，提起公诉。

一审法院判决后，被告人汪××不服，提起上诉称：其主观上没有杀害李××的动机和目的，且没有预见到能够造成李××死亡的结果，其对造成李××死亡的后果主观上属于疏忽大意的过失。事发后，其参与了呼救和报警，离开现场是因为惧怕承担责任而并非放任李××死亡。一审法院认定其构成故意杀人罪的认定错误，应当以过失致人死亡罪追究刑事责任。

被告人戴××亦不服，提起上诉称：本人是在与李××开玩笑，并无伤害李××的主观故意，本人应当预见在帮上诉人汪××掰开李××的右手时，可能会发生上诉人汪××将李××推入水中并溺水死亡的后果，因此本人对李××的死亡结果属于应当预见而未预见，符合疏忽大意的过失心态，应认定构成过失致人死亡罪而非故意杀人罪。即使认定本人的行为构成间接故意杀人罪，但在造成李××死亡的行为过程中，本人仅起到了辅助作用，属于从犯，应从轻处罚。

判决主文

一审法院认定：被告人汪××、戴××的行为构成间接故意杀人罪。被告人汪××、戴××均系主犯，但被告人戴××较被告人汪××所起作用相对较小，可酌情从轻处罚。被告人汪××主动归案后，未在公安机关掌握其主要犯罪事实之前如实供述，依法不能认定为自首，但其能如实供述自己的犯罪事实，依法可以从轻处罚。被告人戴××犯罪时未满18周岁，且系初犯、偶犯，归案后能如实供述犯罪事实，依法应当减轻处罚。被告人汪××、戴××案发后分别赔偿了被害人李××亲属经济损失并获得了谅解，可酌情从轻处罚。

一审法院判决：被告人汪××犯故意杀人罪，判处有期徒刑十三年；被告人戴××犯故意杀人罪，判处有期徒刑七年。

二审法院判决：维持一审判决中的定罪部分；撤销一审判决中的量刑部分；上诉人汪××犯故意杀人罪，判处有期徒刑十一年；上诉人戴××犯故意杀人罪，判处有期徒刑五年。

裁判要旨

强推被害人落水的行为人虽不希望亦非积极地追求危害结果发生，但其在明知自己的行为可能致被害人溺死的情况下，为了达到自己猥亵、开玩笑的目的，不顾被害人的大声呼叫、旁人的严正警告，仍然强行推被害人落水，并且不设法阻止危害结果发生，是放任危害结果的发生，蔑视他人的生命权，其行为应认定为故意杀人罪，而非过失致人死亡罪。

重点提示

司法实践中，对于明知被害人不会游泳，仍强推其落水并致其溺亡的犯罪行为如何定性的问题，存在成立故意杀人罪、疏忽大意和过于自信的过失致人死亡罪的争议。认定该犯罪行为究竟构成何罪时，应当注意以下几点：（1）主观明知的认定。我国《刑法》第14条规定，明知自己的行为会发生危害社会的结果，并且希望或者放任这种结果发生，因而构成犯罪的，是故意犯罪。根据该条规定，对于故意犯罪要求行为人对行为及行为后果具有认识。如果行为人明知所实施的行为具有造成被害人人身、财产损害的现实危险性，则应当认定其明知自己行为的内容和社会意义，主观上对其所实施的犯罪行为具有可能发生致被害人人身财产损害的结果，具备犯罪预估的基本前提，即行为人对危险结果的发生不属于因疏忽大意应当预见而没有预见的过失。（2）主观放任意志因素的认定。若犯罪行为已造成了被害人人身、财产损害的紧迫现实危险，则对行为人而言，便产生了其避免危害结果发生的法律义务。此种情形下，若行为人未采取有效措施避免危险结果发生或对被害人采取有效救助措施，甚至主动逃离案发现场的，则应当认定其对危害结果的发生持放任态度，而非穷尽施救手段防止危害结果的发生。（3）过于自信的过失的认定。过于自信的过失与间接故意的区别在于：①在认识因素方面，过于自信的过失的认识因素是预见。在过于自信的过失中，行为人对危害结果发生可能性的判断方向是一般不会发生，发生危害结果可能性极小。与之相反，间接故意的认识因素是明知，行为人关于危害结果发生的可能性判断方向是通常会发生，可能性程度具有高度概然性。②在意志因素方面，过于自信的过失对危害结果是持明显反对、否定的态度。通常行为人是在凭借客观存在的某种有利条件的情况下，主观地认为危害结果发生可能性微小，因此没有采取积极有效的避险措施，但仍然发生了违背自己意愿的危害结果。与之相反，间接故意则是放任危害结果的发生，行为人已明知危害结果发生的可能性较大，但采取了容忍的态度，对危害结果发生变化的过程漠不关心，没有主动采取有效的救助或防范措施。

2. 投毒后造成目标之外他人死亡的行为如何定性

案例来源

孙××故意杀人死刑复核案

发布单位：最高人民法院刑事审判第一、二、三、四、五庭《刑事审判参考》2014年第4集（总第99集）

审判法院：最高人民法院

判决日期：2014年1月15日

基本案情

孙××与谢×华系再婚夫妻关系，二人与女儿谢×、谢×华的父亲谢×有、母亲孟××一起生活。在因家庭琐事与孟××产生矛盾后，孙××产生杀害孟××的想法。2012年春节前一天，孙××自董××、边××夫妇处购得野鸡药（氰化钠和二水合氰化钠）。之后，孙××将一部分野鸡药藏进其经营并居住的商店后楼二楼走廊装防火栓的铁箱内，将另一部分砸成粉末。同年2月27日，在店内无其他人的情况下，孙××将粉末状的野鸡药倒入孟××平时服用的保健药药瓶里的四粒胶囊里。同月29日，孟××服用胶囊后倒地呕吐，身体抽搐，随即死亡。家人以为孟××是因年事已高的正常死亡，即将尸体火化。次月，谢×华将孟××未用完的胶囊让谢×服用以免浪费。谢×服后亦死亡。经鉴定，谢×系氰化物中毒死亡。

公诉机关以孙××犯故意杀人罪，董××、边××犯非法买卖危险物质罪，提起公诉。

一审法院判决后，被告人孙××不服，提起上诉称：一审判决中认定其杀害孟××、谢×的事实不清、证据不足；其不存在杀人的主观动机。

判决主文

一审法院判决：被告人孙××犯故意杀人罪，判处死刑，剥夺政治权利终身；被告人边××犯非法买卖危险物质罪，判处有期徒刑三年，缓刑四年；被告人董××犯非法买卖危险物质罪，判处有期徒刑三年，缓刑三年；被告人孙××分别赔偿附带民事诉讼原告人谢×有、谢×华经济损失177 267.63元和373 029.90元。

二审法院裁定：驳回上诉，维持原判，并就裁定核准判处上诉人孙××死刑的部分依法报请最高人民法院核准。

最高人民法院裁定：核准二审法院维持第一审对被告人孙××以故意杀人罪判处死刑，剥夺政治权利终身的刑事裁定。

裁判要旨

行为人因家庭琐事针对特定家庭成员向其保健药品中投毒致其死亡后，应当预见到其投毒的保健药品会因他人误食而导致中毒结果的发生，却放任该结果的发生，主观上属于间接故意，而非过于自信的过失，因此，其投毒造成目标之外他人死亡的行为构成故意杀人罪，而非过失致人死亡罪。

重点提示

司法实践中，认定行为人针对特定的家庭成员进行投毒，却造成特定目标之外的他人中毒死亡的行为构成何罪时，应当注意以下两点：（1）主观心态中间接故意与过于自信的过失的区分。间接故意是指行为人虽然已经预见到自己的行为会造成某种危害结果的发生而放任该危害结果发生的情形，间接故意犯罪危害结果的发生并不违背行为人的主观意志。而过于自信的过失是指行为人已经预见到自己的行为会导致某种危害结果的发生而轻信可以避免的情形，过于自信的过失犯罪危害结果的发生是违背行为人主观意志的。区分二者的关键在于是否违背行为人的意愿。而在刑事案件中，对行为人主观意愿的认定一般要通过对其犯罪行为进行分析。具体到投毒杀人的案件中，如果行为人明知有毒物品可能被目标以外的其他人服用，但其并未放弃投毒行为，且在实施完投毒行为后，并未积极采取其他有效措施防止目标以外的其他人服用并造成他人服用有毒物品而死亡的，则表明行为人对目标以外的其他人是否服用有毒物品持无所谓和放任的态度，即目标以外的其他人因服用有毒物品而死亡并不违背行为人的主观意志，此时，行为人的主观心态是间接故意，而非过于自信的过失。（2）投毒后放任目标之外他人死亡的，构成间接故意杀人罪。过失致人死亡罪与间接故意杀人罪的不同之处主要体现在：第一，认识因素方面，前者有预见危害后果发生的可能，仅因轻视能够避免而予以放任，没有认识上的过失；后者则是明知危害后果发生的可能，却放任危害后果的发生，有认识上的错误。第二，在意志因素方面，前者对危害后果的发生持排斥、反对的态度；后者对危害后果的发生则持放任态度，既不积极追求亦无防止的态度。第三，在行为因素方面，前者采取了避免死亡结果发生的措施，而后者则未采取避免死亡结果发生的措施。具体到投毒致目标以外他人死亡的案件中，通常情形下行为人对目标之外他人的死亡是持排斥或反对的态度，但仍需具体分析案件情况。若在认识因素上，行为人明知有毒物有可能被目标之外的他人误食，却放任不管；且在行为因素上，并未采取积极措施有效防止或避免目标之外的他人误食，则应认定行为人在意志因素上对目标之外他人死亡的后果持放任态度，属于间接故意，构成故意杀人罪，而非过失致人死亡罪。

3. 醉驾致死案中如何区分交通肇事罪与故意杀人罪

案例来源

陆 × 故意杀人案

发布单位：最高人民法院刑事审判第一、二、三、四、五庭《刑事审判参考》2013年第5集（总第94集）

审判法院：江苏省高级人民法院

基本案情

2010年4月17日，陆×酒后驾驶轿车在行驶过程中，将同向行驶的申×骑乘的自行车撞倒后，申×跌坐于陆×驾驶的轿车前方。陆×停车后因惧怕查出其系酒后驾车，不顾多名路人的呼叫和制止，再次发动汽车，将申×及其自行车拖至车下。陆×在意识到车下有人的情况下仍未停车，随后撞至路边隔离带，申×及其自行车被甩出车下，随后陆×逃离现场。申×因抢救无效于次日死亡。经检查，陆×驾车时处于醉酒状态。事后，陆×主动投案并向申×家属支付赔偿金，同时，申×家属出具谅解书。

公诉机关以陆×犯故意杀人罪，提起公诉。

一审法院判决后，被告人陆×不服，提起上诉。

判决主文

一审法院判决：被告人陆×犯故意杀人罪，判处无期徒刑，剥夺政治权利终身。

二审法院裁定：驳回上诉，维持原判。

裁判要旨

行为人醉酒驾驶机动车将被害人撞倒后，为逃离现场而驾车冲撞、碾压、拖拽被害人，致被害人死亡。虽然行为人系酒后驾驶，辨认能力和控制能力受到酒精的影响，但其在驾车前进过程中已经意识到车下有人，仍继续前进，最终导致被害人被碾压死亡，主观上持有放任被害人死亡后果的心态，应认定为故意杀人罪，而非交通肇事罪。

重点提示

行为人醉酒驾车发生交通事故后为逃避处罚，强行驾车逃逸，将被害人带入车底拖行致死的行为，构成交通肇事罪还是（间接）故意杀人罪，在理论上比较容易区分，但在实务中则存在较大争议。主要原因在于：在实践中对行为人的主观意志究竟是持放任态度还是持反对、否定态度比较难以区分。为此，在司法实践中，对酒后驾驶致人死亡的犯罪行为进行定性时，应当注意以下两点：（1）主观上对死亡结果持放任态度的认定。区分交通肇事罪和故意杀人罪的关键点是判断行为人能否认识到其行为的性质，并进而认定行为人的意志状态。对于酒后驾驶者，还需要判断其辨认能力和控制能力受到酒精影响的程度，特别是行为人实施了交通肇事和杀人两个行为的，需要判断行为人对其杀人行为是否有认识。行为人虽然醉酒，但其辨认能力和控制能力并未受到酒精的严重影响，能够认识到其行为的性质，且其后行为是在对前行为分析、判断的基础上作出的，则应认定其对杀人行为有认识。如果行为人驾驶机动车发生交通事故撞倒被害人后，对交通事故发生后果完全没有认识，停车只是车辆发生撞击后的驾驶本能反应，则此后即使行为人继续驾驶机动车前行，也不能认定为其对被害人死亡的危害后果明知。相反，如果行为人对醉酒驾驶发生肇事后果具有一定认识，并对机动车继续前行拖拽被害人可能导致被害人死亡的危害后果也有一定认识，仍继续驾驶机动车前行的，则应认定行为人对被害人死亡的危险后果持放任态度，属于间接故意。（2）对行为人犯罪实行行为的认定。除使用交通工具作为故意杀人的工具，实施了一个杀人行为的情形外，区分交通肇事罪和故意杀人罪的另一关键点是判断行为人实施了交通肇事一个行为还是交通肇事和故意杀人两个行为。具体到行为人醉酒后驾驶机动车与被害人发生碰撞，将被害人撞倒受伤的情形，通常情况下属于一般的交通肇事行为。行为人在交通肇事后，立即停止驾驶行为的，则交通肇事行为完成。如果被害人未受重伤的，行为人的行为仅构成危险驾驶罪。如果被害人受重伤的，行为人的行为只构成交通肇事罪。但如果发生交通肇事后，行为人再次启动机动车继续行驶，导致被害人被拖拽、碾压或遭受二次甚至多次撞击而死亡的，则后行为独立于前行为，需要在刑法上进行单独评价，即在交通肇事行为之后，行为人又实施了故意杀人行为，应以故意杀人罪定罪处罚。

4. 运赃途中为抗拒抓捕而杀人的行为性质认定

案例来源

朱××故意杀人案

发布单位：最高人民法院《人民司法·案例》2010 年第 6 期（总第 593 期）

审判法院：上海市第一中级人民法院

案　　号：（2009）沪一中刑初字第 21 号

基本案情

1998 年 10 月 11 日，朱××盗窃李××家电视机得手后将该电视机绑在自行车后座上运离。在朱××运赃回暂住处途中，有群众发现其形迹可疑，即至派出所举报。接到举报的联防队员王××和龚××闻讯后，即驾驶摩托车前往追捕并在途中追上朱××。朱××见状，丢弃自行车及电视机逃跑并躲入农田。后王××、龚××两人决定分头围捕，由王××守在自行车附近。不久，朱××出来继续推着载有电视机的自行车逃跑，王××见状即实施追捕。朱××随即弃车逃跑，并为逃避抓捕跳入河中。王××亦跳入河中实施抓捕，朱××即持随身携带的裁纸刀对王××头面部及颈部戳划多刀，致王××上述部位受伤，最终因溺水造成机械性窒息死亡。朱××随后回到暂住处并连夜逃离。2008年9月17日，公安机关将朱××抓获归案。

公诉机关以朱××犯故意杀人罪，提起公诉。

判决主文

一审法院判决：被告人朱××犯故意杀人罪，判处死刑，缓期二年执行，剥夺政治权利终身。

宣判后，在法定期限内被告人朱××未提起上诉，公诉机关亦未提出抗诉。

复核法院裁定：核准原判。

裁判要旨

盗窃构成转化型抢劫，行为人的暴力或者以暴力相威胁行为必须是当场实施。在盗窃现场未被发觉，在运赃途中被发觉，为抗拒抓捕而杀人，不能认定转化为抢劫罪，而应以故意杀人罪追究刑事责任。

重点提示

根据我国《刑法》第296条关于转化型抢劫罪的规定可知，实施盗窃行为时，为抗拒抓捕而当场使用暴力或以暴力相威胁的，以抢劫罪定罪处罚。但对于在实施盗窃后运赃途中为抗拒抓捕而使用暴力的行为如何定性，我国刑法并未作出明确规定。司法实践中，认定盗窃后运赃途中为抗拒抓捕使用暴力致人死亡的行为构成何种犯罪时，应当注意以下几点：（1）当场使用暴力的认定。《刑法》第296条中规定的"当场使用暴力"中的"当场"是时间和空间相统一的概念，即在转化型抢劫罪中先前的盗窃、诈骗、抢夺行为与其后的暴力或者以暴力相威胁的行为在时间与空间上应当紧密相连，不能完全隔离。因此，如果行为人实施盗窃、诈骗、抢夺行为时并未被发觉和追捕，而在其他时间或地点被发现追捕的，应当认为不符合"当场"要件，不能转化为抢劫罪。（2）转化型抢劫罪要求前后行为应当存在关联性与连续性，即事后的暴力、胁迫行为应当是由于先前的盗窃、诈骗、抢夺行为被发现而引起的。如果行为人是因其他事由而为了窝藏赃物、抗拒抓捕或者毁灭罪证而使用暴力或者以暴力相威胁的，也不构成转化型抢劫罪。而在犯罪的过程上，转化型抢劫犯罪中，实施盗窃、诈骗、抢夺行为，犯罪行为被人发现、被追捕与实施暴力或以暴力相威胁必须是连续的过程，行为人受追捕的事态应当是持续而不间断的。只有行为人尚未离开盗窃、诈骗、抢夺的现场；或一离开现场就被发觉立即被抓捕；或者是被发现并处于一定时间的监视状态下后再被抓捕的，才有可能成立转化型抢劫罪。（3）运赃途中为抗拒抓捕而杀人不构成转化型抢劫罪。虽然行为人为抗拒抓捕而实施了杀人的犯罪行为，但其后实施的杀人暴力行为发生在运赃途中，与前行为的盗窃行为在空间上存在比较大的间隔，时间上也不具有连续性，且使用的暴力也不符合"当场"这一时空条件，不具有时空的连续性和继续性。因此，对行为人的行为不能认定转化为抢劫罪。

第二章 过失致人死亡罪（7例）

一、犯罪过失的认定（2例）

1. 过失犯罪中违反注意义务的判断标准

案例来源

王×过失致人死亡案

发布单位：最高人民法院《人民司法·案例》2017年第32期（总第799期）

审判法院：北京市朝阳区人民法院

判决日期：2015年6月18日

案　　号：（2015）朝刑初字第568号

基本案情

2014年2月26日9时许，王×驾驶轿车非法载客行驶至××区地铁6号线××路地铁东北口南侧路边时，被正在进行执法检查的执法大队工作人员拦下。为防止王×逃跑，协助执法总队负责查控工作的李××上了该车，王×遂对李××进行谩骂，并用拳头殴打李××胸部，用脚踢踹李××腿部。为阻止情况进一步恶化，执法总队工作人员拨打"110"报警，民警接警后将双方带至派出所询问。民警在派出所了解情况的过程中，李××突感身体不适，于当日10时50分许被送往医院进行抢救，后经抢救无效死亡。法医学尸体检验鉴定书证明：李××头面部损伤符合钝性外力作用所形成，其死因为冠心病急性发作致心力衰竭死亡，情绪激动等过激因素可以成为冠心病发作的诱因。

公诉机关以王×犯过失致人死亡罪，提起公诉。

王×辩称：事发时其只踢了李××两脚，并未殴打李××身体其他部位。

王×的辩护人辩称：王×对李××患有冠心病并不知情，故其不具有预见殴打行为会导致李××死亡的可能，故王×的殴打行为与李××死亡之间不具有因果关系。此外，情绪激动虽可成为冠心病发作的诱因，但是王×的殴打行为与李××冠心病发作的时间有间隔，无法确认李××情绪激动是王×引起的，王×的行为不构成犯罪，李××的死亡是意外事件。即使认定王×的殴打行为构成犯罪，但鉴于王×认罪态度好，系自首且犯罪情节较轻，应免予刑事处罚或适用缓刑。

案件审理期间，王×赔偿了李××家属人民币4.2万元，得到了家属的谅解。

判决主文

一审法院判决：被告人王×犯过失致人死亡罪，判处有期徒刑一年，缓刑一年；在案之黑色东南菱悦牌轿车一辆发还被告人王×。

宣判后，被告人王×未提起上诉，公诉机关亦未提出抗诉，判决已发生法律效力。

裁判要旨

犯罪过失的核心在于对注意义务的违反，违反注意义务的判断标准包含两方面的内容：一是存在注意义务，二是有注意能力。行为人的先行行为可以成为注意义务的来源，而判断行为人是否具有注意能力，应同时结合社会一般情况与行为人个体差异进行。

重点提示

执法人员在遭遇行为人殴打后发病身亡，虽然行为人反抗执法的殴打行为与执法人员的死亡结果之间存在因果关系,但认定行为人是否构成过失犯罪,还需要考察行为人主观上是否具有过失,即是否违反了注意义务,而违反注意义务的判断标准包含注意义务的存在和有注意能力两个方面。司法实践中,认定违反注意义务的判断标准时,应当注意以下几点:(1)犯罪过失以违反注意义务为核心。刑法意义上的注意义务是指行为人在实施危险性活动过程中,应当预见或者应当避免行为可能造成危害结果的义务。行为人需要履行注意义务同时其具备预见危害结果可能发生的能力,则其应当承担注意并避免危害结果发生的义务。行为人没有履行注意义务并导致危害结果发生的,则违反了注意义务,成立犯罪过失。注意义务具体包含结果预见义务和结果回避义务两项内容。根据我国《刑法》第15条的规定,应当预见自己的行为可能发生危害社会的结果,因为疏忽大意而没有预见,或者已经预见而轻信能够避免,以致发生这种结果的,是过失犯罪。犯罪过失分为疏忽大意的过失和过于自信的过失。前者的核心是对应当预见的可能发生的危害结果,由于欠缺谨慎而没有预见,造成危害结果的发生,违反了结果预见义务。而后者的核心是已经预见其行为可能发生危害结果,但却出于过于自信的心理,轻信能够避免危险结果发生,以致危害结果发生,违反了结果回避义务。(2)注意义务存在的根据包括先行行为。违反注意义务的前提是存在注意义务,行为人的注意义务来源于法律或法规明确规定的义务、社会所公认的习惯和常理所要求的义务以及基于行为人的先行行为产生的注意义务。需要特别注意的是,这里的先行行为不是行为人的任何行为,而应当是在客观上已经引起刑法所保护的某种社会关系处于危险状态的行为。此种情形下,由于行为人自己的行为可能会产生危害结果,故行为人对此负有预见义务,且负有采取一定行为回避危害结果发生的义务。(3)注意能力的判断标准。法律不能够强人所难,当存在注意义务时,只有行为人具备注意能力,但却违反了应履行的注意义务,才能通过刑法对其主观恶性进行评价,并认定其违反了注意义务成立过失犯罪。反之,则不能判定行为人主观上具有过失。关于注意能力的判断标准,由于行为人注意能力具有抽象性,在判断行为人能否预见危害结果发生时,必须坚持从客观出发,结合行为人当时所处的客观环境,判断在当时的具体环境和条件下,一般人能否预见危害结果，同时还必须结合行为发生时行为人自身的情况，判断在当时的情况下行为人对危害结果的发生能否预见。

2. 疏忽大意的过失与意外事件的区别

案例来源

郝 × 过失致人死亡案

发布单位：国家法官学院《中国审判案例要览》（2014年刑事审判案例卷）
审判法院：河北省邢台市桥东区人民法院
判决日期：2013年9月30日
案　　号：（2013）邢东刑初字第250号

基本案情

2013年4月14日，邢台市桥东区×小区1号楼西侧小路，郝×与其妻子、小女儿行至此地时与酒后骑电动车行至此处的张×相遇，郝×与张×发生争执，双方拉扯之间，郝×甩开张×的手时，张×仰面摔倒在地，郝×三人随即离开。当日20时许，张×家属赶到该处后，将倒地不起的张×送医院救治。同月18日，张×经医治无效死亡。经法医鉴定，张×死于颅脑损伤。

公诉机关以郝×犯过失致人死亡罪，提起公诉。

郝×对公诉机关所指控的犯罪事实和罪名无异议。

案件审理期间，经法院调解，郝×一次性赔偿张×亲属各项经济损失共计395 000元。

判决主文

一审法院判决：被告人郝×犯过失致人死亡罪，判处有期徒刑三年，缓刑五年。

宣判后，被告人郝×未提起上诉，公诉机关亦未提出抗诉，判决已发生法律效力。

裁判要旨

行为人作为完全刑事责任能力人，在与被害人发生争执进行拉扯的过程中，应当预见到其行为可能导致危害后果的发生，却因为疏忽大意而没有预见到，以致发生了被害人摔倒在地死亡的后果，属于疏忽大意的过失，而非意外事件，应以过失致人死亡罪定罪处罚。

重点提示

意外事件与疏忽大意的过失既相似又有本质的区别，两者的相同点表现为行为人未能预见自己行为能够引起危害结果的发生，而客观上危害结果又确实产生。两者的区别主要表现在：意外事件中行为人是不应当预见也无法预见危害结果的发生；而疏忽大意的过失是行为人应当预见但因疏忽大意而没有预见危害结果的发生。因此，对意外事件与疏忽大意的过失进行区分的关键点是判断行为人是否应当预见和能够预见。司法实践中，认定疏忽大意的过失时，应当注意以下两点：（1）疏忽大意的过失中行为人的注意义务。疏忽大意的过失通常也被称为无认识的过失。行为人通常是在应当预见的前提下，由于疏忽大意没有预见到自己的行为可能发生危害社会的结果而致危害结果发生。行为人如果能够小心谨慎、认真负责，则将能够预见危害结果的发生，避免危害结果的发生。因此，有注意能力但未尽注意义务是疏忽大意过失的行为人应当承担刑事责任的根据。实务中，具体判断疏忽大意的过失，要考察行为人是否应当预见、能够预见，如果应当预见、能够预见而没有预见就表明行为人成立疏忽大意的过失。疏忽大意的过失中的注意义务主要来源于法律、法令、职务和业务方面的规章制度所确定的义务，以及日常生活准则所要求的义务，而不需要再考察行为发生时的具体情况。（2）应当预见、能够预见的判断。判断是否"应当预见、能够预见"，应当采取一般人标准或者是折中说的标准，其中分析疏忽大意过失中的"应当预见、能够预见"常常会涉及预见能力的问题，而由于自然人年龄、智力水平、阅历等的差异，每个人的预见能力也存在不同的差异，且存在高低大小之分。因此，有必要对行为人的预见能力进行分析判断。第一，需要将行为人的智能水平、行为本身的危险性和行为时的客观环境结合在一起作为判断行为人预见能力的基础。第二，坚持从客观到主观的判断方法，把对一般人的注意义务与具体行为人的智能水平结合在一起进行综合分析。第三，需要将在考察一般人的预见能力的基础上充分考虑行为人的具体智能情况作为判断标准。具体而言就是，首先考察行为人所属的一般人能否预见危险结果的发生，其次以一般人的智能水平作为基准，考察行为人的智能水平的高低。如果一般人能够预见，但行为人智能水平低，则不宜认定为过失；如果行为人的智能水平不低于一般人，则可以认定为过失；如果一般人不能预见，而行为人的智能水平明显高于一般人，则可以认定为过失。

二、过失致人死亡罪与他罪的界限（5例）

1. 家长体罚子女致子女死亡行为的定性

案例来源

肖×过失致人死亡案

发布单位：最高人民法院刑事审判第一、二、三、四、五庭《刑事审判参考》2014年第3集（总第98集）

审判法院：××人民法院

基本案情

肖×的儿子庄××（殁年3岁）2岁之前始终在老家而未与父母共同生活。2011年，肖×与丈夫将庄××接到××市的家中抚养。2012年5月30日，因庄××说谎，肖×遂使用衣架殴打其大腿内侧，殴打过后，对庄××罚跪一小时。次日，因庄××尿床，肖×再次使用衣架殴打其大腿内侧，并用脚踢打庄××的臀部。数小时后，肖×及其丈夫发现庄××呼吸困难，遂紧急将其送往医院，最终因抢救无效死亡。之后，因医院报警，公安机关抓获了肖×，并对庄××进行了鉴定，鉴定结果为：巨大钝性暴力打击致胰腺挫碎、睾丸挫碎、双侧后腹膜积血、全身多处皮下组织出血引起失血性休克合并创伤性休克死亡。

案发后，庄××的父亲、祖父母对肖×的行为表示谅解，请求对肖×从轻处罚。

公诉机关以肖×犯过失致人死亡罪，提起公诉。

判决主文

一审法院判决：被告人肖×犯过失致人死亡罪，判处有期徒刑三年，缓刑四年。

宣判后，被告人肖×未提起上诉，公诉机关亦未提出抗诉，判决已发生法律效力。

裁判要旨

家长在管教子女过程中，对子女实行体罚或殴打致其呼吸困难后，紧急送往医院救治。虽最终导致子女死亡，但从家长实施殴打行为的目的系出于管教、使用的工具系家中的日常物件，以及案发后积极救治的行为看，其对子女受伤或死亡的后果既不追求也不放任，而是未预见到其行为会导致子女死亡的后果，故其行为构成过失致人死亡罪。

重点提示

对于家长殴打体罚子女等家庭成员致其死亡的案件如何定罪处罚，实务中一直存在争议，主要存在成立虐待罪、故意伤害致人死亡的结果加重犯以及过失致人死亡罪的不同认识。司法实践中，对家长体罚子女致子女死亡的行为定罪量刑时，应当注意以下几点：（1）虐待罪的基本特征。虐待罪中的虐待行为通常表现为经常性、一贯性的特征，是行为人对共同生活的家庭成员所实施的具有经常性的打骂、冻饿、强迫过度劳动、有病不予救治、限制自由、凌辱人格等手段，对肉体施加摧残、精神上进行折磨的情节恶劣行为。因此，通常一次性的虐待行为并不足以认定成立虐待罪。(2)虐待罪与故意伤害罪、过失致人死亡罪的区分。虐待罪中的致被害人重伤、死亡，具体包括两种情况：其一，被害人因经常遭受暴力虐待而导致重伤、死亡；其二，被害人在遭受虐待后自杀、自残导致重伤、死亡。虐待致死与故意伤害致死、过失致人死亡最突出的区别就是，虐待罪中的虐待行为具有"持续性""表现形式多样性"的特点，而故意伤害致死、过失致人死亡都是因果关系明确的某一次或几次行为直接导致死亡。例如，父母对子女偶尔的殴打行为、体罚行为或者是家庭成员因为家庭纠纷而引发的打骂等行为，由于是偶发行为，不能认定为虐待行为。(3)故意伤害罪与过失致人死亡罪的区分。前者对于危害结果的发生持有的是追求或放任的态度，后者对于危害结果的发生既不追求也不放任，而是应当预见而未预见。虽然两者在主观心态上的区分较容易，但对于家长体罚子女致子女死亡的案件，鉴于身份的特殊性，且案件发生在封闭的家庭环境中，使得对行为人作案时主观心态的判断存在争议。对此，应当以犯罪客观方面为基准，结合犯罪动机和案发后行为人的具体表现综合判断。具体为：首先，考察客观行为本身的危险性和强度是否足以造成致人死亡的后果，如击打的程度、持续时间、使用的工具的危险性、击打的部位等；其次，考察案件发生的起因是为了管教子女，还是随意打骂或是为了发泄个人情绪，同时结合双方的身份和家庭关系，如是否是原生家庭、生活中相处是否融洽确定案发起因；最后，考察案件发生后行为人的行为，如是否采取了积极施救的措施，或是给予二次加害，或置之不理。以上三方面均可不同程度地反映出行为人实施体罚行为时的主观心态。

2. 争执中使用轻微暴力致受害人摔倒死亡的行为构成何罪

案例来源

李××过失致人死亡案
发布单位：国家法官学院《中国审判案例要览》(2012年刑事审判案例卷)
审判法院：北京市第二中级人民法院

判决日期：2011 年 12 月 9 日

案　　号：（2011）二中刑初字第 2312 号

基本案情

李××家住××市××县××镇东关村。2011 年 6 月 2 日，李××因同村村民哈××（殁年 69 岁）向其母亲曹××家乱扔杂物，在向村委会反映情况后，于下午 13 时许与哈××相遇。由于哈××是聋哑人，李××上前打手势与哈××理论。在此期间，李××的手打到哈××的面部，致使哈××摔倒在地，头部受伤。随后，李××同他人将哈××送往医院抢救，最终经抢救无效死亡。哈××死因为头部摔伤致颅脑损伤。同月 6 日，公安机关将李××抓获归案。

公诉机关以李××犯故意伤害罪，提起公诉。

李××辩称：其并无伤害哈××的故意，不构成故意伤害罪。

李××的辩护人辩称：首先，案发时，李××是偶遇哈××，并无事先的预谋，且无伤害哈××的故意，其行为不构成故意伤害罪。其次，事发后李××采取了积极的抢救措施，是初犯，认罪态度好，建议判处三年以下有期徒刑，并适用缓刑。

判决主文

一审法院判决：被告人李××犯过失致人死亡罪，判处有期徒刑六年。

宣判后，被告人李××未提起上诉，公诉机关亦未提出抗诉，判决已发生法律效力。

裁判要旨

行为人在与被害人发生争执过程中，用手打到被害人的面部致其摔倒死亡。从行为人实施击打行为的强度、次数及事发后积极救助的行为可知，其主观上并无伤害的故意，属于应当预见自己的行为可能发生被害人死亡的后果，由于疏忽大意而没有预见，其行为构成过失致人死亡罪，而非故意伤害罪。

重点提示

　　故意伤害致人死亡属于故意伤害罪的结果加重犯，其与过失致人死亡罪的相同点是均在客观上造成了被害人死亡的结果，主观上对死亡的结果均出于过失；不同点在于是否具有伤害的故意。为此，在司法实践中，认定采取轻微暴力行为致被害人摔倒死亡的行为构成何罪时，应当注意以下几点：（1）主观上是否具有伤害故意的判断。在轻微暴力行为致人死亡案件中，判断行为人的主观心态比较困难，同时也无现成的标准可供套用。为此要通过行为人所实施的客观行为进行分析判断，具体包括：案件的起因、是否存在事前预谋、是否使用工具、被害人遭受打击的部位、暴力行为的力度、行为人实施暴力行为时是否有所节制以及双方之间的关系等，进而准确认定行为人在案发时的主观心态，从而避免发生客观归罪的问题。（2）故意犯罪要求行为人对危害后果的发生具有认识或预见。故意犯罪中行为人的主观故意是通过客观行为体现的，因此必须结合案件起因、行为人与被害人的关系、打击工具、打击部位、打击力度、双方力量对比和介入因素等综合分析判断。故意伤害罪中的故意伤害行为应当是行为人积极主动实施伤害行为，并追求伤害后果发生的持续或连续的行为，同时造成被害人轻伤以上的损害后果。（3）故意伤害致人死亡的行为应当具备高度致害危险性。故意伤害致人死亡作为故意伤害罪的结果加重犯，需要满足行为人对加重结果的发生具备预见可能性，但主观上没有预见的要件，即故意伤害行为应当能够造成被害人严重的伤害或者可能造成被害人死亡的高度危险性。此外，根据我国《刑法》第234条的规定，故意伤害致人死亡的应当承担十年以上有期徒刑、无期徒刑或者死刑的刑事责任。依据罪责刑相一致的原则，只有具有高度危险性的暴力行为才能够适用这样严厉的刑罚，而不能是对轻微的暴力行为的处罚。

3. 因争执手推被害人致其坠楼死亡行为的性质

案例来源

余××过失致人死亡案

发布单位：最高人民法院中国应用法学研究所《人民法院案例选》2011年第2辑（总第76辑）

审判法院：广东省深圳市中级人民法院

判决日期：2010年11月30日

案　　号：（2010）深中法刑一初字第281号

基本案情

刘××系正在装修别墅工程的泥水班长，余××系刘××表叔，刘××介绍其在该别墅做泥水工工作，工资也是向刘××领取。高×辉系该别墅装修工程的监理。2010年5月31日，高×辉到该栋别墅检查工程进度并因装修工作与刘××产生矛盾，二人在别墅三楼发生口角。而后，高×辉下至二楼听到三楼有人骂脏话时便搭话，此时一直在别墅三楼的余××边接话边从三楼下至二楼，在二楼平台处遇到正准备上三楼的高×辉，双手推向高×辉，高×辉因未能站稳，跌向一米外无护栏的电梯井处。高×辉跌至电梯井底部，经送医院抢救无效死亡。经法医鉴定，高×辉系因重度颅脑损伤死亡，其损伤特点符合高坠。

案发后余××逃离现场，同年6月被公安机关抓获归案。案发时该装修工程所属的监理公司（深圳市××××工程监理有限公司）尚未成立。

公诉机关以余××犯故意伤害罪，提起公诉。

高×辉之妻陈××、之父高×功、之母申××、之子高×帆、高×枫以余××具有杀人故意，且无悔罪表现，应以故意杀人罪从重处罚，且余××的犯罪行为给其造成极大经济损失和精神伤害，监理公司作为余××、高×辉的雇主，亦应承担赔偿责任为由，提起刑事附带民事诉讼，请求判令余××、监理公司连带赔偿死亡赔偿金、丧葬费、被抚养人生活费、交通费和食宿费等各项经济损失共计1 287 009.08元。

监理公司辩称：本公司是在案发后成立的，并非刑事附带民事诉讼被告的适格主体，同时本公司与余××无直接雇佣关系，不应承担赔偿责任。

余××表示认罪，同时辩称：本人并无伤害高×辉的故意，并表示愿在力所能及范围内赔偿损失。

余××的辩护人辩称：余××的行为不构成故意伤害罪，而是构成过失致人死亡罪，且情节较轻。

判决主文

一审法院判决：被告人余××犯过失致人死亡罪，判处有期徒刑六年；被告人余××赔偿附诉原告陈××、高×功、申××、高×帆、高×枫的各项经济损失共计人民币266 836.87元，扣除被告人余××已赔付的人民币2万元，剩余人民币246 836.87元在本判决生效后一个月内给付；驳回附诉原告陈××、高×功、申××、高×帆、高×枫的其他诉讼请求。

宣判后，被告人余××未提起上诉，公诉机关也未提起抗诉，判决已经发生法律效力。

裁判要旨

行为人无伤害被害人的主观故意，案发时仅因情绪冲动而忽视了电梯井的存在，实施一般推打行为致被害人坠入电梯井死亡，其主观上属于疏忽大意的过失，构成过失致人死亡罪，而非故意伤害罪。

重点提示

一般情况下，故意伤害罪与过失致人死亡罪比较容易区分，但在伤害行为因外界因素介入下造成被害人死亡的严重后果的情形下，两罪的区分就显得尤为复杂。司法实践中，认定因争执手推被害人致其坠楼死亡的行为是成立故意伤害罪还是过失致人死亡罪，应当注意以下几点：（1）伤害故意的认定。刑法意义上的故意与一般的殴打故意存在明显区别，即必须是达到轻伤害以上的故意，这就要求行为人必须对自己实施的伤害行为能够造成他人组织、器官结构的损害或功能障碍、丧失的结果，持希望或放任的主观心态。实务中，为准确认定行为人的主观犯意则要从案件的起因、行为人所采取的行为方式、案发当时的具体情形、案发现场的环境等诸多方面作全面、客观的分析考察。（2）故意伤害（致死）罪与过失致人死亡罪的界定。故意伤害致人死亡的，属于故意伤害罪的结果加重犯，是指行为人明知自己的行为会造成他人身体伤害的危害结果情况下，仍希望或放任伤害的危害后果发生，但出现了其意料之外的死亡结果。过失致人死亡罪，是指行为人由于过失造成他人死亡的行为。两罪的相同点是客观上都发生了被害人死亡的危害结果，主观上对死亡的结果均出于过失，即发生被害人死亡的结果是出于行为人的意料之外，而不是希望或放任被害人死亡的结果。两罪的不同点在于行为人主观上是否具有伤害的故意。故意伤害致死以行为人具有伤害他人的故意为前提。相反，过失致人死亡则并不存在行为人伤害他人身体的故意。而认定行为人主观上是否具有伤害他人的故意，是有意的伤害他人还是只出于一般殴打的意图而过失地或意外地致人死亡，应综合全案考察主客观等多方面因素，包括实施伤害行为时的场合、环境、实施伤害行为的工具、受害人受到损害的部位、行为人实施打击的力量和频率、行为人与受害人的关系及造成的伤害程度等情况。

4. 在一端封闭的便道上交通肇事的性质认定

案例来源

邓××过失致人死亡案
发布单位：《人民法院报》2010年8月26日刊载
审判法院：湖南省株洲市中级人民法院
判决日期：2010年6月1日
案　　号：（2010）株中法刑一终字第117号

基本案情

2009年3月27日，邓××持C3型驾驶证驾驶农用六轮车，将红砖运送至××村××组便道尽头陈×苟家中的建房宅基地处。在与陈×苟家宅基地相隔一栋房屋的邻居家后门口，邓××不慎将陈×明、龙××夫妇的儿子陈×祥撞死。经县交通警察大队勘查，事件发生的地点系××村××村民小组的便道，路宽为3.5米，一般无社会车辆通行。县交通警察大队认定该起事故系邓××起车前未对车辆附近情况进行仔细察看所致，邓××负事故的主要责任。

公诉机关以邓××犯过失致人死亡罪，向法院提起公诉。

陈×明、龙××以邓××交通肇事致陈×祥死亡，给其造成极大的经济损失和精神痛苦为由，提起刑事附带民事诉讼，请求判令邓××赔偿经济损失。

一审法院判决后，被告人邓××不服，以其行为不应认定为过失致人死亡罪，应认定为交通肇事罪为由，提起上诉。

二审期间，被告人邓××及其亲属已向附诉原告陈×明、龙××交付赔偿现金人民币4万元，附诉原告陈×明、龙××已向法院申请对上诉人邓××从轻处罚。

判决主文

一审法院认定：被告人邓××疏忽大意，在村内便道驾车造成一人死亡，其行为构成过失致人死亡罪。因被害人陈×祥系未满两岁的幼童，附带民事诉讼原告人陈×明、龙××对其疏于看管，自身亦有过错，依法应自负一定的损失。

一审法院判决：被告人邓××犯过失致人死亡罪，判处有期徒刑三年；被告人邓××赔偿附诉原告陈×明、龙××经济损失61 598.98元。

二审法院判决：维持一审判决民事赔偿部分和刑事部分的罪名，改判上诉人邓××有期徒刑三年，缓刑三年。

裁判要旨

一端封闭的乡村便道不具有通行社会车辆的功用，不属于道路交通安全法意义上的道路。行为人在乡村便道上发生交通事故致人死亡，不以交通肇事罪论处，应当以过失致人死亡罪定罪处罚。

重点提示

根据我国刑法的规定，在公众通行的道路上发生重大事故，致人重伤死亡或使公私财产遭受重大损失的行为构成交通肇事罪。但在一端封闭的乡村便道上发生事故致人死亡是否构成交通肇事罪，则存在争议。司法实践中，认定在一端封闭的便道上交通肇事的性质时，应当注意以下两点：（1）道路交通安全法意义上的"道路"的认定。根据我国《道路交通安全法》第119条的规定，"道路"是指公路、城市道路和虽在单位管辖范围但允许社会机动车通行的地方，包括广场、公共停车场等用于公众通行的场所。基于该规定可知，道路交通安全法意义上的"道路"必须符合用于公众通行的功能要求，如用于公众通行，通行社会车辆，则属于道路交通安全法意义上的"道路"；反之，未用于公众通行，诸如矿区、厂区、林区、农场等单位自建的专用道路、乡间小道、田野机耕道、城市楼群或排房之间的甬道以及机关、学校、住宅小区内的甬道等，均不属于道路交通安全法意义上的"道路"。此外，通常情况下，人们判断"道路"还依据技术标准，如道路的宽度、路形、路基等。（2）交通肇事罪与过失致人死亡罪的区分。第一，事故发生的时空条件是交通肇事罪与过失致人死亡罪区别的要点。根据《最高人民法院关于审理交通肇事刑事案件具体应用法律若干问题的解释》第8条的规定，交通肇事罪原则上发生的时空条件限于公共交通管理的范围。在公共交通管理的范围外发生的事故，机动车驾驶人或者其他交通工具使用人致被害人死亡构成犯罪的，则按照刑法规定定罪处罚。第二，从犯罪构成的客体及客观方面予以具体分析。交通肇事罪所侵犯的客体是交通运输安全，犯罪客观方面表现为违反交通运输管理法规导致事故发生并造成严重后果。而过失致人死亡罪侵犯的客体则是他人的生命权，客观方面则表现为行为人应当预见自己的行为可能造成他人死亡的后果，但由于疏忽大意而没有预见，或者是已经预见到其行为可能造成他人死亡的后果，却轻信能够避免。

5. 仅有被告人供述如何认定夫妻间争执致一方死亡的性质

案例来源

秦××过失致人死亡案

发布单位：最高人民法院中国应用法学研究所《人民法院案例选》2011年第4辑（总第78辑）

审判法院：天津市西青区人民法院

判决日期：2010年2月25日

案　　号：（2009）青刑初字第317号

基本案情

2009年2月28日，秦××酒后回家，当晚23时许因向其妻张××索要身份证不成，双方因此发生争执并厮打。其间在秦××击打张××耳光后，张××出现呕吐现象并叫之不应。随后，秦××听到张××摔下床的声音并发现张××躺在地上时，误以为其已经睡着，便为张××盖上被子后自己回房睡觉。第二天上午10时许，秦××发现张××经呼唤后没有反应，便打电话找来自己的姐姐及乡村医生进行救治，随后又联系其他人员将张××送往医院进行抢救，住院治疗期间，张××一直昏迷。次月16日，张××因头部受外力作用致颅脑损伤后继发脑水肿、脑梗死、脑疝致呼吸、循环衰竭经医治无效死亡。次日，秦××被公安机关抓获归案。

另查明，秦××与张××在2月28日发生争执时并无其他人在场，经邻居证实只能听到双方的对骂声。秦××与张××均系再婚，案发前秦××于2008年3月以张××不孝顺婆婆为由起诉离婚，后被法院驳回。2009年1月，秦××再次以相同理由起诉离婚，事发时案件正处在审理中。案发后秦

××撤销离婚诉讼请求并积极赔偿张××家属经济损失。经公安机关调查，事发现场及床上被褥均未检测出人血，送张××去医院人员及收治医生均表示未发现张××存在明显外伤。邻居和亲属均证实秦××与张××在日常生活期间关系并不融洽，虽然发生过争吵，但二人行为并无异常。

公诉机关以秦××犯故意伤害罪，提起公诉。

秦××的辩护人辩称：秦××的行为应以过失致人死亡定罪，且秦××系初犯，请求减轻处罚。

案件审理期间，就附带民事部分双方当事人已达成协议并履行完毕。

判决主文

一审法院判决：被告人秦××犯过失致人死亡罪，判处有期徒刑四年。

宣判后，被告人秦××未提起上诉，公诉机关亦未提起抗诉，判决已经发生法律效力。

裁判要旨

夫妻双方因家庭琐事发生争执并厮打后，一方出现身体不适的症状，后经抢救无效死亡。因案件发生时无其他人证在场，除配偶的供述亦无其他证据证明，因此，综合夫妻双方的生活矛盾、死亡一方的伤情、配偶积极救助等因素分析，配偶主观上并无杀人或伤害的故意，而是疏忽大意的过失，构成过失致人死亡罪。

重点提示

对于夫妻双方因家庭琐事发生争吵后，一方最终因受外力作用死亡的案件，因在案发时只有被告人和被害人在场，且被害人直至死亡也无法描述事发经过，故而造成被告人的供述无旁证佐证，因此产生对案件的性质定性为故意杀人、故意伤害、过失致人死亡和意外事件四种不同认识。司法实践中，认定该类型犯罪行为的性质时，应当注意以下几点：（1）过失犯罪与意外事件的区分。犯罪过失包括疏忽大意的过失和过于自信的过失两种，而只有疏忽大意的过失与意外事件存在相似性,区分两者的关键点在于被告人是否应当预见到危害的后果,如果应当预见而未能预见即属于疏忽大意的过失,如果被告人根本不可能预见,则成立意外事件。实务中,认定疏忽大意的过失需要注意下面几点:①案件发生后为防止扩大疏忽大意过失犯罪的范围,要从实行行为入手综合实行行为本身的危险程度、实行行为实施时的客观环境以及行为人的智能水平等内容,判断行为人在当时的情况下能否预见到结果的发生。②即使被告人能预见到结果的发生与实际发生的结果严重之间存在一定联系,也不能因为发生的危害结果严重就直接认定被告人能够预见或应当预见。③被告人即使实施了不道德、违法乃至犯罪的行为,但仍然可能会发生其所不能预见的其他结果,此时切忌直接推定被告人能够或应当预见自己行为的一切结果,特别是在被告人的行为不成立故意犯罪时,反而针对其不能预见的结果追究疏忽大意过失犯罪的刑事责任。(2)过失犯罪与故意犯罪的区别。区分两罪的根本标准在于被告人对犯罪结果持有的主观心态是故意还是过失。过失犯罪中被告人对犯罪结果持有的是过失的心理态度,而故意犯罪中被告人主观上以及对犯罪行为和犯罪结果所持有的心态均是故意的心理态度。如果被告人主观心态和犯罪行为都是故意,但对所发生的犯罪结果是过失心态,则其罪过形式是过失的,构成过失犯罪;但若被告人对犯罪结果是故意的心理态度,则其罪过形式是故意的,构成故意犯罪。

第三章 故意伤害罪（16 例）

一、故意伤害罪的认定（7 例）

1. 打击错误致人死亡的行为定性问题

案例来源

张××故意伤害案

发布单位：最高人民法院中国应用法学研究所《人民法院案例选》2016 年第 9 辑（总第 103 辑）

审判法院：广东省潮州市中级人民法院

判决日期：2016 年 7 月 4 日

案　　号：（2016）粤 51 刑初 14 号

基本案情

2015 年 9 月，张××为向张×甲追讨欠款，携带一支可拆成二截的自制"铁枪"，至张×甲出租屋附近，将张×甲拦住并与其发生争执，张×甲的朋友郑×丙等人在事发现场劝架。在此期间，张××将两截自制"铁枪"连接，组成一支长约 1.8 米、双头锋利的利器，挥动着去劈砍在其身前的张×甲。未劈中张×甲，但张××在挥动利器向后甩时，刺中站在其身后的郑×丙。郑×丙被刺中左大腿，流血倒地，并当场死亡。后经法医鉴定：郑×丙符合被他人用利器刺伤左大腿大血管致失血性休克死亡。事发后，张××驾车携带"铁枪"逃离现场，当晚，在亲属的陪同下张××主动到公安机关投案。另查明，张××曾先后因犯盗窃罪、非法持有毒品罪被判处有期徒刑，于 2011 年 8 月刑满释放。

公诉机关以张××犯故意伤害罪，提起公诉。

张××辩称：案发时，本人只想用"铁枪"吓唬张×甲，并无殴打的意思；且当时认为挥动"铁枪"不会伤害到其他人，无伤害他人的故意，而是因失误导致他人死亡。

张××的辩护人辩称：张××在本案的行为构成过失致人死亡罪，而非故意伤害罪；张××具有自首情节，应当依法减轻或从轻处罚。

判决主文

一审法院判决：被告人张××犯故意伤害罪，判处有期徒刑十二年。

宣判后，被告人张××未提起上诉，公诉机关亦未提出抗诉，判决已发生法律效力。

裁判要旨

在打击错误的情况下，行为人所认识的事实与实际发生的事实，只要在犯罪构成范围内是一致的，应成立故意的既遂犯，而不影响对其行为性质的判断及刑事责任的承担。即在同一犯罪构成要件内的打击错误不阻却故意的成立，不能改变行为人的行为性质。

重点提示

打击错误，是指行为人对自己意欲侵害的某一对象实施侵害行为，由于行为本身的误差而导致实际侵害对象与其本欲侵害的对象不一致。打击错误可分为不同犯罪构成要件之间的打击错误和同一犯罪构成要件内的打击错误。其中，对于不同犯罪构成要件之间的打击错误应当如何处理，争议不大。但对于同一犯罪构成要件内的打击错误应如何处理，则争议较大。司法实践中，对同一犯罪构成要件内的打击错误行为定罪量刑，应当注意以下几点：（1）同一犯罪构成要件内的打击错误的基本特征及处断原则。首先，同一犯罪构成要件内的打击错误的特征主要体现在：出现打击错误的行为人应当具有明确的侵害对象，且对侵害对象实施了加害行为；行为人的行为实际侵害了行为人意图以外的另一个对象；行为人在主观上不希望也不放任自己的行为对实际侵害对象造成的危害。其次，对于同一犯罪构成要件内的打击错误的处断，应当采用法定符合说，即行为人所认识的事实与实际发生的事实，只要在犯罪构成范围内是一致的，就成立故意的既遂犯，不影响对其行为性质的判断及刑事责任的承担。(2) 同一犯罪构成要件内的打击错误致人死亡不构成过失致人死亡罪。过失致人死亡罪，是指行为人因疏忽大意没有预见到或者已经预见到而轻信能够避免造成的他人死亡，剥夺他人生命权的行为。过失致人死亡罪在主观方面表现为过失，即行为人对其行为的结果抱有过失的心理状态，包括疏忽大意的过失和过于自信的过失。由此可知，过失犯罪要求的是行为人对其行为造成被害人损害的结果存在过失的心理态度。在出现打击错误致人死亡的犯罪行为中，行为人对预期伤害对象存在明确的伤害故意，在同一犯罪构成要件内的打击错误不能阻却这种故意的成立，并不符合主观上存在过失的条件，因此不构成过失致人死亡罪。(3) 同一犯罪构成要件内的打击错误应以故意伤害罪论处。由前述论证可知，出现同一犯罪构成要件内的打击错误并不能阻却行为人主观上犯罪故意的成立。无论是预期伤害对象还是实际侵害对象，刑法对其身体健康权的保护应当是平等的，因此行为人造成伤害的行为所侵犯的法益、社会危害性及主观恶性均不因其伤害对象的变化而有所不同。因此，行为人主观上存在伤害故意，客观上实施了伤害行为且造成了被害人的损害后果，根据主客观相一致的原则，应当以故意伤害罪定罪处罚。

2. 监护人殴打未成年人致其轻伤应如何定罪

案例来源

李××故意伤害案
发布单位：最高人民法院发布：四起侵犯妇女儿童权益犯罪典型案例（2016年3月9日）
审判法院：河南省南阳市中级人民法院

判决日期：2015 年 9 月 30 日

案　　号：（2015）浦少刑初字第 13 号

基本案情

李××与施×甲系夫妻关系，婚前双方各有一女，二人于 2010 年登记结婚。婚后两年，李××夫妇将张××（李××表妹）之子施××（8 周岁）接至江苏抚养，次年李××夫妇办理了收养手续，施××由李××夫妇监护。2015 年 3 月，李××认为施××撒谎，使用竹制"抓痒耙"、塑料制"跳绳"抽打施××，施××身体挫伤面积达体表面积的百分之十，体表挫伤共 150 余处，构成轻伤一级。

李××经公安机关通知后主动到案，如实供述自己罪行。施××的生父母在案发后与李××达成和解协议，谅解其行为。

公诉机关以李××犯故意伤害罪，提起公诉。

判决主文

一审法院判决：被告人李××犯故意伤害罪，判处有期徒刑六个月。

宣判后，被告人李××未提起上诉，公诉机关亦未提出抗诉，判决已发生法律效力。

裁判要旨

监护人对未成年人实施的偶尔的殴打行为不构成虐待，至于是否具有伤害的故意，则需要综合被害人的伤情及受伤部位等因素综合判断。监护人虽对未成年人负有监护职责，但其出于对监护人关心、教育的目的不能成为实施暴力行为的抗辩事由，其实施的伤害行为情节严重的，应按故意伤害罪定罪处罚。

重点提示

监护人对未成年人的人身、财产以及其他一切合法权益均负有监护职责，但监护人的监护不可以超出法律的界限，否则就可能涉嫌犯罪。司法实践中，认定监护人殴打未成年人致其轻伤的行为如何定罪处罚时，应当注意以下几点：(1) 未进行长期经常性殴打不构成虐待。虐待罪，是指经常以打骂、禁闭、捆绑、冻饿、有病不给治疗、强迫过度体力劳动等方式，对共同生活的家庭成员进行肉体上、精神上的摧残、折磨，情节恶劣的行为。虐待罪与故意伤害罪在客观方面的区别最明显的就是虐待罪的犯罪行为需要具有一定的经常性与一贯性；故意伤害罪的伤害后果则是由一次或连续几次的故意伤害行为直接造成的后果。需要注意的是，行为人的行为同时构成虐待罪以及故意伤害罪的，应当数罪并罚。(2) 根据伤情、受伤部位等因素判断主观意图。虐待罪的行为人在主观方面不追求或放任被害人重伤或死亡结果的发生，即使发生重伤或死亡后果，也是由于长期虐待导致的；而故意伤害罪的行为人则是追求或者放任某一次伤害行为导致被害人轻伤以上的伤害后果。人民法院予以立案的故意伤害的公诉案件，通常以被害人的伤情构成轻伤作为立案标准，构成轻微伤或以下的，行为人通常应当接受治安处罚。此外，还可以通过被害人受伤的部位判断行为人的主观恶性，若受伤部位均为头部、颈部、腹部等要害部位，则证明行为人对被害人实施伤害的主观恶性较为明显。(3) 出于关心、教育未成年人的目的实施殴打不能折抵犯罪行为。父母或养父母及其他法定监护人，依法享有对未成年人进行抚养教育的权利及义务，但这不意味着其可以以监护人的身份侵犯未成年人的人格权及健康权等。行为人出于管教目的对未成年人进行殴打，对未成年人的身心健康造成了严重伤害，管教、教育等目的不能成为抗辩理由。出于对未成年人的保护，国家对于侵害未成年人合法权益的行为应当进行干预，监护人在管教未成年人过程中使用暴力手段对其实施伤害行为构成犯罪的，应以故意伤害罪论处。

3. 酒后驾车造成重大伤害案件的定罪量刑

案例来源

丁×故意伤害案

发布单位：最高人民法院《人民司法·案例》2017年第20期（总第

787 期）

审判法院：北京市第三中级人民法院

判决日期：2014 年 12 月 31 日

案　　号：（2014）三中刑终字第 704 号

基本案情

2013 年 4 月，丁 × 酒后驾驶小型轿车与刘 × 停在路边的小型轿车发生剐蹭后，继续驾车前行。之后，刘 × 在机动车道路上追赶丁 × 驾驶的车辆时，与道路护栏相撞倒地受伤。丁 × 继续逃逸过程中又撞上王 × × 停放在三里屯路边的小型轿车。群众报警后，丁 × 被当场查获。经检测，丁 × 血液酒精含量为 173.3 毫克 /100 毫升，刘 × 的伤情构成重伤。

公诉机关以丁 × 犯以危险方法危害公共安全罪，提起公诉。

一审法院判决后，公诉机关不服，提出抗诉称：一审法院判决认定罪名不准确，适用缓刑不当；一审法院判决未对原审被告人丁 × 的危险驾驶行为进行评价，原审被告人丁 × 的行为构成以危险方法危害公共安全罪。

判决主文

一审法院认定：被告人丁 × 醉酒驾车，并造成追赶的刘 × 重伤，其行为构成故意伤害罪。公诉机关指控被告人丁 × 犯罪事实清楚，证据确实充分，但指控罪名不当。以危险方法危害公共安全罪危害的是不特定多数人的生命、健康安全，而根据相关证据证明，被告人丁 × 在案发时驾驶的机动车处于较为正常状态下，无高速冲撞。在刘 × 追赶时继续行驶使其重伤，此时被告人丁 × 的行为针对的是特定对象。根据主客观相统一原则，被告人丁 × 的行为构成故意伤害罪。此外，根据相关证据可知被告人丁 × 对刘 × 的重伤行为是故意而非过失，不应认定为交通肇事罪。被告人丁 × 曾因酒后驾车受过行政处罚，此次又因此致人重伤，应从重处罚。但综合考虑被告人丁 × 的认罪态度、醉酒程度和赔偿意愿，被告人丁 × 对犯罪事实供认不讳，愿意承担相应后果，且民事部分已与被害人达成调解并取得被害方谅解，故对其所犯罪行予以从轻处罚，并宣告缓刑。

一审法院判决：被告人丁×犯故意伤害罪，判处有期徒刑三年，缓刑三年。

二审法院判决：撤销一审法院判决，改判原审被告人丁×犯故意伤害罪，判处有期徒刑三年，缓刑五年。

裁判要旨

酒后驾车造成重大伤害案件的定性，要根据驾驶人的客观行为，结合案发时车辆的行驶速度、案发地点状况、被撞人员的情况及驾驶人关于主观心态的供述和其他言词证据进行综合认定。同时，本着实现案结事了、化解矛盾的目的，要积极进行民事赔偿的调解工作，并在量刑上体现宽严相济的刑事政策。

重点提示

酒后驾车是我国《道路交通安全法》明确禁止的行为，严重的甚至会触犯《刑法》，受到刑事处罚。司法实践中，对酒后驾车造成重大伤害的案件进行定罪量刑时，应当注意以下几点：（1）对造成重大伤害案件主观上无过失的，不构成交通肇事罪。交通肇事罪，是指违反道路交通管理法规，发生重大交通事故，致人重伤、死亡或者使公私财产遭受重大损失，依法被追究刑事责任的犯罪行为。本罪在主观方面的表现为过失，包括疏忽大意的过失和过于自信的过失，行为人主观上存在故意的，不构成本罪。对于酒后造成重大伤害案件的行为人来说，其主观上明知造成了被害人的损害，但不对其进行施救，应当认定主观上对于被害人的受伤结果持放任态度，构成间接故意。而交通肇事罪的行为人，主观上对于被害人的伤亡结果则没有追求或放任的心态。因此，对造成重大伤害案件主观上无过失的行为不构成交通肇事罪。（2）被害人为特定目标不构成以危险方法危害公共安全罪。以危险方法危害公共安全罪，是指使用与放火、决水、爆炸、投放危险物质等危险性相当的其他危险方法，危害公共安全的行为。判定行为人是否构成本罪，应当从行为人的犯罪行为所危害的客体进行判断，本罪的犯罪客体是国家对社会公共安全的管理秩序。所谓公共安全,是指不特定多数人的生命、健康和重大公私财产的安全。本罪的犯罪对象是不特定的人或者公私财物,具有不确定性。并非所有酒后驾车的行为都应认定其达到了危害公共安全的危险程度,对其行为性质进行判定主要应当看是否达到了对不特定多数人的生命安全构成危险的程度。若行为人酒后驾车肇事仅对特定被害人的人身造成损害,而不存在连续、高速冲撞的行为,则不应认定其行为对不特定多数人的生命安全构成威胁,不构成以危险方法危害公共安全罪。(3)酒后驾车造成重大伤害案件的量刑。酒后驾车造成重大伤害案件,且未对被害人进行施救的,如前所述,行为人主观上表现为间接故意,客观上实施了伤害行为,造成了被害人重伤的后果,符合故意伤害罪的构成要件,应当以故意伤害罪定罪处罚。但鉴于行为人醉酒驾驶机动车的行为亦符合危险驾驶罪的构成要件,此时,根据我国《刑法》第133条的规定可知,有危险驾驶罪的行为,同时构成其他犯罪的,依照处罚较重的规定定罪处罚。因此,对于同时构成故意伤害罪及危险驾驶罪的行为人,应当以重罪即故意伤害罪进行论处,而非数罪并罚。

4. 为实施伤害行为提供工具的行为性质认定问题

案例来源

柏××、安××故意伤害案

发布单位:最高人民法院公布:六十七起校园刑事犯罪典型案例(河北)(2015年9月18日)

审判法院:河北省石家庄市中级人民法院

基本案情

贾××、安××、贾×甲、柏××均为×中学学生,且为结拜兄弟。2013年10月,为给柏××庆祝生日,贾××、安××、贾×甲、柏××一同在学校体育场附近喝酒吃饭。其间,柏××与安××发生争执,此后柏××又与贾××发生冲突。在柏××问及有无刀具时,安××将其随身携带的折叠刀递予柏××，柏××遂使用该刀刺中贾××左胸。随后，柏××、安××、贾×甲将贾××送医救治，但仍造成贾××伤残十级的严重后果。案发后，安××向贾××赔偿4万元。

公诉机关以柏××、安××犯故意伤害罪，提起公诉。

贾××以柏××、安××的行为造成其经济损失为由，提起附带民事诉讼，请求判令柏××、安××赔偿医疗费等经济损失。

审理期间，经过调解，柏××与贾××就民事赔偿部分达成调解协议。

一审法院判决后，原审被告人安××不服，提起上诉称：本人系未成年人，且犯罪后认罪悔罪，应从轻处罚，一审法院量刑过重。

二审期间，上诉人安××的法定代理人积极赔偿了被害人贾××遭受的经济损失，取得了贾××的谅解。

判决主文

一审法院认定：被告人安××在被告人柏××伤害贾××时为其提供作案工具，构成故意伤害罪。被告人安××在共同犯罪中起辅助作用，系从犯，且犯罪时未满18周岁，应减轻处罚；被告人安××、柏××故意伤害未成年人，应酌定从重处罚。

一审法院判决：一、被告人柏××犯故意伤害罪，判处有期徒刑二年，缓刑三年；二、被告人安××犯故意伤害罪，判处有期徒刑一年；三、被告人安××及其法定代理人赔偿附带民事诉讼原告人贾××25 715.69元。

二审法院判决：维持一审判决第一项；撤销一审判决第三项；改判一审判决第二项为：上诉人安××犯故意伤害罪，判处有期徒刑十个月，缓刑一年。

裁判要旨

持刀将人捅伤致其伤残的行为，符合故意伤害罪的犯罪构成要件，应以故意伤害罪定罪处罚。而明知行为人意欲伤害他人，仍为其提供作案工具的，系为行为人实施伤害行为提供帮助，在行为人故意伤害他人的过程中起辅助作用，应认定为故意伤害罪的从犯。

重点提示

在认定故意伤害共同犯罪过程中，对于明知他人意欲实施伤害行为，仍为其提供工具的行为如何进行定罪处罚，常成为实务中的争议焦点。司法实践中，对该行为进行定罪处罚时应当注意以下几点：（1）持刀致人伤残的行为构成故意伤害罪。故意伤害罪，是指故意地非法损害他人身体健康的行为。本罪在主观方面表现为故意，包括直接故意和间接故意，即行为人明知自己的行为会造成损害他人身体健康的结果，而希望或放任这种结果的发生；客观方面需要行为人实施了非法损害他人身体的行为，且造成的伤害等级已达到轻伤以上。行为人持刀将人捅伤致其伤残，主观上具有追求被害人损害结果的故意，客观上实施了非法伤害行为，且达到了一定的程度，构成故意伤害罪。（2）为实施伤害行为提供工具的行为构成帮助犯。所谓帮助犯，是指共同犯罪中没有直接参与犯罪的实行行为，而是向实行犯提供帮助，使其便于实施犯罪，或者促使其完成犯罪的人。实务中，认定成立帮助犯需要行为人有帮助的行为以及帮助的故意。帮助的行为可以是有形的，也可以是无形的精神上的帮助；帮助的故意则要求行为人认识到自己的行为会帮助到实行犯，且最终会产生危害后果，并希望或放任该危害后果发生。此外，帮助行为与危害结果之间还应当存在一定的因果关系。对于明知他人意欲实施伤害行为，仍为其提供工具的，其主观上认识到了自己提供工具的行为会导致被害人损害的后果，仍希望或放任该结果发生，且由于其提供工具的原因，最终导致了被害人伤残的损害后果，符合帮助犯的特点，应认定成立帮助犯。（3）对帮助犯的定罪及量刑。由于帮助犯系共同犯罪中的行为人之一，系从犯的一种，对于其行为的定罪，应当按照其帮助行为所起到帮助作用的犯罪行为的实行犯进行认定，即故意伤害罪的帮助犯，也应认定构成故意伤害罪。对于帮助犯的量刑，则应依照其在共同犯罪中所起的作用进行判断。若帮助犯的帮助行为在共同犯罪中起辅助作用，应以从犯论处；如果被胁迫实施帮助行为，并在共同犯罪中起较小作用，则应以胁从犯论处。行为人为意欲实施伤害行为的人提供工具的行为，在后续的伤害行为中起到了辅助作用，应认定为从犯，比照主犯从轻、减轻或免除处罚。

5. 因不满转院建议殴打医生致其轻伤的行为性质

案例来源

刘××故意伤害案

发布单位：最高人民法院公布：涉医犯罪四大典型案例（2014年4月24日）

审判法院：辽宁省丹东市中级人民法院

判决日期：2014年2月21日

案　　号：（2014）丹刑二终字第00058号

基本案情

刘××于2012年12月因头部受伤到医院（辽宁省丹东市×医院）就诊，接诊医生为宋×。刘××对宋×称自己可能是颅骨骨折，宋×遂建议其到其他医院接受治疗。刘××对宋×所做的转院治疗建议不满，在离开十几分钟后又返回宋×办公的场所，将宋×的眼镜拽掉，并用头部撞击宋×的口、鼻处，且殴打宋×。之后，宋×在×口腔门诊部治疗及公安医院住院治疗7天，发生医疗费2404.83元、住院伙食补助费105元、眼镜购置费1800元。经鉴定，宋×两颗牙齿折断，鼻骨线形骨折，构成轻伤。

公诉机关以刘××犯故意伤害罪，提起公诉。

宋×以刘××的故意伤害行为给其身体造成损害，应赔偿其因此遭受的经济损失为由，提起刑事附带民事诉讼，请求判令刘××赔偿经济损失4309.83元。

一审法院判决后，附带民事诉讼原告人宋×不服，提起上诉称：原审被告人刘××的犯罪行为构成寻衅滋事罪，一审判决以故意伤害罪对其定罪处罚错误；一审法院判决原审被告人刘××赔偿的数额过低，应在原有赔偿数额的基础上额外赔偿本人误工费2万元，护理费、后期治疗费4万元，交通费、营养费等经济损失共计12万元，并承担本人后期治疗牙齿的费用。

判决主文

一审法院判决：被告人刘××犯故意伤害罪，判处有期徒刑一年四个月；被告人刘××给付附诉原告宋×赔偿款共计4309.83元；附诉原告宋×的其他诉讼请求予以驳回。

二审法院裁定：驳回上诉，维持原判。

裁判要旨

因不满医生转院建议在办公室内殴打医生致其轻伤的行为，未对公共场所秩序造成混乱，且伤害对象仅为特定的对其提出建议的医生，不符合寻衅滋事罪的犯罪特点，不能认定为寻衅滋事罪，而应以故意伤害罪进行论处。

重点提示

近年来，由于医患关系紧张导致的暴力伤医、医闹案件频繁发生，应当如何对此类行为进行定罪常成为实务中的争议焦点，通常认为应当根据犯罪构成进行判断。司法实践中，认定不满医生的转院建议，在办公室殴打医生致其轻伤的行为性质时，应当注意以下几点：（1）该行为不构成寻衅滋事罪。寻衅滋事罪，是指肆意挑衅，随意殴打、骚扰他人或任意损毁、占用公私财物，或者在公共场所起哄闹事，严重破坏社会秩序的行为。本罪在主观上存在扰乱公共场所秩序、造成公共秩序混乱的故意，侵害对象往往是不特定的、随意的，实施的伤害行为也并非针对某个人，而是无论见到谁都可以实施伤害行为，所造成的损害后果也不必须达到一定的损害程度。本罪侵害的客体并非只有社会公共秩序，还有可能侵害他人的身体健康权。据此，行为人在办公室内对医生实施殴打，其实施伤害行为的地点为医生办公室，并无扰乱公共秩序的故意；且其实施伤害行为的原因是不满医生的转院建议，伤害对象是明确的，即仅为对其提出建议的医生，不符合寻衅滋事罪的犯罪特点，不构成寻衅滋事罪。（2）该行为构成故意伤害罪。故意伤害罪，是指故意地非法损害他人身体健康的行为。行为人因不满医生的转院建议与其产生矛盾而对其实施殴打行为，足以认定行为人主观上明知其殴打行为可能会造成被害人的损伤，仍追求这种损害结果的发生，构成故意。同时殴打行为是我国刑法明确禁止的非法行为，而该非法行为造成被害人轻伤的损害后果，符合故意伤害罪的构成要件，应以故意伤害罪进行论处。

6. 造成被害人死亡后果的伤害行为构成何罪

案例来源

张××、陈××、吴××故意伤害案

发布单位：最高人民法院发布：九十八起未成年人审判典型案例（2014年11月24日）

审判法院：广东省湛江市中级人民法院

基本案情

吴××系××县×中学学生。2011年10月，吴××与同学在返校途中，于学校门口处被吴×儒、林××等多人拦截，并遭到多人追打，其后吴××等人为躲避殴打而逃入校园内。事后，吴××产生报复心理，遂拨打电话联系了陈××，陈××得知后立即联系张××一同前往现场，同时从朋友处借得一支猎枪，几人相约后一同到达吴×儒、林××二人所在之处，张××随即向林××、吴×儒开枪射击，并在事发后逃离现场。林××因颈部中枪经抢救无效死亡。

公诉机关以张××、陈××、吴××犯故意伤害罪，提起公诉。

判决主文

一审法院判决：被告人张××犯故意伤害罪，判处有期徒刑十三年；被告人陈××犯故意伤害罪，判处有期徒刑十四年；被告人吴××犯故意伤害罪，判处有期徒刑六年。

宣判后，被告人张××、陈××、吴××均未提起上诉，公诉机关亦未提出抗诉，判决已发生法律效力。

裁判要旨

行为人实施的伤害行为造成被害人死亡后果的，并不必然构成故意杀人罪，可能构成故意伤害罪或过失致人死亡罪。而对于故意杀人罪与故意伤害罪之间的区分标准，主要应从实施犯罪行为的主观故意以及所实施的犯罪行为的具体情形予以认定。

重点提示

实施伤害行为造成被害人死亡后果的行为构成何罪，是故意杀人罪、故意伤害罪还是过失致人死亡罪，常成为实务中争议的焦点。司法实践中，认定伤害致死行为的性质时，应当注意以下两点：（1）主观故意的内容对定罪的影响。故意伤害致人死亡与故意杀人之间最根本的区别，就在于二者在主观方面的表现不同。虽然构成两罪的主观要件均为故意，但故意杀人罪的故意内容是剥夺他人生命，是希望或放任被害人死亡结果的发生；而故意伤害罪在主观方面只是想要伤害他人身体，而不存在剥夺他人生命的意图，即使客观上造成他人死亡的损害后果，也只是其未曾预料的，故意伤害的行为人既不希望，也不放任被害人死亡结果的发生，其对死亡后果的发生是一种过失的心态。同理，故意杀人未遂的行为人即便没有造成被害人死亡的损害后果，也是由于其意志以外的原因而不能实现，不能将其认定为故意伤害。（2）主观故意内容的判断。判断主观故意的内容，不能仅根据死亡后果或行为人供述予以认定，而应当根据行为人在实施犯罪行为时的具体情况综合认定，主要体现在：①使用的作案工具的危险性，如枪支、刀具的危险性必然大于木棍的危险性；②打击部位是否属于要害，如头部、心脏等极易致人死亡的部位；③行为是否有节制，即是否实施无限度的击打，是否在被害人不能反抗的情况下仍对其进行击打；④伤害行为的残忍程度及是否凭借一定的条件，如凭借一定的条件、采取一定的措施，或者手段特别残忍，主观上一般具有杀人的故意；⑤是否采取救助行为，实施犯罪行为后采取积极救助措施的，一般故意杀人的可能性较小；⑥案发之前双方的关系，如关系亲密或初次认识的，一般存在故意杀人的可能性比双方积怨已深的可能性要小；⑦案发的起因及行为人的供述。上述情节对认定行为人在实施侵害行为时的主观故意具有一定的辅助作用，但并非依据某一项就可以认定存在杀人故意或者伤害故意，而应综合考虑案件的具体情况，结合案件证据，依据主客观相统一原则，对犯罪行为进行定性。(3) 故意伤害致人死亡可能转化为故意杀人的情形。两者之间并非绝对不能转化，在满足一定条件是可以转化的，如：①有证据表明行为人在被害人已经失去抵抗能力时仍然对被害人采取明显危害生命的暴力行为，就可能转化为故意杀人。②行为人在实施伤害行为后，为避免被害人得到救助而将其转移到无人地区并最终导致被害人死亡后果的，应认定其行为实现了向故意杀人的转化。

7. 犯罪行为停止后持枪射击致人伤亡的行为定性

案例来源

邹××故意伤害案

发布单位：国家法官学院《中国审判案例要览》(2011年刑事审判案例卷)

审判法院：福建省宁德市中级人民法院

判决日期：2010年11月24日

案　　号：(2010)宁刑终字第142号

基本案情

1996年，因赌博问题，吴×芽之兄吴××与曾××发生纠纷。在被曾××猛踢一下后，欲前往北门车站继续报复曾××的吴××返回家中取出一把马刀，吴×芽亦随同前往，但因二人未找到曾××而未能实施报复。次日，吴××、吴×芽等人与曾××相遇并发生冲突，在此过程中，吴××砍中曾××腿部，并和吴×芽等人持刀追赶曾××。邹××系当地公安局副分局长，上述案件发生时，邹××正在执行公务。邹××发现吴××和吴×芽等人持刀追赶曾××的情况后，立即上前制止，同时要求吴××将吴×芽带回家中。但此后，吴×芽再次返回，并对曾××实施殴打。邹××发现该情况后，又一次对吴×芽进行制止。吴×芽遂停止殴打曾××，并向西逃跑，邹××则一边追赶吴×芽，一边鸣枪示警，要求吴×芽站住。因示警未果，邹××遂朝吴×芽射击，却误伤在场群众卓××、雷××的腿部。与此同时，吴×芽继续向车站门口南面的台阶处逃跑。邹××继续向吴×芽射击，最终击中吴×芽，致吴×芽当场死亡。

公诉机关以邹××犯故意伤害罪，提起公诉。

邹××辩称：本人的行为是执行公务，不构成犯罪。

邹××的辩护人辩称：邹××在执行公务过程中为制止违法犯罪使用枪支的行为，没有违反枪支的使用规定，不能认定为违法使用枪支，实施的枪击吴×芽的行为是在履行职责，防止犯罪行为的发生。

一审法院判决后，被告人邹××不服，提起上诉称：本人是在执行公务过程中为制止违法犯罪才使用枪支的，使用行为合法；同时本人在枪击吴×芽时，是在履行职责，并无伤害吴×芽的主观故意。综上，请求依法改判本人无罪。

判决主文

一审法院判决：被告人邹××犯故意伤害罪，判处有期徒刑八年。

二审法院裁定：驳回上诉，维持原判。

裁判要旨

人民警察在执行公务过程中使用警械和武器应当具有合法性，当犯罪分子停止犯罪行为后对其进行持枪射击的行为具有违法性，造成犯罪分子受伤或死亡的，其行为符合故意伤害罪的构成要件，构成故意伤害罪。

重点提示

人民警察在执行公务过程中，出于制止违法犯罪行为、维护公共安全和社会秩序、保护公民人身安全和合法财产、保护公共财产的目的，可以依法使用警械和武器，但在使用警械及武器的过程中造成人员伤亡的应当如何处理，则是司法实践中需要关注的问题。对该行为进行定性时应当注意以下几点：（1）使用警械、武器行为的合法性认定。《人民警察使用警械和武器条例》规定，人民警察使用警械和武器，应当以制止违法犯罪行为，尽量减少人员伤亡、财产损失为原则，且在犯罪分子停止实施犯罪，服从人民警察命令以及犯罪分子失去继续实施犯罪能力的情形下，人民警察应当立即停止使用武器。此处所称武器，是指人民警察按照规定装备的枪支、弹药等致命性警用武器。因此，判断人民警察使用警械、武器的行为是否合法，应当判断其行为是否以减少人员伤亡、财产损失为目的，且其使用武器时，犯罪分子实施的犯罪行为是否已经停止。对人民警察合法使用警械、武器的行为，应当依法予以保护，对于违法使用的行为，则应追究相应的法律责任。（2）违法使用警械、武器致人伤亡行为的处理。《人民警察使用警械和武器条例》规定，人民警察违法使用警械、武器，造成不应有的人员伤亡、财产损失，构成犯罪的，依法追究刑事责任；尚不构成犯罪的，依法给予行政处分；对受到伤亡或者财产损失的人员，由该人民警察所属机关依照《国家赔偿法》的有关规定给予赔偿。而认定人民警察违法使用警械、武器致人伤亡的行为是否构成犯罪，则应以其行为是否符合某一犯罪的构成要件，以及符合何种犯罪的构成要件为判断标准。（3）犯罪行为停止后仍为了追赶被害人而在公共场所开枪射击致其死亡的行为，构成故意伤害罪。由前述内容可知，在犯罪行为停止的情况下，人民警察不得使用武器，且射击地点为公共场所，具有伤害无辜人员的可能性，不符合减少人员伤亡的原则，故在此情况下，人民警察持枪射击的行为系违法使用武器的行为，同时因其该行为造成了人员伤亡，人民警察应当承担相应的责任。人民警察在被害人停止犯罪后持枪射击，主观上系明知其射击行为可能会对被害人造成损害，仍追求或放任损害结果发生，且客观上实施的射击行为具有违法性，造成了被害人死亡的损害结果，符合故意伤害罪的构成要件，构成故意伤害罪。

二、转化型故意伤害罪（2 例）

1. 犯意对转化型犯罪认定的影响

案例来源

薛×、任× 故意伤害案

发布单位：《人民法院报》2014 年 11 月 6 日刊载

审判法院：山东省枣庄市中级人民法院

案　　号：（2013）枣刑三初字第 1 号

基本案情

2012 年 6 月，王××、韩××、侯×× 在某中学门前见薛×、任× 与该校女同学交谈，王×× 遂前去对薛×、任× 进行言语挑衅。随后，王×× 等三人与薛×、任× 因此产生争执并发生肢体冲突。在双方扭打过程中，薛× 使用随身携带的折叠刀将王×× 等三人刺伤。嗣后，王×× 因心脏破裂、心包填塞，经抢救无效死亡。韩×× 与侯×× 的身体所受损伤均为轻伤，但侯×× 相对伤势较重。

公诉机关以薛×、任× 犯故意伤害罪，提起公诉。

判决主文

一审法院判决：被告人薛× 犯故意伤害罪，判处有期徒刑十二年；被告人任× 犯寻衅滋事罪，判处有期徒刑二年，缓刑三年。

宣判后，被告人薛×、任× 未提起上诉，公诉机关亦未提出抗诉，判决已发生法律效力。

裁判要旨

共同犯罪中，因作案环境发生改变导致共同犯罪中的一人或多人实施了超出共同犯罪故意的行为时，对其他行为人的定罪应以其是否对过限行为产生共同犯意进行判定。其他行为人未产生超出原有预谋的故意的，对过限行为不承担刑事责任。

重点提示

在共同犯罪中，并非所有的犯罪行为都是按照事先的预谋进行的，在受到外界干扰、自身心理素质、犯罪诱因、法律后果等因素影响时，共同犯罪可能会出现预料之外的行为。司法实践中，认定共同犯罪中各行为人的犯罪行为性质以及犯意在转化型犯罪中的作用时，应当注意以下几点：（1）实行过限与转化犯之间的关系。转化犯是指行为人在实施某一较轻的犯罪时，由于具备了某种情形，刑法明文规定不再以本罪论处，而是按照刑法另一条文规定的较重犯罪论处的情况。构成转化犯的关键是转化条件，转化条件是指依照法律规定的依附于基础行为而存在，使其发生罪质改变的事实因素。在共同犯罪过程中，当全体共犯均具备转化条件，全部转化为另一犯罪的情形，通常不存在争议。但当只有部分共犯具备转化条件时，全案人员是一体转化还是部分转化，则具有争议性。对该问题的认定，则涉及转化犯与实行过限的关系，如认定为部分转化，自然而然地涉及实行过限的问题。而在实行过限行为与共同犯罪行为分属不同罪质的情形时，往往涉及转化犯的问题。（2）共同犯罪中实行过限的认定。我国的刑事立法对于实行过限并无明确规定，但实务中则常出现此类情况。实行过限是指在共同犯罪中，原共同犯罪中某一或数个共同犯罪人，故意或过失地实施了超过原共同谋定的故意范围以外的犯罪行为。共同犯罪中的共同犯罪故意，是指各行为人之间共同形成的，明知自己与他人实施的是犯罪行为，且明知该共同犯罪行为会产生危害结果，仍希望或放任该结果发生的心理态度。在认定某个或某几个实行犯存在实行过限的过程中，要以超越共同犯罪的故意为标准。通常情况下认为，超越共同犯罪故意，是指实行犯的犯罪行为偏离了原有的共同犯罪故意，产生了新的犯意，从而指向了一个新的犯罪。（3）一人或多人实行过限对全案人员定罪的影响。对于实行过限的犯罪行为，由过限行为的实施者自行承担刑事责任，对过限行为没有共同故意的其他人员对过限行为不承担责任。但共同犯罪行为具有一定的复杂性，对全案人员是否存在新的犯罪故意，也就是对其犯罪行为是否发生转化进行认定也存在一定的难度。因此，在对全案人员进行定罪过程中，应当从各行为人具体实施的犯罪行为及表现来判定其犯意是否发生变化。首先，若在共同犯罪实施过程中，其他实行犯对于过限行为实行人临时起意的犯罪行为自始至终均不知情，则应认定其主观上对该过限行为不存在罪过，不对该过限行为承担刑事责任。其次，在共同犯罪实施过程中，若其他共犯在场并对过限行为人临时起意的犯罪行为进行参与或协助，则应认定其主观上对该过限行为存在罪过，即使未事先共谋，也应认定为临时起意的共同犯罪，应共同承担责任。再次，在过限行为人实施过限行为的过程中，其他行为人在场但持不作为态度，即对该过限行为知情且未制止的，也应认定其对过限行为承担责任。最后，其他行为人对于过限行为虽未参与，但在事后对该行为表示认可并积极参与善后的，应认定其是对过限行为的追认，应承担相应的刑事责任。

2. 在聚众斗殴转化型犯罪中如何确定量刑起点

案例来源

徐××故意伤害，熊××、尹××等聚众斗殴案

发布单位：最高人民法院中国应用法学研究所《量刑规范化典型案例（1）》

审判法院：江西省南昌高新技术产业开发区人民法院

判决日期：2011年1月4日

案　　号：（2010）高新少刑初字第12号

基本案情

2009年12月，徐×1纠集徐××、徐×2、徐×3、徐×4并从徐×3家中取得跳刀一把，然后前往工程学校（江西省××××工程学校）意图殴打一名同学，因该同学态度较好，遂放弃殴打意图。此后，徐×1与徐××、徐×2、徐×3、徐×4在工程学校走廊内吸烟、聊天。其间，熊××等人借火点烟，但熊××因受到徐××嘲笑、奚落心怀不忿，随即电话联系尹××等人，要求尹××等人前往工程学校进行殴斗。徐××等人发现熊××电话联系他人，怀疑熊××等人欲斗殴，遂商议如果对方人多势众则逃离，如果对方人员数量较少，则斗殴。由于徐××猜想对方可能针对自己，故而随身携带跳刀。嗣后，徐××、徐×1、徐×2、徐×3、徐×4与熊××等十余人发生斗殴，徐××因被多人围殴持跳刀刺伤熊××、傅××，又刺向刘××前胸，导致刘××死亡。

案发后，徐×1、徐×2、徐×4、熊××逃离现场，前往公安机关投案，如实供述了上述犯罪事实，其中徐×4协助公安机关抓获了徐××、徐×3。经法医鉴定，刘××的死亡原因为单刃锐器刺破心脏引起大出血死亡，熊××、徐××、傅××构成轻微伤丙级。刘××的父母与工程学校签订了人身损害赔偿协议，约定工程学校向刘××的父母一次性赔偿死亡赔偿金、丧葬费等各项经济损失共计43万元人民币。该协议现已履行完毕。另查明，徐××、徐×2、熊××、尹××均未满18周岁。

公诉机关以徐××犯故意伤害罪，徐×2、熊××、尹××及徐×1、徐×3、徐×4犯聚众斗殴罪，提起公诉。

审理期间，公诉机关撤销了对徐×1、徐×3、徐×4的指控。

判决主文

一审法院判决：被告人徐××犯故意伤害罪，判处有期徒刑十年二个月；被告人徐×2犯聚众斗殴罪，判处有期徒刑一年一个月；被告人熊××犯聚众斗殴罪，判处有期徒刑一年一个月；被告人尹××犯聚众斗殴罪，判处有期徒刑一年一个月；凶器跳刀一把予以没收。

宣判后，被告人徐××、徐×2、熊××、尹××均未提起上诉，公诉机关亦未提出抗诉，判决已发生法律效力。

裁判要旨

对于聚众斗殴中出现死亡结果的，应首先从行为人实施犯罪行为的主客观方面分析其行为所触犯的罪名，再判断行为人的犯罪行为是否是以防卫为目的，以及被害人对损害后果的发生是否存在过错，以确定量刑起点。之后，在确定行为人的宣告刑时，应当综合考虑案件的具体情况，适用罪责刑相适应原则以及宽严相济的刑事政策，对行为人处以相应刑罚。

重点提示

我国《刑法》第61条规定："对于犯罪分子决定刑罚的时候，应当根据犯罪的事实、犯罪的性质、情节和对于社会的危害程度，依照本法的有关规定判处。"在聚众斗殴的案件中出现死亡结果的，应当如何确定量刑起点是司法实践中争议的焦点，针对此类案件的量刑问题，应当注意以下几点：（1）对案件准确定性是准确量刑的前提。我国《刑法》对于特定的犯罪均有规定其应处的刑种及幅度，因此，对行为人进行准确量刑的前提就是对其犯罪行为进行准确定性，判断属于何种犯罪。在聚众斗殴出现死亡结果的案件中，对于致人死亡的行为人应当认定为故意杀人罪还是故意伤害罪，全案其他行为人是否存在转化型犯罪，都是应当首先解决的问题。首先，聚众斗殴的行为人应当完全符合聚众斗殴罪的构成要件，即指为了报复他人、争霸一方或者其他不正当目的，纠集众人成帮结伙地互相殴斗，破坏公共秩序。其次，对于在斗殴中实施伤害行为致人死亡的行为人的定罪，应当根据其具体实施的犯罪行为判断其主观故意，主观上不存在杀人故意的不能认定为故意杀人罪，而应认定构成故意伤害罪。最后，致人死亡的行为人实施的伤害行为属于超出共同犯罪行为的实行过限行为，全案其他行为人对此不存在共同犯罪故意的，均应当在聚众斗殴的范围内追究刑事责任。（2）正当防卫及被害人过错对确定量刑起点的影响。行为人实施的伤害行为是否构成正当防卫以及被害人对伤害行为的发生是否存在过错，均是影响量刑的关键因素。在认定行为人是否成立正当防卫时，应当认定行为人的防卫行为是否具有防卫的必要性和紧迫性，若防卫行为明显超过必要限度的，应以防卫过当追究行为人的刑事责任，并在量刑时相应地进行体现。此外，即使行为人实施的伤害行为并非是出于防卫目的，但若被害人本身对伤害行为的发生存在一定的过错，在量刑时也可以作为酌情从轻处罚的因素。

（3）宣告刑应符合罪责刑相适应原则及宽严相济的刑事政策。在确定行为人的宣告刑时，应当结合行为人的年龄、刑事责任能力、认罪态度、伤害情节等案件具体情况灵活把握，充分保证贯彻罪责刑相适应原则，还要符合宽严相济的刑事政策，该宽则宽、当严则严，避免出现量刑畸重或畸轻的情况，既能起到惩治犯罪的效果，又能保证司法的公正性。

三、故意伤害罪与正当防卫的界限（3例）

1. 反抗家庭暴力致施暴方死亡行为的定罪量刑

案例来源

翁××故意伤害案

发布单位：最高人民法院公布：四十九起婚姻家庭纠纷典型案例（2015年12月4日）

审判法院：湖南省平江县人民法院

判决日期：2015年2月16日

案　　号：（2014）平刑初字第468号

基本案情

翁××与胡××系夫妻关系，胡××与杨××长期保持不正当关系。2014年8月13日下午，翁××带其儿子和女儿回娘家时，在路上偶遇杨××，二人发生口角，并相互厮打。周围群众将翁××与杨××分开后，翁××从附近村民处得知杨××邀集他人准备来自己家中报复，为了防身，翁××事先在家中的沙发背后和鞋柜上藏了两把菜刀。当晚21时许，胡××带杨××回到家中找翁××理论，翁××随手持客厅沙发上的一根木棍，指向杨××，要求其离开。胡××持一根拖把追打翁××，翁××取出一把铲子还击，但因铲子太长不方便使用，翁××被胡××逼至墙角并用衣架殴打。翁××随手持玻璃酒柜上的一把水果刀，试图阻止胡××，不慎刺中胡

××的左侧胸部致其心脏破裂，胡××经抢救无效后死亡。

案发后，翁××报警并拨打"120"抢救胡××，在案发现场等待公安机关到来。胡××的兄姐及子女出具谅解书，请求从轻处罚。

公诉机关以翁××犯故意伤害罪，提起公诉。

翁××对公诉机关指控的犯罪事实供认不讳，未进行答辩。

翁××的辩护人辩称：首先，本案应以过失致人死亡罪进行定性；其次，翁××的行为系正当防卫，且案发后主动报警、救治被害人，并在案发现场等待公安干警抓获，具有自首情节，应当减轻处罚；最后，翁××家中有一儿子系生活不能自理的高度弱智，需要翁××照顾。综上，请求对翁××适用缓刑。

判决主文

一审法院判决：被告人翁××犯故意伤害罪，判处有期徒刑三年，缓刑五年。

宣判后，被告人翁××未提起上诉，公诉机关亦未提出抗诉，判决已发生法律效力。

裁判要旨

受暴方因反抗家庭暴力而致施暴方死亡的，其主观上具有伤害施暴方的故意，客观上实施了伤害行为且造成了施暴方死亡的危害后果，符合故意伤害罪的构成要件，构成故意伤害罪。但鉴于施暴方对危害后果的发生具有较大过错，而受暴方的危害性及再犯可能性较小，并属于防卫过当，因此，在量刑上应给予减轻或免除处罚。

重点提示

家庭暴力，是指发生在家庭成员之间的，以殴打、捆绑、禁闭、残害或者其他手段对家庭成员从身体、精神、性等方面进行伤害和摧残的行为。司法实践中，处理在反抗家庭暴力过程中导致施暴方死亡行为的定罪量刑问题，应当注意以下几点:(1)反抗家庭暴力致施暴方死亡的可认定为防卫过当。防卫过当,是指防卫行为明显超过必要限度造成重大损害的应当负刑事责任的情形。但对正在进行行凶、杀人、抢劫、强奸、绑架以及其他严重危及人身安全的暴力犯罪,采取防卫行为,造成不法侵害人伤亡的,不属于防卫过当,不负刑事责任。根据最高人民法院、最高人民检察院、公安部、司法部发布的《关于依法办理家庭暴力犯罪案件的意见》第19条的规定可知,为了使本人或者他人的人身权利免受不法侵害,对正在进行的家庭暴力采取制止行为,只要符合刑法规定的条件,就应当依法认定为正当防卫,不负刑事责任。防卫行为造成施暴人重伤、死亡,且明显超过必要限度,属于防卫过当,应当负刑事责任,但是应当减轻或者免除处罚。因此,对于家庭暴力的受暴方反抗施暴方致其死亡的案件,应当充分考虑受暴方反抗的必要性及过错大小,以此判断是否属于防卫过当。(2)反抗家庭暴力致施暴方死亡行为的定罪及量刑。防卫过当并非独立的罪名,而是一种具有防卫性质的行为,其在实务中系量刑情节,对于定罪并无影响。对于防卫过当的行为人,应当根据其犯罪构成,即主观上的罪过以及客观上实施的行为和造成的危害结果进行定罪。对于防卫过当行为的量刑则应考虑防卫行为的起因、保护利益的性质、明显超过限度的程度及造成危害的轻重、主观上的罪过形式及当时的处境以及造成防卫过当的原因。对于反抗家庭暴力致施暴方死亡的情形,行为人虽是出于防止自己受到伤害的目的,但其主观上存在伤害施暴方的故意,客观上实施了伤害行为并造成了施暴方死亡的危害后果,符合故意伤害罪的构成要件,应以故意伤害罪进行定罪,并根据防卫过当行为相应地减轻处罚。(3)对因家庭暴力引发的故意伤害的论处可实行宽严相济政策。宽严相济的刑事政策是我国基本的刑事政策,要求司法机关在刑事审判工作中要根据犯罪的具体情况,实行区别对待,做到该宽则宽,当严则严,宽严相济,罚当其罪,打击和孤立极少数,教育、感化和挽救大多数,最大限度地减少社会对立面,促进社会和谐稳定,维护国家长治久安。对于反抗家庭暴力致施暴方死亡的行为,施暴方对犯罪后果的发生具有较大过错,而受暴方的犯罪行为系偶然,社会危害性较小,且再犯的可能性不大,对其适用缓刑对社会无重大不良影响,因此,对其适用宽严相济的刑事政策,对于化解

2. 制止家庭暴力行为的正当性分析

案例来源

常 × 故意伤害案

发布单位：最高人民法院公布：五起涉家庭暴力犯罪典型案例（2015 年 3 月 4 日）

审判法院：重庆市江津区（市）人民法院

基本案情

常 × 与父亲常 × ×、母亲郑 × 共同生活。常 × × 在生活中经常饮酒并有暴力殴打家人的情形。2012 年 8 月 29 日 18 时许，常 × × 酒后因琐事辱骂郑 ×，郑 × 进入常 × 卧室躲避，随后常 × × 亦进入常 × 卧室，继续辱骂郑 ×，并对郑 × 和常 × 进行殴打，称要杀死全家并取来菜刀，常 × × 手中菜刀被常 × 抢下后，常 × × 又按住郑 × 头部进行殴打。常 × 见状持菜刀向常 × × 身上砍去，后将常 × × 送往医院救治，当晚，常 × × 因失血性休克不治身亡。次日，常 × 主动向公安机关投案。

公诉机关以常 × 犯故意伤害罪，提起公诉。

判决主文

一审法院判决：被告人常 × 犯故意伤害罪，判处有期徒刑三年，缓刑五年。

宣判后，被告人常 × 未提起上诉，公诉机关亦未提出抗诉，判决已发生法律效力。

裁判要旨

制止家庭暴力行为，无论承受家庭暴力的一方是本人还是他人，只要侵害行为还在进行当中尚未停止，就可认定制止行为属于正当防卫。但若根据具体情况判定，能够得出防卫行为明显超过必要限度，则应认定制止家暴的行为构成防卫过当，应追究相应的刑事责任。

重点提示

根据我国《刑法》第 12 条的规定可知，对于正当防卫，不负刑事责任。司法实践中，在处理涉及家庭暴力的犯罪案件时，对为制止家庭暴力而持刀伤害施暴方并致其死亡行为的正当性进行分析时，应当注意以下几点：（1）正当防卫与防卫过当的认定及区分。正当防卫，指对正在进行不法侵害行为的人，而采取的制止不法侵害的行为，对不法侵害人造成一定限度损害的，属于正当防卫，不负刑事责任。正当防卫明显超过必要限度造成重大损害的，就是防卫过当，应当负刑事责任，但应相应地减轻处罚。对正在进行行凶、杀人、抢劫、强奸、绑架以及其他严重危及人身安全的暴力犯罪，而采取防卫行为，造成不法侵害人伤亡的，不属于防卫过当。综上，构成正当防卫需要满足以下条件：不法侵害现实存在、不法侵害正在进行、防卫人具有防卫意识、防卫行为是针对侵害人本人以及不能明显超过必要限度。而认定防卫人的防卫行为是否"明显超过必要限度"，应当以足以制止并使防卫人免受不法侵害的需要为标准。（2）制止他人遭受的家暴行为可认定为正当防卫。根据《最高人民法院、最高人民检察院、公安部、司法部关于依法办理家庭暴力犯罪案件的意见》第 19 条的规定可知，为了使本人或者他人的人身权利免受不法侵害，对于正在进行的家庭暴力行为采取制止行为，只要符合刑法规定的条件，就应当依法认定为正当防卫，不负刑事责任。由此可知，对于制止家庭暴力的行为，无论正在遭受家庭暴力侵害的是否为本人，即使是他人遭受家庭暴力行为，只要家庭暴力行为还在进行中尚未停止，且防卫行为没有明显超过必要限度，就可认定为正当防卫。（3）持刀伤害徒手施暴方致其死亡的行为属于防卫过当。《最高人民法院、最高人民检察院、公安部、司法部关于依法办理家庭暴力犯罪案件的意见》第 19 条中还规定，在制止家暴行为的过程中，其防卫行为造成施暴人重伤、死亡，且明显超过必要限度的，也应认定为防卫过当，应当负刑事责任，但应当相应地减轻或免除处罚。认定防卫行为是否"明显超过必要限度"，应当以足以制止并使防卫人免受家庭暴力不法侵害的需要为标准，根据施暴人正在实施家庭暴力的严重程度、手段的残忍程度，防卫人所处的环境、面临的危险程度、采取的制止暴力的手段、造成施暴人重大损害的程度，以及既往家庭暴力的严重程度等综合判断。对于赤手空拳的施暴方来说，受暴方面临危险的程度显然未达到需要使用刀具甚至致其死亡才能防卫的程度，故应认定行为人的防卫行为超过必要限度，应以故意伤害罪追究其刑事责任。

3. 正当防卫中不法侵害行为的界定

案例来源

李××故意伤害案

发布单位：国家法官学院《中国审判案例要览》（2012年刑事审判案例卷）
审判法院：北京市第一中级人民法院

基本案情

李××与周×系同一个村子的村民，二人因为生活琐事发生矛盾。周×之子周××得知后，至李××家门前对其叫骂。争吵过程中，周××首先持砖头砸向李××。李××躲开后，捡起砖头大力向周××砸去，周××的胸部被砸中，导致心脏严重挫伤，由此引发急性心力衰竭而死。事后，李××未离开现场，等候公安机关前来处理，并且向公安机关如实供述了犯罪事实。

公诉机关以李××犯故意伤害罪，提起公诉。

李××对公诉机关指控的犯罪事实没有异议。

李××的辩护人辩称：本案的发生是周××主动上门挑衅所致，周××具有重大过错；且李××用砖头还击的行为是制止周××对其人身造成损害，属于防卫过当；周××致死的原因与其自身体质有关，李××的行为不构成故意伤害罪，且李××具有自首情节，系初犯、偶犯。综上，请求对李

××从轻处罚。

判决主文

一审法院判决：被告人李××犯故意伤害罪，判处有期徒刑十三年，剥夺政治权利三年。

宣判后，被告人李××未提起上诉，公诉机关亦未提出抗诉，判决已发生法律效力。

裁判要旨

不法侵害行为存在且正在进行是实施正当防卫的前提，不法侵害行为应当同时满足侵害性、违法性、紧迫性以及可制止性。不法侵害行为正在进行就是不法侵害行为已经开始尚未结束，在不法侵害行为已经结束的情形下实施反击行为，不构成正当防卫，而应当根据其触犯的罪名追究刑事责任。

重点提示

正当防卫，指对正在进行不法侵害行为的人，而采取的制止不法侵害的行为，对不法侵害人造成一定限度损害的，属于正当防卫，不负刑事责任。正当防卫作为刑法的违法阻却事由之一，对其进行准确认定对刑事审判工作有着重要意义。司法实践中，准确理解并认定正当防卫中"正在进行不法侵害行为"时，应当注意以下几点：（1）正当防卫中不法侵害行为的界定。对构成正当防卫前提的不法侵害行为进行准确认定，是认定正当防卫的基础，不法侵害行为应当具备以下特征：首先，具有侵害性，即该行为具有一定的积极的攻击性，对于法律所保护的法益可能造成损害，并且达到一定程度；其次，具有违法性，如此才能意味着针对该行为实施的防卫行为具有合法性；再次，具有紧迫性，即不法侵害行为的实施与危害结果之间存在密切关联，不法侵害行为可能导致危害结果的发生；最后，具有可制止性，所谓可制止性，就是制止该行为后，能够防止或减少危害结果的发生，若侵害行为发生后，其危害后果也已随之造成，则该侵害行为不具有可制止性。对于不法侵害行为，必须同时满足上述四个特征才可作为实施正当防卫行为的前提。（2）不法侵害行为"正在进行"的认定。认定正当防卫不仅需要不法侵害行为存在，还需要不法侵害行为正在进行，这是认定正当防卫的时间条件。对于不法侵害的时间，我国尚无法律对其进行明确规定，因此理论界对此也存在不同观点。一般情况下认为，对于不法侵害"正在进行"，应当是指不法侵害已经开始尚未结束，也就是应当判定不法侵害的起止时间。对于不法侵害的开始时间，应当以该行为伴随的危险性已经达到相当程度作为认定标准，而并不一定要求已经着手实行；而结束时间，则通常以不法侵害人已经丧失侵害能力，或自动中止不法侵害、逃离现场等无法再对其侵害的法益继续产生侵害为标准。根据案件的具体情况判断不法侵害结束的时间，只要侵害行为仍在继续，就具有实施正当防卫的余地。（3）不法侵害行为停止后实施反击行为的定性。如前所述，"不法侵害正在进行"是实施正当防卫的前提条件，则在不法侵害行为停止后，就不再具有实施正当防卫的条件，此时对不法侵害人实施的反击行为应认定为犯罪，应当按照行为人实施的行为所符合的犯罪构成要件进行定罪量刑，并追究相应的刑事责任。

四、故意伤害罪的量刑（4例）

1. 多因一果故意伤害致死的量刑

案例来源

孙××、吕××故意伤害案
发布单位：最高人民法院中国应用法学研究所《人民法院案例选》2016年第9辑（总第103辑）
审判法院：江苏省无锡市中级人民法院
判决日期：2016年1月20日
案　　号：（2015）锡刑终字第00165号

基本案情

2015年1月30日，孙××、吕××在某酒店门口与饮酒后的吴×因琐事发生争执，后二人击打吴×的头面等部位，导致吴×受伤，当日送医院抢救无效死亡。后经公安局物证鉴定所法医鉴定吴×死因：系因酒后头面部遭外伤作用引起弥漫性蛛网膜下腔出血致急性中枢神经功能障碍死亡。事发后，孙××、吕××与吴×近亲属达成了调解协议，赔偿吴×近亲属经济损失40万元人民币，吴×近亲属出具谅解书对孙××、吕××予以谅解，并建议从轻处罚。

公诉机关以孙××、吕××犯故意伤害罪，提起公诉。

一审法院判决后，被告人孙××不服，提起上诉称：首先，法医学尸体检验鉴定意见未明确表明被害人吴×自身所患疾病以及急性乙醇中毒等情况与死亡结果之间是否有因果关系及其对死亡的影响程度，对本人行为与被害人吴×死亡结果间的因果关系无法进行证明；其次，现有证据对被害人吴×的死亡是本人殴打直接造成这一点无法证明，一审判决量刑过重。因此，请求依法改判。

上诉人孙××的辩护人辩称：首先，造成被害人吴×死亡的直接原因系心源性意外猝死，上诉人孙××的殴打行为、醉酒、争吵、情绪激动等系诱发被害人吴×死亡的因素；其次，被害人吴×对于本案的发生存在过错。故请求依法改判。

被告人吕××亦不服，提起上诉称：首先，被害人吴×的死因除了殴打，还有其患病、醉酒等原因；其次，被害人吴×对案发有明显过错；最后，本人构成自首，一审判决量刑过重。请求依法改判。

上诉人吕××的辩护人辩称：（1）造成被害人吴×死亡的直接原因系心源性意外猝死，上诉人孙××的殴打行为、醉酒、争吵、情绪激动等系诱发被害人死亡的因素；（2）被害人吴×对于本案的发生存在过错；（3）上诉人吕××构成自首，且已对被害人吴×家属的损失进行了赔偿。综上，请求依法改判。

公诉机关述称：一审判决认定事实清楚，适用法律准确，定罪正确。但鉴于被害人吴××的死亡系其自身疾病、饮酒、殴打等因素共同所致，故建议依据《刑法》第63条第2款的规定改判。

出庭鉴定人认为：被害人吴×系因酒后头面部遭外伤作用引起弥漫性蛛网膜下腔出血致急性中枢神经功能障碍死亡。

出庭有专门知识的人认为：被害人吴×死亡的直接原因符合心源性意外猝死，殴打、醉酒、争吵、情绪激动等属于诱发因素。

判决主文

一审法院判决：被告人孙××犯故意伤害罪，判处有期徒刑十年，剥夺政治权利一年；被告人吕××犯故意伤害罪，判处有期徒刑十年，剥夺政治权利一年。

二审法院裁定：驳回上诉，维持原判。

裁判要旨

在故意伤害案件中，多因一果致使被害人死亡，除非被告人伤害行为之外的其他因素占有绝对的原因力，否则，均不得在法定刑以下量刑，只能在法定刑幅度以内根据原因力大小予以处罚。

重点提示

在故意伤害案件中，由多种原因导致被害人死亡结果的，在对被告人进行量刑时，应当注意以下几点：（1）判断伤害行为在死亡结果中的原因力大小。在刑事审判工作中，对被告人进行定罪量刑的基础之一，就是被告人实施的侵害行为与被害人受到的损害结果之间存在一定的因果关系，但这也是实务中判断的难点，通常需要法医学尸体检验鉴定意见予以证明。在故意伤害案件中，被告人实施的殴打行为的力度或许不足以直接导致健康的人死亡，但在被害人饮酒、患病等情况下，被告人的殴打行为系促使被害人自身疾病发作的直接原因，故殴打行为与死亡结果之间存在因果关系，符合故意伤害罪的犯罪构成。

（2）外界因素对被害人死亡结果的作用。对于外界因素对被害人死亡结果的作用，首先应根据司法鉴定意见判断被害人自身疾病是否具有偶发性。对于心脏病、冠心病等偶发性疾病，可能会因较轻的刺激或外力而促使疾病发作；但当被害人自身所患疾病系基础性疾病，且并未达到导致偶发性死亡的程度时，被害人的自身疾病不可以作为被告人减轻刑事责任的抗辩理由。但要注意的是，对于偶发性疾病也要排除被告人明知被害人患病的情况，否则在被告人明知被害人患有偶发性疾病的情况下仍然实施伤害行为导致被害人死亡结果的，应以故意杀人罪论处。除被害人自身疾病外，还应对被害人对伤害行为是否存在过错以及被告人对被害人的打击部位等外界因素综合考虑。（3）故意伤害中因多种原因导致死亡结果的量刑标准。根据我国《刑法》第63条的规定可知，存在法定减轻处罚情节的，应当在法定刑以下判处刑罚。根据前述分析可知，在故意伤害致人死亡的案件中，对于被告人能否在法定刑以下进行量刑，应当根据伤害行为在死亡结果中的原因力大小，以及被害人自身疾病等外界因素对于死亡结果的作用综合判定，若非被告人伤害行为之外的其他因素在被害人死亡结果中占有绝对的原因力，否则都应认定被告人不具有在法定刑以下量刑的情节，只能在法定刑的范围内根据犯罪情节及原因力的大小予以量刑。

2. 医疗纠纷中打伤医务人员的量刑考量因素

案例来源

钱××故意伤害案

发布单位：最高人民检察院发布：九起涉医违法犯罪典型案例（2015年6月24日）

审判法院：上海市普陀区人民法院

判决日期：2014年8月15日

基本案情

徐××因病入住同济医院后经检查，同济医院决定对徐××实施手术治疗,但在手术过程中,徐××因抢救无效死亡。之后,徐××的朋友钱××与同济医院就赔偿问题未达成一致意见,为此,2014年4月,钱××与同济医院的医务处副处长董××在调解委员会(上海市普陀区医患纠纷人民调解委员会)的调解室内进行调解。在协商期间,由于双方言语相悖,钱××使用头部撞击董××的面部后致董××受伤倒地,构成轻伤。三日后,钱××投案自首,在公安机关如实供述了上述犯罪事实。

公诉机关以钱××犯故意伤害罪,提起公诉。

审理期间,钱××的家属积极主动赔偿受害人遭受的经济损失,已取得受害人及其家属的谅解。

判决主文

一审法院判决:被告人钱××犯故意伤害罪,判处拘役四个月。

宣判后,被告人钱××未提起上诉,公诉机关亦未提出抗诉,判决已发生法律效力。

裁判要旨

对因医疗纠纷殴打医务人员,导致被害人轻伤以上损害后果的,应以故意伤害罪定罪,并依照法定及酌定量刑情节予以量刑。对于有自首情节的,应当从轻或减轻处罚。其中涉及的民事赔偿部分,人民法院应当进行调解,经调解后积极赔偿被害人损失的,应作为量刑情节予以考虑。

重点提示

近年来,涉医刑事案件时有发生。司法实践中,处理因医疗纠纷导致的故意伤害犯罪的量刑问题时,应当注意以下几点:(1)故意伤害医务人员案件的定罪量刑规定。我国《关于依法惩处涉医违法犯罪维护正常医疗秩序的意见》中,针对涉医违法犯罪行为的定罪量刑进行了明确规定,其中,故意杀害医务人员或者故意伤害医务人员造成轻伤以上严重后果,或者随意殴打医务人员情节恶劣、任意损毁公私财物情节严重,构成故意杀人罪、故意伤害罪、故意毁坏财物罪、寻衅滋事罪的，依照刑法的有关规定定罪处罚。因此，在医疗纠纷中殴打医务人员，造成轻伤以上损害后果的，应以故意伤害罪论处，并在法定刑内依照是否存在法定或酌定量刑情节进行量刑。（2）自首的认定标准及其对量刑的影响。量刑情节包括法定量刑情节及酌定量刑情节，其中法定量刑情节包括自首、立功、坦白、正当防卫、累犯、从犯等。自首作为量刑情节中较为常见的一种，是指犯罪后自动投案，向公安、司法机关或其他有关机关如实供述自己罪行的行为。因此，对于自首的认定应当包括两部分，即"自动投案"和"如实供述罪行"。自动投案是指犯罪事实或者犯罪嫌疑人未被司法机关发觉，或者虽被发觉，但犯罪嫌疑人尚未受到讯问、未被采取强制措施时，主动、直接向公安机关、人民检察院或者人民法院投案。如实供述罪行则是指在投案后如实交代自己的犯罪事实。对于自首的犯罪分子，可以从轻或减轻处罚，犯罪较轻的还可以免除处罚。（3）刑事案件中民事赔偿部分的处理及其对量刑的影响。悔罪表现是量刑中的一个重要酌定情节，也是适用缓刑的重要条件，具体是指犯罪人在刑事侦查、起诉和审判过程中坦白自己的犯罪，表示悔改，向被害人道歉，赔偿被害人损失，积极退赃，认罪服法等行为。对于刑事案件中的民事赔偿部分，人民法院可以依法进行调解，经过调解后被告人积极赔偿被害人物质损失并取得被害人谅解的，可认定其具有悔罪表现，并将其作为量刑情节予以考虑。

3. 关于未成年人犯罪的缓刑适用问题

案例来源

黄×甲、李××、黄×乙、张×× 故意伤害案

发布单位：最高人民法院公布：六十七起校园刑事犯罪典型案例（福建）（2015年9月18日）

审判法院：福建省永安市人民法院

基本案情

黄×甲、李××、黄×乙、张××均系在校学生。2012年3月，黄×甲等（黄×甲、李××、黄×乙、张××）因对邓××等人在其就读的中学内饮酒并收其酒钱的行为十分不满，黄×甲、李××遂提出要教训邓××等人，随后纠集了几个低年级的学生并找来三根铁棍。之后，黄×甲等在学校操场边的小路上，使用找来的铁棍殴打邓××等人。经鉴定，邓××的损伤为重伤，魏××的损伤为轻微伤Ⅲ级。同年6月，黄×乙、张××主动至公安机关接受调查，次月，李××被公安机关抓获；同年8月，黄×甲主动至公安机关投案自首。

另查明，黄×甲、李××、黄×乙、张××已赔偿邓××经济损失合计88 814元，魏××经济损失合计22 460元。

公诉机关以黄×甲、李××、黄×乙、张××犯故意伤害罪，提起公诉。

判决主文

一审法院判决：以故意伤害罪分别判处被告人黄×甲、李××、黄×乙、张××有期徒刑三年至一年十一个月，缓刑五年至三年。

宣判后，被告人黄×甲、李××、黄×乙、张××均未提起上诉，公诉机关亦未提出抗诉，判决已发生法律效力。

裁判要旨

在未成年人犯罪案件中，对未成年人适用缓刑的范围应适当放宽，并注意区分"可以"和"应当"适用缓刑的条件，坚持以教育感化为主，惩罚为辅的刑事政策。对未成年人宣告缓刑后，应当加大考察及社区矫正力度，减少未成年人再犯罪的可能性。

重点提示

未成年人处于生理、心理的发育阶段,其思想尚未成熟,辨认能力和控制能力都比较薄弱,有着特殊的心理和生理特征。正是由于上述特点,我国刑法对于未成年人犯罪有着特殊的保护。司法实践中,对实施犯罪行为的未成年人适用缓刑时,应当注意以下几点:(1)对未成年罪犯适用缓刑的条件。缓刑,就是对于处一定刑罚的犯罪分子,在其具备法定条件的情况下,在一定期间附条件地不执行原判决刑罚的制度。根据我国《刑法》的相关规定可知,缓刑的适用条件为:被判处拘役、三年以下有期徒刑;犯罪人不是累犯或者犯罪集团的首要分子。犯罪人同时需要符合下列条件:犯罪情节较轻,有悔罪表现,没有再犯罪的危险;宣告缓刑对所居住社区没有重大不良影响的行为人可以宣告缓刑。但对于未成年人罪犯来说,《最高人民法院关于审理未成年人刑事案件具体应用法律若干问题的解释》规定,对于符合法定条件且系初次犯罪,或积极退赃、赔偿被害人经济损失,或具备监护、帮教条件的未成年罪犯,应当宣告缓刑。也就是说,对于成年罪犯可宣可不宣的情形,对于未成年罪犯则应当宣告缓刑。(2)对未成年罪犯适用缓刑的其他考量因素。由于未成年罪犯的心智发育尚未成熟,实施犯罪行为通常是因为一时的冲动,并不必然存在犯罪的主观恶意。而在判断未成年罪犯的主观恶性时,除了其实施的具体犯罪行为之外,还可以综合考量未成年罪犯的日常表现、学习成绩、他人评价等因素。日常表现较好的未成年人,其接受感化和改造的可能性更大,有利于使其在社会中反省自身,使其发自内心地接受改造,从而降低其日后再次犯罪的可能性,故应当优先对其适用缓刑。(3)对未成年罪犯适用缓刑后的帮扶政策。出于对未成年人的保护,我国针对未成年人犯罪的特殊性制定了"教育为主,惩罚为辅"的司法保护原则,对符合法定条件的未成年罪犯适用缓刑,正是出于对该原则的贯彻。但对未成年人适用缓刑后,为了使其接受更好的教育和改造,还应对其回归社会后的活动进行监管。如要求其定期向缓刑考察人员报告,接受各类学习、生活技能培训,参加集体活动,进行心理辅导等。并禁止其进入某些场所、接触特定人群,敦促其参加公益活动,从而达到学习知识和技能、增强社会责任感的目的，为其回归社会以及正常的学习生活创造条件。此外，除专门的缓刑考察人员外，相应的社区等机构也应当配合对宣告缓刑的未成年人进行监管。

4. 尚未完全丧失辨认或控制能力的精神病人实施伤害行为的量刑

案例来源

姚××故意伤害案

发布单位：最高人民法院中国应用法学研究所《量刑规范化典型案例（1）》
审判法院：上海市浦东新区人民法院
判决日期：2011年1月18日
案　　号：（2010）浦刑初字第2021号

基本案情

姚××与王×红原系夫妻，王×龙系王×红之父，王×秀之兄。婚后，姚××与王×红感情破裂，双方为此诉至法院。2010年4月，姚××因与王×红之间的离婚诉讼、房产分割事宜同王×龙、王×秀发生争执。争执过程中，姚××持刀将王×龙、王×秀的头部砍伤。经鉴定，王×龙、王×秀均属重伤。另查明，姚××系尚未完全丧失辨认或控制能力的精神病人。

公诉机关以姚××犯故意伤害罪，提起公诉。

姚××的辩护人辩称：姚××系自首，且属于尚未完全丧失辨认或控制能力的精神病人，对其可从宽处理。

判决主文

一审法院判决：被告人姚××犯故意伤害罪，判处有期徒刑三年，缓刑三年；扣押的犯罪工具菜刀一把，予以没收。

宣判后,被告人姚××未提起上诉,公诉机关亦未提出抗诉,判决已发生法律效力。

裁判要旨

对于尚未完全丧失辨认或控制能力的精神病人实施的故意伤害案件,在量刑时应遵循确定量刑起点、基准刑、宣告刑的"三步骤量刑法",并注意判断其刑事责任能力及实施的犯罪行为与所患疾病之间的关联性,从轻或减轻处罚,再结合案件其他情节调节量刑。

重点提示

司法实践中,对于尚未完全丧失辨认或控制能力的精神病人实施的故意伤害案件进行量刑时,应当注意以下两点:(1)故意伤害罪的量刑步骤。根据我国《刑法》的规定可知,犯故意伤害罪的,依犯罪情节不同,可处三年以下有期徒刑至死刑。而根据《最高人民法院关于常见犯罪的量刑指导意见》的规定,在对故意伤害犯罪案件进行量刑时,首先,应当确定伤害行为给被害人造成的损害程度,并以此为依据,确定量刑起点;其次,在量刑起点的基础上,根据伤害后果、伤残等级、手段残忍程度、社会危害性等其他影响犯罪构成的犯罪事实增加刑罚量,确定基准刑;最后,根据法定及酌定量刑情节,如自首、立功、积极赔偿被害人损失等,结合案件具体情况,确定宣告刑。(2)限制刑事责任能力对量刑的影响。刑事责任能力,是指行为人构成犯罪和承担刑事责任所必需的,行为人具备的刑法意义上辨认和控制自己行为的能力。行为人是否具备完全的刑事责任能力,也是刑事审判工作中修正基准刑的一项法定量刑情节。我国刑法规定的限制刑事责任能力人包括已满14周岁不满16周岁的未成年人、尚未完全丧失辨认或者控制能力的精神病人、已满75周岁者以及生理缺陷者。其中,尚未完全丧失辨认或者控制自己行为能力的精神病人犯罪,应当负刑事责任。对限制刑事责任能力人的量刑,《刑法》规定的是"可以"从轻或减轻处罚,而非"应当"从轻或减轻处罚,意味着并非全部精神病人犯罪都可以获得从轻或减轻处罚的量刑,这也是为了避免被告人以精神疾病为由逃避惩处，不利于司法的权威性和公平性。在判断具体量刑过程中能否适用从轻或减轻处罚，以及从轻或减轻处罚的幅度时，则应根据被告人所实施的犯罪行为是否与其辨认或者控制行为的能力减弱之间有关系、有多大的关系等综合确定。

第四章　过失致人重伤罪（2 例）

1. 主观过失及被害人自身疾病对定罪的影响

案例来源

陈××过失致人重伤案

发布单位：国家法官学院《中国审判案例要览》（2013 年刑事审判案例卷）

审判法院：广西壮族自治区玉林市中级人民法院

判决日期：2012 年 4 月 26 日

案　　号：（2012）玉中刑一终字第 84 号

基本案情

2011 年 3 月，郑×庆的孙女郑×坤因病至梁××开设、经营的诊所治疗，几日后死亡。次月，郑×庆及其亲属前往梁××诊所为郑×坤讨要说法，并在诊所门口拉横幅宣称诊所医死人，梁××的儿子不让郑×庆等人拉横幅，双方因此发生争执并互相推搡。梁××的妻子遂电话联系陈××来帮忙阻止郑×庆等人，陈××到达现场后，在双方争执推搡过程中一拳打到郑×庆的右眼。经法医鉴定，郑×庆的右眼伤情构成重伤。

公诉机关以陈××犯故意伤害罪，提起公诉。

陈××辩称：在双方推搡过程中，其并未用拳头打郑×庆的右眼。

陈××的辩护人辩称：本案事故的发生系受害人闹事引发，受害人自身存在过错，且陈××实施的伤害行为系过失而非故意，在事发后亦主动投案并如实供述犯罪事实，存在自首情节，故对陈××应从轻处罚。

一审法院判决后，被告人陈××不服，提起上诉称：首先，本人并未打到受害人郑×庆的眼睛,其重伤后果是因为其右眼在案发前已经患有眼疾,与本人的击打行为无因果关系,本人不构成犯罪。其次,本案事故的引发系因被害人过错所致,即使本人的行为属于过失致人重伤,亦因存在自首情节而应从轻处罚,故请求撤销一审法院判决。

判决主文

一审法院判决:被告人陈××犯过失致人重伤罪,判处有期徒刑一年四个月。

二审法院裁定:驳回上诉,维持原判。

裁判要旨

对双方在争执过程中致人重伤的行为进行定性时,首先应判定行为人实施伤害行为的主观心态,主观不存在伤害故意的,应认定行为人对被害人重伤的后果是应当预见而未预见,属于疏忽大意的过失,其行为构成过失致人重伤罪而非故意伤害罪。此外,即使被害人存在自身疾病,但因自身疾病并非是重伤后果的介入因素,故自身疾病对认定刑法上的因果关系无影响,亦不影响对行为人定罪量刑。

重点提示

司法实践中,在被害人存在自身疾病的情况下,认定行为人对被害人实施击打行为致其重伤后果的行为构成何种犯罪时,应当注意以下几点:(1)故意伤害罪与过失致人重伤罪的区分。两罪之间最主要的区别在于行为人的主观意图,过失犯罪中的过失根据行为人的心理不同可以分为疏忽大意的过失和过于自信的过失两种,也就是说,行为人应当预见自己的行为可能会导致被害人重伤的结果,但由于疏忽大意没有预见,或因轻信能够避免而导致被害人重伤的结果。故意伤害罪的行为人在主观上则是出于造成被害人受伤的故意,无论是其实施的行为直接造成被害人受伤,还是放任危害结果的发生,都不影响认定行为人在主观上构成故意。此外,在过失犯罪中,只有造成被害人重伤的危害结果才能认定为过失致人重伤罪,被害人的伤情构成轻微伤及其以下的,行为人只需承担民事赔偿责任而无须承担刑事责任,而故意伤害罪则没有同样的限制。(2)犯罪过失的认定。犯罪过失,是指应当预见自己的行为可能发生危害社会的结果,因为疏忽大意没有预见或者已经预见而轻信能够避免,以致发生这种结果的一种主观心理态度,分为疏忽大意过失和过于自信过失两种。实务中,判断行为人是否具有疏忽大意的过失,应先判断行为人是否应当预见自己的行为可能发生危害社会的结果,如果应当预见而没有预见,则应认定行为人主观上存在疏忽大意。因此,认定疏忽大意的过失,关键在于正确判断能够预见、应当预见。而对于过于自信的过失,因其是已经预见到事实,仅是轻信能够避免而未能预见,故对其进行认定,主要判定轻信能够避免的表现形式即可:一是过高估计自己的主观能力;二是不当地估计了现实存在的客观条件对避免危害结果的作用。此外,认定过于自信的过失时,应当注意:不能将合理信赖认定为轻信能够避免;不能将遵循了行为规则的行为认定为过于自信的过失;不能将不可避免的结果认定为因轻信能够避免造成的结果。(3)被害人自身疾病对因果关系认定的影响。过失致人重伤罪在客观方面表现为非法损害他人身体健康的行为,该行为造成他人实际的伤害结果达到重伤程度,且伤害行为与损害后果之间具有直接因果关系,即行为人的行为是造成这一重伤结果的决定性的、根本性的原因。在被害人存在自身疾病的情况下,其疾病本身并非被害人对损害结果的介入,而是在实施犯罪行为时就已经客观存在的条件,即使行为人的犯罪行为并非是导致被害人损害后果的全部因素,但对认定犯罪行为与损害后果之间具有因果关系并无实质影响,也不影响对犯罪行为进行定罪量刑。

2. 争抢买单中推搡致人重伤行为的主观罪过认定

案例来源

刘××过失致人重伤案

发布单位:最高人民法院《人民司法·案例》2010年第10期(总第597期)

审判法院：湖北省武汉市中级人民法院

案　　号：(2010)武刑终字第00012号

基本案情

2008年10月，刘××与牢友秦××等人至饭店喝酒。酒后，刘××与秦××为买单发生争执并相互推拉。期间，刘××多次将秦××推倒在地，致秦××小肠系膜破裂，腹腔内积血。经鉴定，秦××两处小肠系膜破裂，损伤程度属重伤。案发后，刘××的近亲属赔偿秦××各项经济损失共计人民币36 000元。

公诉机关以刘××犯故意伤害罪，提起公诉。

一审法院判决后，被告人刘××不服，提起上诉称：本人主观上没有伤害被害人秦××的故意，也没有实施伤害被害人秦××的行为，被害人秦××受伤的后果是本人和其酒醉后抢着买单拉扯中摔倒造成的，只是意外事件。即使被害人秦××的受伤后果与本人存在关联，也是在醉酒的情况下抢着买单失手造成的，并非故意伤害行为。一审法院认定事实不清，对本人以故意伤害罪（重伤）定罪量刑，适用法律错误。

判决主文

一审法院认定：根据被害人陈述、证人证言、法医鉴定、病历、被告人供述，可认定被告人刘××属故意伤害他人身体，致人重伤，其行为构成故意伤害罪；被告人刘××在刑罚执行完毕后5年内再犯系累犯，依法应当从重处罚。案发后，被告人刘××的近亲属积极对被害人的损失进行赔偿，并取得被害人谅解，可酌情从轻处罚；被告人刘××当庭认罪，可酌情从轻处罚。

一审法院判决：被告人刘××犯故意伤害罪，判处有期徒刑三年。

二审法院判决：撤销一审法院判决；上诉人刘××犯过失致人重伤罪，判处有期徒刑一年。

裁判要旨

通过对该案审判认定的事实及判决结果的分析，进一步明晰故意、过失以及意外事件的界分问题，特别需要注意犯罪的故意不同于日常生活中的故意；我国采用结果标准说来判断罪过；应当预见的判断标准是以主观为根据、客观为参考。

重点提示

朋友之间在饭后争抢买单的过程中常常会有一些肢体上的推搡行为，该行为如果未能把握好度的话，也可能构成犯罪。在司法实践中，认定因争抢买单致人重伤后果的主观罪过时，应当注意以下几点：（1）争抢买单中推搡行为的性质认定。犯罪故意是指行为人明知自己的行为会发生危害社会的结果，并且希望或者放任这种结果发生的一种心理状态。主观上存在犯罪故意是认定构成故意犯罪的主要标准，对犯罪故意进行认定时，要注意其与一般生活意义上的"故意"的区别。一般生活意义上的故意，要求行为人是有意识地实施某种行为，而不追求或放任其行为对被害人造成的损害后果的发生。在争抢买单过程中，行为人对被害人进行推搡，其主观上存在阻止被害人买单的故意，但并未追求其推搡行为对被害人造成损害后果，因此，仅凭单纯的推搡行为不能认定行为人主观上具有故意。（2）应当预见的判断标准。我国刑法中的过失包括疏忽大意的过失和过于自信的过失两种，对于疏忽大意的过失要求行为人应当预见自己的行为可能发生危害社会的结果，但因疏忽大意没有预见，导致发生危害结果。"应当预见"的对象是发生危害社会的结果，主要应当结合案件信息，查明和分析行为人的年龄、教育程度、专门知识、工作经验、技术水平、担任的职务、所负的责任等，综合全面考虑，进行正确判断。具体来讲，就是以主观为根据，以客观为参考。在行为人与被害人争抢买单的过程中，对于推搡行为可能造成一定的危险应当有一定的认知，其主观上是应当预见这一损害结果的发生，客观上实施了推搡被害人的行为，而未履行其预见义务，也未采取防范措施，从而导致了损害后果的发生。因此可以判定，行为人主观上存在疏忽大意的过失，构成过失致人重伤罪。

第五章 强奸罪（26例）

一、强奸罪的认定（6例）

1. 强奸案中"一对一"证据的审查

案例来源

陈××强制猥亵案

发布单位：最高人民法院《人民司法·案例》2018年第20期（总第823期）

审判法院：北京市第二中级人民法院

判决日期：2017年8月17日

案　　号：（2017）京02刑终321号

基本案情

陈××系×公司工人。2016年5月，在旧宫镇工地（××市××区旧宫镇世界之花工地）施工时，陈××将张××（旧宫镇工地保洁员）拽进×座×房间，强行抚摸张××胸部和下体。数日后，陈××在上述工地，再次强行将张××拽进该工地×座×房间，脱掉张××的裤子，欲与张××发生性关系，后陈××因接听电话离开。张××未受伤，但因羞耻而未及时报警。10日后，张××在其儿子询问下报警。6个月后，陈××在××省××市公安局花园被民警抓获。经查，张××血样及内裤、阴道拭子、裤子及秋裤均未检出陈××的精斑。张××陈述及辨认笔录称陈××第一次犯罪行为已经强行发生性关系，第二次欲发生性关系，后因接电话离开未遂。

公诉机关以陈××犯强奸罪,提起公诉。

一审审理过程中,陈××当庭供述称:在张××的勾引下抚摸其胸部,并被威胁要200元钱。

一审法院判决后,被告人陈××不服,以其未与被害人发生性关系为由,提起上诉。

上诉人陈××的辩护人辩称:上诉人陈××犯强奸罪的事实不清,证据不足,现有证据不足以证明上诉人陈××违背妇女意志,强行与被害人发生了性关系,故应判定上诉人陈××不构成犯罪。

公诉机关述称:一审判决认定上诉人陈××犯强奸罪的事实清楚、证据确实充分;在案证据足以证明上诉人陈××强行与被害人发生了性关系,其行为已构成强奸罪,建议驳回上诉,维持原判。

二审审理过程中,上诉人陈××供述称:本人并未与被害人发生性关系,但确有酒后强行抚摸张××胸部和下体的行为。

判决主文

一审法院认定:被告人陈××违背妇女意志,以暴力手段强行与被害妇女发生性关系,其行为已构成强奸罪,依法应予惩处。

一审法院判决:被告人陈××犯强奸罪,判处有期徒刑三年六个月。

二审法院裁定:撤销一审法院判决;上诉人陈××犯强制猥亵罪,判处有期徒刑二年。

裁判要旨

强奸案中"一对一"证据审查的突破口在间接证据,应注重审查在案的物证痕迹、生物学痕迹、人体损伤程度、报警时间和方式、被害人案发后的状态、被告人与被害人的身份信息等间接证据。采信"一对一"证据定案,上述间接证据应就强奸罪构成要件的客观方面和主观方面进行补强,达到排除合理怀疑的证明程度。

重点提示

在刑事诉讼中，要对行为人定罪处罚，证据必须确实充分。根据《刑事诉讼法》第 55 条第 2 款的规定，证据确实、充分，应当符合三个条件：定罪量刑的事实都有证据证明；据以定案的证据均经法定程序查证属实；综合全案证据，对所认定事实已排除合理怀疑。在司法实践中，在强奸案中审查"一对一"的证据时，应当注意以下几点：（1）"一对一"证据不等于孤证，不适用"孤证不能定案"的刑事法律原则。所谓"一对一"证据，多存在于强奸、受贿等隐蔽性较强的案件中，具体是指能够独立证明案件主要事实的直接言词证据，通常存在于被告人供述与被害人陈述、被告人供述与目击证人证言之间。"一对一"证据并非在相互对立的两个直接证据外没有其他证据，而是因为案件的隐秘性，缺乏除被告人供述或被害人陈述之外的直接证据。在刑事诉讼中，对一切案件的判处都要重证据，重调查研究，不轻信口供。（2）审查和认定"一对一"证据的突破口在间接证据。在刑事诉讼中，只有被告人供述，没有其他证据的，不能认定被告人有罪和处以刑罚，但是没有被告人供述，证据确实、充分的，可以认定被告人有罪和处以刑罚。由此可知，"一对一"证据在可以通过间接证据补强其证明力并达到证据确实、充分程度的情况下，是可以依法定罪处罚的，突破口在间接证据。间接证据具体包括物证痕迹、生物学痕迹、人体损伤程度、报警时间和方式、被害人案发后的状态、被告人与被害人的身份信息等，具体为：①物证痕迹主要审查案发时被害人的衣物是否有撕裂、精斑痕迹，是否有提取到卫生纸、避孕套等，以及现场是否有作案工具等。②生物学痕迹要检查被害人身体，重点审查隐私部位，是否检测出被告人的生物学痕迹。③人体损伤程度。重点审查被害人或被告人身上有无暴力损伤，及当事人能否对此作出合理解释。④报警时间和方式。主要从被害人报警的时间上分析其主观报警动机是否强烈，同时分析被害人报警方式是自行报警、陪同报警或是代为报警进而审查被害人的报警动机。⑤被害人案发后的状态。需要从被害人亲友的证人证言方面，分析被害人在案发时间段的精神状态，是否表现出异常等。⑥被告人与被害人的身份信息。审查被害人是否从事过特殊职业，被告人与被害人是何关系，是否认识并存在过矛盾等。（3）采信"一对一"证据定案的标准。采信"一对一"证据作为定案根据，需要在案间接证据予以补强，补强的内容应从犯罪构成的客观阶层和主观阶层加以补强，而证据补强的程度，应当遵循刑事诉讼的一般规定，即达到排除合理怀疑的程度。针对强奸罪，首先，在客观方面，重点是审查被告人是否实施了强奸行为。一般而言，现场避孕套、卫生纸、衣物上、被害人隐私部位等提取的精液、精斑、唾液斑等生物学痕迹，是最为有力的间接证据，可以与"一对一"证据结合，印证性行为的存在。其次，在主观方面，重点审查是否违背妇女意志。一般而言，现场发现作案工具、被告人或被害人身上有伤痕、被害人案发后及时报警或行为和精神表现异常、被害人并非从事特殊职业者、与被告人并不存在特殊关系等证据，可以证明存在违背妇女意志的合理怀疑。最后，证据的补强可以使证据之间相互印证进而形成一条完整的证据链条以达到排除合理怀疑的程度。当间接证据对"一对一"证据无法形成一定程度的补强，基本证据链缺失，则应坚持疑罪从无，作出有利于被告人的判决，不应以强奸罪对行为人定罪处罚。但是，在事实查证属实的范围内可以认定行为人有强制猥亵行为，符合强制猥亵罪的构成要件的，可以结合案件证据判定是否可以强制猥亵罪定罪处罚。

2. 利用抢劫形成的精神强制与被害妇女发生性关系是否构成犯罪

案例来源

田 × 强奸、抢劫、故意杀人死刑复核案

发布单位：最高人民法院《人民司法·案例》2015年第22期（总第729期）

审判法院：最高人民法院

判决日期：2015年7月17日

案　　号：（2015）刑五复60153920号

基本案情

马×系出租车司机，2014年2月，田×在乘坐马×驾驶的出租车时取得了马×的联系方式。当晚，基于抢劫、强奸的犯罪目的，田×编造欲至临县接人的理由，再次租乘马×的出租车。在车辆行至偏僻路段时，田×要求下车方便，于是马×将车辆停靠。停车后，田×乘虚而入，伺机捂住了马×的嘴，并将刀架在其颈部，逼迫马×将钱财如数交出。马×面对此情形，即主动表示如果田×可以不杀自己，愿意给钱给人。之后，马×在自愿交付200余元现金、随身携带的金银首饰后，主动与田×发生了性关系。事后，田×欲将马×载回市区，车辆启动后，马×伺机逃跑，随后被田×追上并被连刺数刀而死。

公诉机关以田×犯故意杀人罪、抢劫罪和强奸罪，提起公诉。

田×辩称：其并未胁迫马×与其发生性关系，不成立强奸罪。

一审法院判决后，被告人田×不服，以其未强迫马×与其发生性关系，其不构成强奸罪为由，提起上诉。

判决主文

一审法院判决：被告人田×犯故意杀人罪，判处死刑，剥夺政治权利终身；犯抢劫罪，判处有期徒刑五年，并处罚金人民币一万元；犯强奸罪，判处有期徒刑四年；数罪并罚，决定执行死刑，剥夺政治权利终身，并处罚金人民币一万元。

二审法院裁定：驳回上诉，维持原判，并依法报请最高人民法院核准。

最高人民法院裁定：核准上诉人田×死刑，剥夺政治权利终身。

裁判要旨

利用先前抢劫行为对被害妇女形成的精神强制，即使被动与被害妇女发生性关系，其行为仍构成强奸罪。

第五章 强奸罪（26例）

重点提示

根据《刑法》第236条的规定，强奸罪是指违背妇女意志，使用暴力、胁迫或者其他手段，强行与妇女发生性交的行为。在司法实践中，认定利用抢劫形成的精神强制与被害妇女发生性关系的行为是否构成强奸罪时，应当注意以下几点：（1）性交行为是否违背妇女意志不能仅看妇女行为上是否主动，而应判断其是否丧失性的自主决定权。强奸罪侵犯的客体是妇女的性的自主决定权，强奸行为的强行性体现为以手段行为制约妇女的性意志，使其丧失自己决定的自由。强奸罪的犯罪行为由两部分组成，手段行为使妇女陷于不能反抗、不敢反抗和不知反抗的境地，性交行为因妇女性意志受到手段行为的抑制而具有了强行性。因此，判断是否构成强奸罪，不能仅依据妇女对奸淫行为是否采取抗拒行为或者是否主动发生性行为而判断，而应当结合具体情况，判断性交行为是否违背妇女意志，妇女是否处于因手段行为产生的强行性而不能抗拒、不敢抗拒或不知抗拒的境地，即妇女是否丧失了性的自主决定权。（2）抢劫行为所形成的精神强制，应评价为强奸的手段行为。行为人实施抢劫行为后，被害妇女仍然面临着受到其他伤害的可能，在孤立无援的处境中，行为人抢劫行为对被害妇女形成的精神强制继续发挥作用。此种情形下，被害妇女主动与行为人发生性关系是在抢劫情境下不得已而为之，在正常情况下依据两人之间的关系根本不会发生，因而绝非自愿。此外，被害妇女后续具有逃跑行为也可以从另一侧面证明其主动与行为人发生性行为并非出于自愿。（3）利用抢劫形成的精神强制与被害妇女发生性关系，具有强奸的间接故意。行为人实施抢劫行为后，被害妇女为了保命而主动提出发生性关系，行为人主观上应该认识到其并非自愿，而是基于害怕受到更严重的侵害而作出的权宜之计。在此种明知的情况下，行为人没有拒绝，而是放任结果的发生，成立间接故意，构成强奸罪。

3. 暴力与陪酒女发生性关系行为的性质认定

案例来源

李××、王×、魏××（兄）、张××、魏××（弟）强奸案

发布单位：《检察日报》评为2013年十大典型刑事案件（2013年12月26日）

审判法院：北京市海淀区人民法院

基本案情

2013年2月17日零时许，李××等人［李××、王×、魏××（兄）、张××、魏××（弟）、李×］到酒吧包间内饮酒消费。酒吧服务张××安排杨××、徐××陪同。其后，杨××因醉酒，不能正常行走而被张××扶着与李××等人走出包间。杨××在张××的陪同下，乘坐魏××（兄）驾驶的车辆到餐厅就餐。在餐厅消费过程中，李××等人因与其他顾客争执而被劝离餐厅，杨××随之离开，同样是在张××的陪同下乘坐魏××（兄）的车辆。李××、魏××（兄）、李×分别驾车前往人济山庄地下车库，随后李×与张××因故先行离开，其他人乘坐魏××（兄）驾驶的车辆离开人济山庄。

车辆行驶过程中，魏××（弟）坐副驾驶座，张××、李××、杨××、王×坐后排，杨××在途中发现张××已离开便提出下车的要求，但遭到拒绝。杨××遂呼喊、挣扎，被李××、王×、张××强行摁压、控制。在此期间，李××曾多次扇打杨××脸部，王×亦对杨××实施殴打。凌晨5时许，李××等人带着杨××到达海淀区湖北大厦。魏××（兄）在使用他人身份证办理入住登记后先行进入酒店房间，张××随行。其后，李××与王×、魏××（弟）带杨××进入电梯，此过程由李××紧抓杨××右手臂夹拉其前行，王×协助控制。出电梯后，杨××被拉拽进入酒店房间。在房间里，李××等人先是要求杨××脱衣服，在遭到杨××

拒绝后，李××等人对杨××进行殴打，强行脱光杨××的衣服后依次与杨××发生了性关系，部分人还存在猥亵行为。

事后，李××、魏××（兄）给杨××2000元人民币。李××等人在离开湖北大厦途中将杨××放下。当日及次日，杨××曾到医院就医，经诊断，杨××为头面部外伤、脑震荡等。后杨××到公安机关报案。经司法鉴定，杨××左眼上睑见片状皮下出血、鼻背部见片状皮下出血、左颞部及左颧部见片状皮下出血，身体损伤程度属轻微伤。公安机关立案后，将李××等人抓获。

另查明，王×系李××等人中唯一的成年人；魏××（兄）、李××、张××皆是已满16周岁不满18周岁的未成年在校学生；魏××（弟）是已满14周岁不满16周岁的未成年在校学生。

公诉机关以李××等人犯强奸罪，提起公诉。

判决主文

一审法院判决：被告人李××犯强奸罪，判处有期徒刑十年；被告人王×犯强奸罪，判处有期徒刑十二年，剥夺政治权利二年；被告人魏××（兄）犯强奸罪，判处有期徒刑四年；被告人张××犯强奸罪，判处有期徒刑三年，缓刑五年；被告人魏××（弟）犯强奸罪，判处有期徒刑三年，缓刑三年。

宣判后，被告人李××等人均未提起上诉，公诉机关亦未提出抗诉，判决已发生法律效力。

裁判要旨

陪酒女的性自主决定权同样受法律保护，在其明确表示拒绝的情况下，暴力与其发生性关系的，暴力行为成立强奸罪的手段行为，性交行为违背其意愿，应以强奸罪定罪论处。

重点提示

强奸罪侵犯的客体是妇女的性自主决定权。在司法实践中，认定暴力与陪酒女发生性关系的性质时，应注意以下几点：（1）陪酒女的性自主决定权同样受法律保护。首先，妇女的性自主决定权属于人格权范畴，是作为民事主体必备的，为法律所承认和保护的权利，任何公民都应当享有。陪酒女在法律上享有平等的性自主决定权，应当受到平等的保护。其次，依据我国《刑法》第236条的规定，强奸罪的犯罪构成要件中并不包括被害人的身份问题。被害人身份不应成为影响定罪量刑的因素。最后，陪酒作为一份职业，陪酒女提供陪酒服务并没有放弃自身的性自主决定权。妇女的职业和其所处的社会地位不应成为剥夺其被法律赋予的性自主决定权的理由，更不能因为道德理由而通过法律对其性自由权进行限制，陪酒女同样有拒绝的权利。（2）使用暴力强迫陪酒女属于强奸罪的手段行为。强奸罪的客观方面表现为使用暴力、胁迫或者其他手段强行与妇女发生性行为。在陪酒女明确表示拒绝的前提下，行为人使用暴力对其进行强迫，使其陷入不能反抗的境地，成立强奸罪的手段行为。（3）"醉酒"对认定是否违背妇女意志的影响。违背妇女意志是认定构成强奸罪的要件之一，其包含两方面的含义：一是在妇女有意志自由决定能力、有自由意志的情形下未经妇女同意因而违背其意志；二是妇女在无自由意志的情形下，未经或已征得该妇女的同意，也视为违背妇女意志，如精神病人、智力障碍人。第一种情形较容易判断，但对于第二种情形则要慎重分析是否存在"自由意志"，尤其在"醉酒"的状态下。通常情况下，我们所说的"醉酒"是指生理性醉酒而非病理性醉酒，在生理性醉酒的情况下，醉酒者的认识和控制能力仅仅是减弱而不是没有，即其认识能力和控制能力依然存在，其意志是自由的，即便是不完全自由意志，但存在自由意志不可否认，因此，仍可以通过行为人实施奸淫行为时醉酒者有无明显的反抗或拒绝来判断是否违背其自由意志。此外，若醉酒者因酒精原因处于昏睡状态，此时，因其意识出现障碍，已经缺乏自由意志，与其发生性行为可以视为违背妇女意志。综上，"醉酒"不能成为否定违背妇女意志的理由。

4. 见危不助的消极不作为可否与积极作为构成事中共犯

案例来源

徐××、陈××强奸案

发布单位：最高人民法院《人民司法·案例》2012年第20期（总第655期）

审判法院：上海市奉贤区（县）人民法院

判决日期：2012年5月22日

案　　号：（2011）奉刑初字第879号

基本案情

2011年6月2日，徐××将陈×带到陈××的住处，陈××是徐××的长辈亲属。陈××挽留徐××和陈×与其同房居住，房间内有两张床，两张床中间仅有布帘相隔。当晚，徐××欲与陈×发生性关系，在陈×不从的情况下，采用打耳光、按压身体等手段强行与陈×发生性关系。在此期间，陈×曾跑到同一房间内睡在另一张床上的陈××处求救，但陈××仅是一般言词劝阻，在徐××不听的情况下并未采取任何其他措施予以阻止，而是对徐××的强奸行为听之任之。

公诉机关以徐××、陈××犯强奸罪，提起公诉。

徐××辩称：其对强奸罪的罪名和犯罪事实无异议。

陈××辩称：其并未实施和帮助徐××实施强奸行为，对徐××实施的强奸行为其已经进行了劝阻，其行为不构成强奸罪。

判决主文

一审法院判决：被告人徐××犯强奸罪，判处有期徒刑三年六个月；被告人陈××犯强奸罪，免予刑事处罚。

宣判后，被告人徐××、陈××未提起上诉，公诉机关亦未提出抗诉，判决已发生法律效力。

裁判要旨

认定消极不作为与积极作为是否成立共同犯罪,以及其与道德层面上的见危不助情形的区分,应重点把握三个方面:一是消极不作为行为与危害后果的发生是否具备刑法上的因果关系;二是消极不作为与积极作为之间是否具备共同犯罪中的共同故意和共同行为;三是认定消极不作为行为在共同犯罪中所起的作用。

重点提示

不作为犯罪,是指行为人违反法律直接规定,负有法定义务而拒绝履行,情节严重或情节恶劣的行为。不作为成立犯罪简单说来要符合应为、能为、不为的条件。在司法实践中,认定见危不助的消极不作为与积极作为是否构成事中共犯,应当注意以下几点:(1)消极不作为行为与危害后果是否具有刑法上的因果关系。刑法上的因果关系是指危害行为与危害结果之间的引起与被引起的关系。因果关系是认定犯罪和解决行为人承担刑事责任的客观基础,依据刑法理论,消极不作为行为承担刑事责任要满足三个条件:① 行为人有阻止危害结果发生的作为义务;② 有作为可能性;③ 有结果回避可能性。因此,当行为人对危害结果的发生负有特定的避免义务,并且具有履行义务防止危害后果发生的能力,而其没有履行特定的作为义务造成危害结果的,就应当为其消极不作为的行为承担刑法上的责任。(2)消极不作为与积极作为是否具备共同犯罪中的共同故意和共同行为。首先,消极不作为与积极作为应在主观方面具备认识的共同性。即便不作为者和作为者不存在事前通谋,在不作为者负有作为义务的场合,其采取消极不作为的默认态度,放任危害结果发生,成立间接故意,构成共同犯罪中的事中故意。其次,客观方面上具备行为的相关性。没有不作为者的不作为和默认,作为者不可能成功实施犯罪行为。最后,共同犯罪中积极作为者与消极不作为者的地位和作用不相同,具体应当依据案件不同情况分析判断,对积极作为者负有特定阻止义务的人,故意不履行作为义务,应认定为不作为的帮助犯。（3）准确量刑需要正确评价消极不作为行为在共同犯罪中所起的作用。首先，部分行为全部责任的处罚原则仍应遵守。共同犯罪的特点决定了部分行为全部责任原则的必要性，且承认共同犯罪中存在部分未完成形态可能会使不合理现象发生。其次，恰当的量刑区别可以保证各共同犯罪人的罪责刑相适应。在共同犯罪中，由于犯罪行为人身份、罪行的不同，各自承担的刑事责任也应有所区别，积极的作为行为和消极的不作为行为在主观故意和客观危害方面都存在极大差异，区别而准确的量刑，可以保证司法公正。最后，是否从轻、减轻还是免除处罚，要判断消极不作为行为在共同犯罪中所起的作用。各共犯人同犯一罪，但罪行大多具有相对独立性，要综合案件具体情况，结合行为人在共同犯罪中所起的作用，依据罪行轻重来量刑。同时，鉴于帮助犯相对于正犯而言，是间接地侵害法益，不作为犯相对于作为犯而言，具有较少的犯罪恶意，故在处罚不作为帮助犯时，需要采取双轻原则。

5. 明知幼女被强迫卖淫仍强行与其发生性关系的性质认定

案例来源

甘××、李×强奸案

发布单位：最高人民法院刑事审判第一庭《性侵害未成年人犯罪司法政策案例指导与理解适用》收录

审判法院：××人民法院

基本案情

2011年10月，苏×（时年13岁）被同校同学李×等人（林××、钟××与李×）威胁被迫答应卖淫。而后，李×等人约甘××与苏×见面，甘××驾驶一辆黑色越野车搭乘李×等人前往旅馆开房。进入房间后，李×要求苏×在卫生间褪去衣物，苏×不愿意，进而反抗哭泣。甘××见状让李×等人先行离开，独自与苏×留下。李×等人离开后苏×仍拒绝，甘××遂未与其发生性关系。半小时后，甘××、苏×与李×等在旅馆门口会和。见面后,李×得知苏×并未与甘××发生性关系,李×等便再次威胁苏×,并提出让苏×与甘××在车上发生性关系,甘××表示同意。随后,甘××驾车搭载李×等人出发,在行至××县××镇×村村道时,借助一棵大榕树的隐蔽,甘××在车座后排不顾苏×反抗和哭泣强行与其发生性关系。因天黑恐发生危险,李×等人未下车,坐前排等候。事后,李×收取甘××现金500元。次年6月,李×、甘××先后向公安机关投案自首。经查明,苏×、林××、钟××均另案处理。

另查明,2011年9月,甘××曾带一幼女黄×前往一出租房内。此案中,黄×是被黄××(另案处理)胁迫从事卖淫活动的一名幼女,时年12岁。甘××明知上述情况仍欲与黄×发生性关系。在出租房内,黄××要求黄×褪去衣物之后,甘××将阴茎插入黄×的阴道口。后因黄×剧烈挣扎,甘××遂停止。事后,甘××给付黄××等人现金70元。

公诉机关以甘××、李×犯强奸罪,提起公诉。

甘××辩称:其对公诉机关指控的犯罪事实没有异议。

李×及其法定代理人辩称:李×虽有强迫苏×卖淫的行为,但该行为的目的是获取利益,与甘××没有共同犯罪的故意,不构成强奸罪。

李×的辩护人辩称:李×没有使用暴力、胁迫的手段行为,没有强行甘××对苏×实施强奸行为,也没有强奸的故意,其行为应成立介绍卖淫或引诱幼女卖淫罪,而非强奸罪。

判决主文

一审法院判决:被告人甘××犯强奸罪,判处有期徒刑三年六个月;被告人李×犯强奸罪,判处有期徒刑八个月。

宣判后,被告人甘××、李×均未提起上诉,公诉机关亦未提出抗诉,判决已发生法律效力。

裁判要旨

行为人知道或者应当知道幼女被他人强迫卖淫仍强行与其发生性关系的,不属于嫖娼，不成立嫖宿幼女罪，而应以强奸罪定罪处罚。虽然事后行为人有给付钱财的行为，但不能改变其实施强奸行为的事实，不影响对其犯罪性质的认定。

重点提示

卖淫、嫖娼属于违反治安管理的行为，可以给予收容教育或者治安罚款等处理，然而嫖娼的对象不能包括幼女。在司法实践中，认定明知幼女被他人强迫卖淫而仍与其发生性关系的性质时，应当注意以下几点：（1）明知幼女被他人强迫卖淫仍强行与其发生性关系的构成强奸罪。幼女被他人强迫卖淫，有明显的反抗行为，行为人在明知幼女被他人强迫卖淫的情况下，不可能成立嫖娼，不成立嫖宿幼女罪。同时，2015年11月1日实施的《刑法修正案（九）》已经删除了嫖宿幼女罪，对该类行为可适用《刑法》第236条的规定，以强奸罪从重处罚。另外，《最高人民法院、最高人民检察院、公安部、司法部关于依法惩治性侵害未成年人犯罪的意见》第20条已作出明确规定："知道或者应当知道幼女被他人强迫卖淫而仍与其发生性关系的，均以强奸罪论处"。（2）强奸幼女属于强奸罪的法定从重处罚情节。依据《刑法》第236条第2款的规定，奸淫不满14周岁的幼女的，以强奸论，从重处罚。幼女身心、智力尚未发育成熟，缺乏自我防护意识和自我保护能力，一旦遭受性侵害，将会对其造成严重的不利影响，对幼女特殊保护是世界各国的基本共识，也被我国刑法确立为一项特殊保护原则。明知是不满14周岁的幼女而与其发生性关系的，不要求采取强制手段实施，对于使用暴力、胁迫或者其他强制手段与不满14周岁的幼女发生性关系的，无论是否"明知"对方是不满14周岁的幼女，均以强奸罪从重处罚。

6. 非正常婚姻状态下强奸罪的认定

案例来源

孙×× 强奸案

发布单位：最高人民法院《人民司法·案例》2011年第24期（总第

635 期）

审判法院：上海市普通新区人民法院

案　　号：（2011）浦刑初字第 685 号

基本案情

2006 年，孙××经人介绍与金××相识。两年后，双方登记结婚。登记结婚当晚，孙××希望与金××发生性关系，被金××拒绝。此后，二人并未共同生活，财产也各自独立。2010 年 3 月，金××起诉离婚。同年 5 月，法院以双方感情尚未达到破裂程度为由，判决驳回金××的离婚之诉，判决因双方当事人未上诉于同年 6 月 9 日生效。6 月 14 日，孙××在金××工作单位的门口，将金××强行拉上出租车，带到了自己的暂住处。随后，孙××采用言语威胁、殴打等手段，强行与金××发生性关系。次日，公安机关接群众报警后，到达现场将金××解救，并抓获了孙××。6 日后，金××再次向人民法院起诉离婚，人民法院依法作出准予金××与孙××离婚的判决。

公诉机关以孙××犯强奸罪，提起公诉。

判决主文

一审法院判决：被告人孙××犯强奸罪，判处有期徒刑三年，缓刑三年（缓刑考验期自判决确定之日起计算）；未经对方同意，在三年内禁止接触、滋扰被害人及其近亲属（禁止令期限自判决生效之日起计算）。

宣判后，被告人孙××未提起上诉，公诉机关亦未提出抗诉，判决已发生法律效力。

裁判要旨

被告人在非正常的婚姻关系中，采用殴打、威胁等暴力手段，强行与被害人发生性行为，构成强奸罪。对于认定非正常的婚姻关系，可以从三个方面判断。首先，从结婚的目的看，是否体现双方缔结婚姻的真实意思；其次，从婚后状况看，婚后是否共同生活过，财产归属如何，是否相互承担权利义务；最后，从婚后感情及女方态度看，婚后是否有感情，女方是否提出过离婚。如果双方虽有一纸结婚证书，有登记的形式要件，但自始至终没有婚姻的实质要件，婚姻关系仅为名义，此时已不能再推定女方对性行为是一种同意的承诺。

重点提示

在婚姻关系存续期间，同居、性行为既是夫妻双方的权利，也是夫妻双方的义务，为此，我国刑法原则上将在法定婚姻关系存续期间丈夫违背妻子的意愿、强行发生性关系的行为排除在强奸之外。但对于名义婚姻关系内的性行为如何定性，则存在争议。在司法实践中，认定非正常婚姻状态下强行发生性行为的行为是否构成强奸罪，应当注意以下几点：（1）婚内强奸能否成立。婚内强奸，是指丈夫违背妻子意志以暴力、胁迫或者其他手段强行与之发生性关系的行为。首先，婚姻的合法性不能完全等同于性行为的合法性。夫和妻是平等的两个主体，夫妻性关系是一种平等、对应的权利义务关系。建立在平等基础上的性权利自然排斥另一方以不平等乃至暴力方式实现权利。夫妻双方缔结婚姻契约并不意味着彼此放弃了自己的性自主权，妻子仍然有性自主决定权，丈夫应尊重妻子的这一权利。其次，我国《刑法》中关于强奸罪的规定，并没有将丈夫排除在强奸罪的主体之外。最后，取证困难不能成为否定婚内强奸的理由。即使在一般的强奸罪之中，证明发生性行为违背了当事人的意愿也存在取证困难的问题，但从未有人因此而否定强奸罪。综上，不能简单地否定婚内强奸的成立，而应根据案件的具体情况具体分析。（2）非正常婚姻关系的认定。非正常婚姻关系是指夫妻双方领取了结婚证，但仅具有婚姻的形式要件而没有婚姻的实质要件，夫妻双方有名无实。此时，不能仅依据形式婚姻推定女方对性行为持同意态度。认定非正常的婚姻关系可以从三个方面判断：① 结婚目的是否体现双方缔结婚姻的真实意思；② 婚后是否共同生活过，财产是否各自独立，夫妻双方是否相互承担权利义务；③ 婚后是否有感情，女方是否提出过离婚。在实务中，应综合上述标准判断夫妻双方是否是非正常婚姻关系。在非正常婚姻关系下，婚姻关系仅为名义，不能因为形式婚姻关系推定女方对性行为持同意态度。（3）非正常婚姻状态下丈夫强行与妻子发生性行为可构成强奸罪。首先，丈夫存在强奸罪的故意，明知妻子不愿而违背妻子的意愿实施强奸行为；其次，我国《刑法》并没有将丈夫排除在强奸罪的主体之外；再次，强奸罪的客体为妇女的性自主权，在非正常婚姻关系下，不能推定女方对性行为持同意态度，其具有性自主决定权；最后，强奸罪的客观方面为以暴力、胁迫或其他手段强奸妇女。非正常婚姻状态下，丈夫强行与妻子发生性关系，符合强奸罪的构成要件，依法应以强奸罪定罪处罚。

二、轮奸的认定及量刑（5例）

1. 轮流强奸中一人未得逞是否构成轮奸

案例来源

戴×钢、戴×洋、操×波强奸案

发布单位：最高人民法院《人民司法·案例》2017年第29期（总第796期）

审判法院：浙江省绍兴市中级人民法院

判决日期：2017年2月10日

案　　号：（2016）浙06刑终828号

基本案情

2016年6月，戴×钢通过网络工具与吴×聊天过程中得知吴×近期与男友闹别扭，一个人心情低落在住处喝酒。于是戴×钢借口送宵夜，在知悉吴×住处信息后迅速前往。到达吴×住处后，戴×钢发现吴×已经处于醉酒状态，遂借机与吴×发生性关系。事后，戴×钢邀请了戴×洋和操×波。之后，戴×洋与吴×发生了性关系，而操×波则由于个人原因，客观上没有成功与吴×发生性关系。戴×钢在戴×洋和操×波与吴×发生性关系时，用手机拍下照片并上传至自己的QQ空间。此事因吴×从他人处看到上述照片而被吴×知晓。吴×在得知被强奸后，采取服安眠药、割腕等方式自杀，因其母及时发现并送医抢救而得以脱离生命危险。随后，吴×母亲报警。

公诉机关以戴×钢、戴×洋和操×波犯强奸罪，提起公诉。

一审法院判决后，被告人操×波不服，提起上诉称：其没有实行强奸行为，不能认定构成轮奸；即使认定构成轮奸，也应当认定为轮奸未遂；其是从犯，应按从犯处理；一审判决刑罚过重，请求从轻处罚。

公诉机关述称：首先，一审判决定罪量刑正确，在共同强奸中，即使一人未得逞，仍应认定为轮奸，且轮奸不存在既未遂；其次，即使上诉人操×波强奸未得逞，但其已实施强奸行为，应认定为主犯。因此，建议维持原判，驳回上诉。

判决主文

一审法院判决：一、被告人戴×钢犯强奸罪，判处有期徒刑十一年六个月，剥夺政治权利二年；二、被告人戴×洋犯强奸罪，判处有期徒刑十年六个月，剥夺政治权利一年；三、被告人操×波犯强奸罪，判处有期徒刑十年，剥夺政治权利一年。

二审法院判决：维持一审判决第一项；撤销一审判决第二项、第三项；原审被告人戴×洋犯强奸罪，判处有期徒刑十年，剥夺政治权利一年；上诉人操×波犯强奸罪，判处有期徒刑七年。

裁判要旨

认定共犯在共同犯罪中所起作用大小应从主客观两方面予以综合判断，即在共同犯罪中所起作用可以具体分解为在共同故意形成和客观行为两方面予以考虑。在轮奸案件中，如果行为人并非犯意提起者，客观上实施的犯罪行为与犯罪后果无直接因果关系，则可以综合全案认定其为从犯。

重点提示

司法实践中,认定轮流强奸中一人未得逞的行为是否构成轮奸时,应当注意以下几点:(1)被邀请的未得逞行为人承担责任的范围。行为人实施强奸行为得逞后,邀请其他人继续实施强奸行为的,被邀请人不应对该行为人的先前强奸行为负责。罪责刑相适应是我国刑法的一个基本原则之一,侵害法益的行为人承担刑事责任的基础是行为与犯罪结果之间具有因果关系,被邀请人实施的犯罪行为与先前行为人的犯罪行为所造成的损害结果之间没有因果关系,不应承担先前行为人犯罪行为的刑事责任。(2)轮奸的认定。轮流实施强奸行为,一人得逞、一人未得逞,应认定为轮奸。两名行为人存在共同的轮奸故意并实际采取了奸淫行为,即使一人在犯罪过程中未得逞,犯罪情节也应认定为轮奸,因为奸淫行为是否得逞是犯罪形态的问题,不应对行为性质的认定产生影响。(3)从犯的认定。首先,主观方面,看行为人共同故意的形成,判断行为人本身是否为犯意提起者;其次,客观方面,看行为人作为共犯在共同犯罪中所起作用的大小。针对轮奸案件,若未得逞的行为人既不是犯意提起者,也不存在共谋的情形,客观上所实施的犯罪行为与犯罪后果也无直接因果关系的,则其奸淫行为对被害人所造成的直接危害程度较低,综合全案情形可认定其为从犯。

2. 多人未经共谋在不同地点先后强奸同一被害人是否构成轮奸

案例来源

李××强奸案

发布单位:最高人民法院刑事审判第一、二、三、四、五庭《刑事审判参考》2014年第3集(总第98集)

审判法院:河南省洛阳市中级人民法院

基本案情

李××与楚××（已判刑）酒后驾驶摩托车经过宜阳县某镇一村庄附近时，看到陈×（13岁）、孙×（14岁）及孙×的弟弟，李××和楚××遂使用暴力方法威胁赶走孙×的弟弟以及赶来找寻陈×、孙×的教师，强行将陈×、孙×二人带至一旅社后，在不同房间内，李××对陈×实施了强奸，楚××欲对孙×实施强奸，但因自身原因未得逞。之后，李××得知已有人报警后，驾驶摩托车送陈×、孙×返回，在途中强奸了孙×。

公诉机关以李××犯强奸罪，提起公诉。

一审法院判决后，公诉机关不服，提起抗诉称：原审被告人李××伙同楚××分别强奸陈×和孙×后，其在明知楚××已经对孙×实施了奸淫行为的情况下，在送陈×和孙×回去的路上又强奸孙×，构成轮奸，犯罪情节恶劣，一审判决量刑较轻，对其应当在十年有期徒刑以上量刑。

判决主文

一审法院判决：被告人李××犯强奸罪，判处有期徒刑八年。

二审法院判决：撤销一审法院判决；原审被告人李××犯强奸罪，判处有期徒刑十年。

裁判要旨

轮奸的构成以行为人有共同意思联络为主观必备要件，以两人以上实施奸淫行为为客观必备要件。共同犯罪人在缺乏事先预谋，即共同故意的情形下，分别针对同一被害人在不同地点实施奸淫行为的，不构成轮奸。

重点提示

《刑法》第236条第3款规定，二人以上轮奸的，处十年以上有期徒刑、无期徒刑或者死刑。轮奸是强奸罪的法定加重处罚情节，是指二人或者二人以上在同一时间段内，基于共同强奸同一妇女或者幼女的故意而轮流实施奸淫的行为。在司法实践中，认定无事先共谋的共同犯罪人针对同一被害人在不同地点实施奸淫的行为是否构成轮奸，应当注意以下几点：（1）轮奸的构成以共同犯罪人有共同意思联络为主观必备要件。通常认为，从主观要件来看，实施轮奸的共同犯罪人必须有共同的故意，即共同犯罪人通过意思联络，意欲实施轮流奸淫行为。如果共同犯罪人之间没有轮奸的意思联络，则不构成刑法上轮奸的情节。但在特殊情况下，即存在片面共犯的场合，共同犯罪人之间即使没有共同的意思联络，但只要实施了轮流奸淫的行为，亦应认定为轮奸。（2）轮奸的构成以共同犯罪人均实施奸淫行为为客观必备要件。轮奸侧重"奸淫"行为，共同犯罪人实施轮流奸淫行为是成立轮奸情节的前提条件，也是客观必备要件。强奸是典型的复合行为，既要求有强制行为，又要求有奸淫行为。只要两名或多名男子具有轮流奸淫同一妇女的共同故意，在一定时间内对同一名妇女实施控制，并分别奸淫的，即使时间间隔较长，甚至不在同一地点实施奸淫的，也视为轮奸。（3）共同犯罪人缺乏共同故意分别针对同一被害人在不同地点实施奸淫行为不构成轮奸。轮奸这一加重处罚情节的认定，要求共同犯罪人主观上具有实施轮奸的意思联络，客观上对同一对象实施了奸淫行为，且客观的时间、地点应有联系，共同犯罪人在实施犯罪行为时应起到相互协助的作用。即使共同犯罪人在不同地点先后强奸了同一名妇女，但共同犯罪人之间主观上并无意思联络，客观上无相互协助行为，则不应认定为轮奸。

3. 轮奸幼女加重处罚与从重处罚情节同时适用的问题

案例来源

王×、刘×、曾×等强奸案

发布单位：最高人民法院刑事审判第一、二、三、四、五庭《刑事审判参考》2013年第2集（总第91集）

审判法院：吉林省长春市中级人民法院

基本案情

2010年3月，王×、刘×、任×、马×、曾×将时年13周岁的曲×带至一招待所处。随后，王×等人不顾曲×的反抗，轮流与其发生了性关系。此外，王×、刘×等人还单独或结伙实施了故意伤害他人、寻衅滋事、抢劫他人财物的行为。另查明，马×、任×犯罪时未成年，曾×实施上述行为时刚满14周岁，并有案发后协助公安机关抓捕同案犯的表现。

公诉机关以王×犯寻衅滋事罪、故意伤害罪、强奸罪、抢劫罪，任×犯故意伤害罪、强奸罪、抢劫罪，刘×、曾×犯强奸罪、抢劫罪，马×犯强奸罪等，提起公诉。

一审法院判决后，公诉机关不服，提起抗诉称：首先，曲×属于未满14周岁的幼女，奸淫幼女依法应以强奸罪从重处罚，一审法院适用法律错误，没有适用该条款；其次，被告人王×等人实施轮奸行为，属犯罪情节恶劣，一审法院量刑畸轻；最后，被告人王×的立功材料没有经过庭审举证、质证就被采信并作为量刑情节，审判程序违法。

一审法院作出重审判决后，被告人李×不服，提起上诉。

判决主文

一审法院认定：被告人王×、刘×、马×、曾×、任×以暴力手段强行轮流与幼女发生性关系，构成强奸罪。被告人马×、任×犯罪时未成年，依法应减轻处罚；被告人王×到案后揭发他人犯罪，属于立功，依法可从轻处罚；被告人曾×犯罪时未成年，且有协助公安机关抓获同案犯的立功表现，依法应当减轻处罚。

一审法院判决：被告人王×犯强奸罪，判处有期徒刑十年（其他罪名判罚略），决定执行有期徒刑十五年，并处罚金人民币一千元；被告人刘×犯强奸罪，判处有期徒刑十年四个月（其他罪名判罚略），决定执行有期徒刑十一年，并处罚金人民币一千元；被告人曾×犯强奸罪，判处有期徒刑三年三个月，犯抢劫罪，判处有期徒刑一年，并处罚金人民币五百元，决定执行有期徒刑三年六个月，并处罚金人民币五百元。(其他被告人判罚情况略)。

二审法院裁定：发回一审法院重审。

一审法院重审判决：被告人王×犯强奸罪，判处有期徒刑十一年六个月（其他罪名判罚和执行刑略）；被告人刘×犯强奸罪，判处有期徒刑十二年八个月（其他罪名判罚和执行刑略）；被告人曾×犯强奸罪，判处有期徒刑三年八个月；犯抢劫罪，判处有期徒刑一年，并处罚金人民币五百元，决定执行有期徒刑四年，并处罚金人民币五百元。(其他改判情况略)。

二审法院裁定：驳回上诉，维持原判。

裁判要旨

多人轮流对未满14周岁的幼女实行奸淫行为的，构成轮奸。虽然轮奸属于强奸罪的加重处罚情节，而奸淫幼女是强奸罪的法定从重处罚情节，但两者分别是从不同角度所作的规定，不属于重复评价，因此，轮奸幼女的应同时适用轮奸加重处罚和奸淫幼女从重处罚情节。

重点提示

根据《刑法》第236条的规定可知，对多人轮奸不满14周岁幼女的犯罪行为进行量刑时，既存在法定的加重处罚情节，亦存在酌定的从重处罚情节，但对于两种量刑情节如何适用，我国刑法及相关司法解释并未作出明确规定。在司法实践中，认定轮奸幼女的行为可否同时适用轮奸加重处罚和奸淫幼女从重处罚情节时，应当注意以下几点：（1）轮奸是强奸罪的法定加重处罚情节。我国《刑法》第236条第3款将"二人以上轮奸的"规定为加重处罚的情形之一，成立轮奸应符合主观要件和客观要件。轮奸的构成既要求行为人有共同意思联络，又要求行为人必须实施奸淫行为，认定轮奸二者缺一不可。普通强奸罪的量刑是"处三年以上十年以下有期徒刑"，成立轮奸的量刑则为"处十年以上有期徒刑、无期徒刑或者死刑"。（2）奸淫幼女是强奸罪的酌定从重处罚情节。我国《刑法》第236条第2款明确规定："奸淫不满十四周岁的幼女的，以强奸论，从重处罚。"据此，行为人明知是不满14周岁的幼女而与其发生性关系，无论幼女是否自愿，均应依照《刑法》第 236 条第 2 款的规定，以强奸罪从重处罚。（3）轮奸幼女可同时适用轮奸加重处罚和奸淫幼女从重处罚情节。轮奸是强奸罪的情节加重犯，因行为人本身具有的社会危害性而使其承担相对较重的刑事责任；而犯罪对象为幼女，因犯罪的社会危害性加重而从重处罚。加重处罚情节是从犯罪情节、犯罪后果角度所作的规定，是法定从重处罚情节，从重处罚情节则是从犯罪对象角度出发，为体现对幼女的特殊保护所作的一种规定，是酌定从重处罚情节，二者之间并不矛盾，可同时适用。因此，多人轮流对未满 14 周岁的幼女实行奸淫行为的，应同时适用对轮奸加重处罚和奸淫幼女从重处罚情节，并不属于重复评价。

4. 二人轮流强奸同一女性一人未得逞的是否构成轮奸

案例来源

文 × 、朱 × 强奸案

发布单位：最高人民法院刑事审判第一庭《性侵害未成年人犯罪司法政策案例指导与理解适用》收录

审判法院：×× 人民法院

基本案情

2010 年 12 月 26 日凌晨，文 × 、朱 × 与黄 ×× 在莫 ×× 承租的房屋内饮酒。该房屋内其他共同饮酒的人还包括王 ×× 、朱 ×× 、朱 × 进、李 ×× 、何 ×× 等人。随后，在黄 ×× 的带领下，酒醉的文 × 、朱 × 来到其住处。在黄 ×× 家中，文 × 趁朱 × 出门上厕所时，强行与黄 ×× 发生了性关系，并于事后离开。朱 × 上厕所回来后，也欲与黄 ×× 发生性关系，但在行为过程中遭到黄 ×× 激烈反抗呼救，未与黄 ×× 发生性关系即离开了黄 ×× 家。次日，文 × 在其父亲的陪同下，主动到公安机关投案。

另查明，发生犯罪行为时，文 × 、朱 × 皆是未满 18 周岁的未成年人，黄 ×× 是时年 12 岁的幼女。

公诉机关以文×、朱×犯强奸罪，提起公诉。

文×的辩护人辩称：文×的犯罪行为不属于轮奸，且文×有主动投案自首情节，又是未成年人，建议对文×判处三年以下有期徒刑。

朱×的辩护人辩称：朱×的犯罪行为不属于轮奸，朱×属于强奸未遂，又是未成年人，建议对朱×判处一年以下有期徒刑。

判决主文

一审法院判决：被告人文×犯强奸罪，判处有期徒刑二年六个月；被告人朱×犯强奸罪，判处有期徒刑二年六个月。

宣判后，被告人文×、朱×均未提起上诉，公诉机关亦未提出抗诉，判决已发生法律效力。

裁判要旨

轮奸的认定不因犯罪行为是否得逞而有所不同，二人先后轮流强奸同一女性的，构成轮奸。二人基于共同故意实施犯罪行为，成立共犯，虽然奸淫行为的不可替代性使轮奸具有可拆分的特殊结构，但不足以成为共同犯罪的例外情形。轮奸犯罪中未得逞者同样应对整体犯罪行为承担责任，但结合具体案情，在量刑上可酌情从轻处罚。

重点提示

轮奸是《刑法》第236条第3款规定的法定加重处罚情节之一。司法实践中，认定二人先后轮流强奸同一女性而一人未得逞的行为是否构成轮奸时，应当注意以下几点：(1) 二人先后轮流强奸同一女性一人未得逞的，构成轮奸。轮奸情节的认定不因共同犯罪人是否得逞而有所不同，二人有共同故意，先后轮流实施了奸淫同一女性的犯罪行为，应认定为轮奸。共同犯罪人中是否有人未得逞属于犯罪形态的认定问题，与犯罪行为性质的认定属于不同的法律问题，因此，即使二人中一人在犯罪过程中未得逞，构成犯罪未遂，但因其行为并未阻碍整体犯罪行为所造成的危害后果的发生，在主观意志和客观行为方面亦符合共同犯罪的构成要件，故应认定为轮奸，即一人未得逞的犯罪形态并不影响轮奸的认定。（2）二人基于共同故意实施犯罪行为，成立共犯。两个以上的行为人基于共同实行的意思，开始实施犯罪行为，即存在相互利用和补充的效果。只要部分行为人未阻断对其他正犯的积极影响，即应认定成立共犯。一般的共犯理论遵循一人行为全部负责原则，所有犯罪行为人都应为最终犯罪结果承担责任。实务中，鉴于轮奸行为具有特殊性，不同的法院针对轮奸未得逞者可能存在不同的认定和量刑。有的法院认定轮奸未得逞者构成犯罪未遂，应当按照未遂犯减轻处罚。然而，奸淫行为的不可替代性不能成为强奸罪共同犯罪中既遂与未遂得以并存的充足理由，其不能成为共同犯罪的例外情形，进而适用"分别处罚"机制。（3）二人先后轮流强奸同一女性的，轮奸犯罪中未得逞者同样应对整体犯罪行为承担刑事责任。但针对轮奸犯罪中的未得逞者，鉴于其犯罪行为的危害性程度较低，造成的损害后果较小，则应当结合具体案情，在量刑问题上适当放宽。换言之，奸淫未得逞的犯罪情节可以作为酌情给予一定程度上从轻处罚的依据。

5. 帮助犯起意强奸同一被害人的，强奸完毕离开的行为人是否构成轮奸

案例来源

苑××、李×等绑架、强奸案

发布单位：最高人民法院刑事审判第一、二、三、四、五庭《刑事审判参考》2012年第4集（总第87集）

审判法院：河南省高级人民法院

基本案情

2009年8月5日，苑××、王××、唐×伙同赵××（另案处理）预谋绑架"小姐"勒索财物。次日凌晨，苑××等人租车来到娱乐城，以"包夜"为名，将女服务员许×等人诱骗出娱乐城后，强行带至唐×家中。李×

得知上述绑架事实后，驾车赶到唐×家中，并依据苑××的要求，驾车和唐×一起出去购买了饮料、面包等食品。随后，李×提出想与许×发生性行为的要求，该提议得到了苑××等人的同意和协助，李×在与许×发生性关系后离开现场。此后，苑××、王××又分别对许×实施了强奸。次日，苑××以将人质贩卖相威胁给娱乐城老板打电话并勒索到现金人民币4万元。该笔赎金已被苑××、王××、唐×等挥霍。经过侦查，公安机关将苑××、王××、唐×与李×抓获。

公诉机关以苑××、王××、李×犯绑架罪、强奸罪，唐×犯绑架罪，提起公诉。

一审法院判决后，被告人王××不服，提起上诉称：首先，本人事先不知道是绑架行为，且未与人质发生性关系；其次，侦查人员有刑讯逼供行为；而本人曾以赵×强的名义向公安机关揭发原审被告人苑××等人绑架的犯罪事实。

被告人唐×亦不服，以其是从犯、一审判决量刑过重为由，提起上诉，请求改判。

判决主文

一审法院判决：被告人苑××犯绑架罪，判处无期徒刑，附加剥夺政治权利终身，并处没收个人全部财产；犯强奸罪，判处有期徒刑十二年；数罪并罚，决定执行无期徒刑，附加剥夺政治权利终身，并处没收个人全部财产。被告人王××犯绑架罪，判处无期徒刑，附加剥夺政治权利终身，并处没收个人全部财产；犯强奸罪，判处有期徒刑十二年；数罪并罚，决定执行无期徒刑，附加剥夺政治权利终身，并处没收个人全部财产。被告人唐×犯绑架罪，判处有期徒刑十年，并处罚金人民币5000元。被告人李×犯绑架罪，判处有期徒刑三年，并处罚金人民币5000元；犯强奸罪，判处有期徒刑五年；数罪并罚，决定执行有期徒刑七年，并处罚金人民币5000元。

二审法院裁定：驳回上诉，维持原判。

裁判要旨

行为人实施强奸行为后离开现场，在场的其他帮助犯临时起意，对同一被害人实施了轮奸行为。对其他帮助犯实施轮奸的行为，行为人并不知情，也无事先犯意合谋，主观上没有轮奸的共同故意，不构成轮奸。而其他帮助犯由于主观上已经就强奸达成合意，后又实施了轮奸行为，构成轮奸。

重点提示

作为强奸罪的加重处罚情节，虽然轮奸从来不是一个罪名，但对量刑却有着十分重要的意义。轮奸的认定需同时符合两个条件：一是多名行为人之间具有共同强奸的犯意联络；二是多名行为人针对同一被害人轮流实施了强奸行为。司法实践中，行为人实施强奸行为完毕离开现场后，其他帮助犯起意并对同一被害人实施轮奸行为的，认定行为人是否构成轮奸时，应当注意以下两点：（1）判断行为人离开前对其他帮助犯将实施轮奸行为是否明知或有犯意联络。构成轮奸所必须具备的主观要件即行为人有共同意思联络。通常认为，实施轮奸的各行为人必须有共同的故意，即行为人通过意思联络，意欲实施轮流奸淫行为。如果行为人之间没有轮奸的意思联络，则不构成刑法意义上的轮奸。行为人离开前并不知晓其他帮助犯后续会对同一被害人实施奸淫行为，与其他帮助犯没有犯意联络的，不具有共同轮奸的故意，不构成轮奸。此种情形下，行为人仅需对自己实施的强奸行为负责，不应承担后续轮奸行为的刑事责任。（2）行为人不构成轮奸不影响对其他帮助犯轮奸行为的认定。共同犯罪可能存在片面共犯的情形，行为人实施强奸行为是在其他帮助犯的同意且协助下完成的，其他帮助犯对行为人实施强奸的行为属于明知且达成合意，在行为人离开后其他帮助犯继续实施强奸行为的，其他帮助犯具有轮奸的犯罪故意和奸淫的实行行为，构成轮奸，依法应当加重处罚。因此，即便行为人的强奸行为不构成轮奸，亦不影响对其他帮助犯成立轮奸的认定。

三、奸淫幼女的认定及量刑（5例）

1. 对明知幼女的认定及对未成年人强奸幼女的量刑

案例来源

刘××强奸案

发布单位：最高人民法院《人民司法·案例》2015年第10期（总第717期）

审判法院：天津市第一中级人民法院

案　　号：（2014）一中刑少终字第26号

基本案情

2000年3月29日出生的姜××系××川香食府的服务员。2013年8月上旬，刘××（未满18周岁）因在××川香食府吃饭，结识了姜××。当月下旬，刘××将姜××带到旅馆，并违背其意愿与其发生性关系。此后两个月内，刘××又多次要求姜××在不同旅馆与其发生性关系，造成姜××怀孕并堕胎。同年10月，姜××向公安机关报案，刘××被抓获。

公诉机关以刘××犯强奸罪，提起公诉。

姜××以其遭受的身体伤害系刘××所致，刘××应赔偿其经济损失为由，提起附带民事诉讼，请求判令刘××赔偿经济损失。

刘××辩称：首先，本人并不知道姜××系未满14周岁的幼女，两人是恋爱关系，并没有强迫对方发生性关系。其次，本人已得到了姜××的谅解，且未满18周岁，请求从轻处罚。

刘××的辩护人辩称：首先，刘××与姜××系恋爱关系，刘××对姜××未满14周岁的事实并不知情；其次，姜××的亲属证实姜××的户口年龄与实际年龄不一致，不能以姜××口述的年龄为主认定其是幼女；最后，刘××与姜××发生性行为是双方自愿，没有强迫行为，不构成犯罪。

综上，刘××不知姜××是幼女，没有强奸的主观故意，不构成强奸罪。

案件审理过程中，经法院调解，刘××及其家属与姜××达成和解协议，赔偿姜××经济损失15 000元，并得到其谅解。

一审法院判决后，被告人刘××不服，提起上诉。

判决主文

一审法院判决：被告人刘××犯强奸罪，判处有期徒刑六年。

二审法院判决：撤销一审法院判决；上诉人刘××犯强奸罪，判处有期徒刑四年。

裁判要旨

性侵幼女案件中，在认定行为人是否明知对方年龄上，应贯彻对幼女的最高限度保护和对性侵幼女的最低限度容忍原则，除非辩方有确凿的证据能证明行为人不明知，一般可以推定行为人明知对方系幼女。对具有恋爱关系的未成年人之间的性侵行为应该贯彻宽严相济的刑事政策中"宽"的一面，在对被告人量刑上要与成年人性侵幼女相区别。

重点提示

司法实践中，在性侵幼女案件中，对明知幼女的认定及对未成年人强奸幼女的量刑应注意以下两点：（1）是否明知被害人系幼女的认定。依据《刑法》第236条第2款规定，奸淫不满14周岁的幼女的，以强奸论，从重处罚。该条款并没有对行为人主观要件作出规定，依据《最高人民法院、最高人民检察院、公安部、司法部关于依法惩治性侵害未成年人犯罪的意见》第19条的规定，知道或者应当知道对方是不满14周岁的幼女，而实施奸淫等性侵害行为的，应当认定行为人"明知"对方是幼女。对"明知"的判断，主要采取的是知道或应当知道。实务中，一般应贯彻对幼女的最高限度保护和对性侵幼女的最低限度容忍原则。具体而言，认定"明知"一般采用推定行为人明知对方是幼女，除非辩方有确凿的证据能证明行为人不明知。（2）未成年人强奸幼女的量刑。《刑法》第 17 条规定，已满 14 周岁不满 16 周岁的人，对强奸罪应当负刑事责任。但同时也规定"已满十四周岁不满十八周岁的人犯罪，应当从轻或者减轻处罚"。在未成年人奸淫不满 14 周岁的幼女时，对该未成年人如何量刑将成为平衡对未成年被告人"教育、感化、挽救"方针和对幼女特殊保护原则的难题。《最高人民法院、最高人民检察院、公安部、司法部关于依法惩治性侵害未成年人犯罪的意见》第 27 条规定，已满 14 周岁不满 16 周岁的人偶尔与幼女发生性关系，情节轻微、未造成严重后果的，不认为是犯罪。该条规定虽未明确规定未成年被告人奸淫幼女应如何量刑，但体现了对未成年被告人犯罪从宽处罚的刑事政策。因此，在未成年人强奸幼女案件中，应当结合未成年人与幼女是否具有恋爱关系等情形，对未成年人量刑应当区别于成年人奸淫幼女。

2. 有共同家庭生活关系的人多次奸淫幼女致其怀孕是否属于"情节恶劣"

案例来源

谈××强奸案

发布单位：最高人民法院刑事审判第一、二、三、四、五庭《刑事审判参考》2014 年第 3 集（总第 98 集）

审判法院：上海市金山区人民法院

基本案情

谈××与孙×系恋人关系，二人于 2011 年 7 月开始同居。廖×（1999 年 7 月 25 日出生）系孙×的女儿，随母亲一起生活，故也与谈××共同生活。在共同生活期间，谈××曾多次趁与廖×单独相处之机，与其发生性关系。2012 年 8 月，廖×确认怀孕并到医院进行引产手术。随后，经过对廖×引产后的胚胎组织进行 DNA 鉴定，确认不排除廖×和谈××为胚胎组织所属个体的生身父母。

公诉机关以谈××犯强奸罪,提起公诉。

判决主文

一审法院判决:被告人谈××犯强奸罪,判处有期徒刑十三年,剥夺政治权利二年。

宣判后,被告人谈××未提起上诉,公诉机关亦未提出抗诉,该判决已发生法律效力。

裁判要旨

强奸幼女的,应当以强奸罪从重处罚。而与幼女有共同家庭生活关系的人,在共同生活期间,多次奸淫幼女并致其怀孕的,主观恶性大,强奸行为持续时间长,给幼女身心健康造成的伤害严重,属于奸淫幼女"情节恶劣"的情形,应以强奸罪加重处罚。

重点提示

依据《最高人民法院、最高人民检察院、公安部、司法部关于依法惩治性侵害未成年人犯罪的意见》第25条的规定,与未成年人有共同家庭生活关系的人员,针对未成年人实施强奸、猥亵犯罪的,应当从重处罚。司法实践中,对与幼女有共同家庭生活关系的人多次奸淫幼女致其怀孕的行为进行定罪量刑时,应当注意以下几点:(1)共同家庭生活关系的认定。从文义角度,共同家庭生活关系是指在一个家庭中共同生活的关系,"家庭"一般是指具有婚姻、收养等关系的人们长期共同生活所构成的社会生活单位。实务中,判断是否具有"共同家庭生活关系",应当准确把握"家庭"的内涵,满足"质"和"量"两方面的要求,前者是指具有事实上的共同生活关系,后者是指该共同生活关系具有长期性、稳定性和确定性,排除偶尔几次和短期的共同居住情况。(2)奸淫幼女应以强奸罪从重处罚。《刑法》第236条第2款规定:"奸淫不满十四周岁的幼女的,以强奸论,从重处罚。"可见,奸淫幼女应以强奸罪定罪,并从重处罚。保护幼女和少女是社会普遍遵循的理念,是当今世界多数国家的基本公共政策之一，我国《刑法》亦对幼女实行特殊保护原则。（3）与幼女有"共同家庭生活关系"的成年人多次奸淫幼女致其怀孕的，属于奸淫幼女"情节恶劣"。《刑法》第 236 条第 3 款将"强奸妇女、奸淫幼女情节恶劣的"作为强奸罪的加重处罚情形之一，但法律和相关司法解释对"情节恶劣"并没有作出具体规定。根据罪责刑相适应的原则，同一法定刑档次内的量刑情节所体现的罪责应当相当，故而认定"情节恶劣"的标准，应当与强奸罪加重处罚的其他情形的社会危害性和严重性相当。是否构成"情节恶劣"，应综合考虑行为人的犯罪手段、犯罪情节、犯罪后果、社会危害性等因素具体判断。在行为人与幼女有"共同家庭生活关系"的情况下，多次实施奸淫行为，持续时间长，致使幼女怀孕并堕胎的，给幼女身心健康带来严重创伤，对幼女健康成长造成重大影响，其行为社会危害性大，社会影响特别恶劣。综合考虑行为人与幼女共同生活的情节，其主观恶性程度及犯罪情节、后果的严重程度，总体上与《刑法》规定的加重处罚情节的危害程度相当，故应认定为"情节恶劣"，以强奸罪定罪并处十年以上有期徒刑。

3. 奸淫幼女案中"明知"被害人系幼女的认定问题

案例来源

何 × 强奸案

发布单位：最高人民法院刑事审判第一、二、三、四、五庭《刑事审判参考》2014 年第 3 集（总第 98 集）

审判法院：×× 人民法院

基本案情

何 × 与徐 ×（1998 年 4 月 5 日出生）系网友关系，双方因何 × 登录其堂妹 QQ 号进行网络聊天而相识。2012 年 3 月，何 × 与徐 × 在现实中见面后，分别在何 × 家中、宾馆发生过两次性关系。随后，何 × 知悉徐 × 的年龄，明知徐 × 不满 14 周岁，仍再次与其发生性关系。

公诉机关以何×犯强奸罪，提起公诉。

何×的辩护人辩称：何×与徐×发生性关系时，双方均为自愿。何×在第二次发生关系之前对徐×不满14周岁属于幼女的事实并不知情，双方前两次性行为不应以强奸罪定罪论处。

一审法院判决后，公诉机关不服，以被告人何×三次与被害人徐×发生性关系，均构成强奸罪，一审事实认定错误为由，提起抗诉，请求予以改判。

判决主文

一审法院判决：被告人何×犯强奸罪，判处有期徒刑三年。

二审法院裁定：驳回抗诉，维持原判。

裁判要旨

知道或者应当知道对方是不满14周岁的幼女，而实施奸淫等性侵害行为的，应当认定为"明知"是幼女，以强奸罪从重处罚。其中，对于"明知"的认定可以12周岁作为分界线，对于不满12周岁的幼女予以绝对保护，对于已满12周岁不满14周岁的被害人，行为人以不知自愿与其发生性行为的被害人系幼女为由进行辩解的，应当从严把握。

重点提示

《最高人民法院、最高人民检察院、公安部、司法部关于依法惩治性侵害未成年人犯罪的意见》第19条规定，知道或者应当知道对方是不满14周岁的幼女，而实施奸淫等性侵害行为的，应当认定行为人"明知"对方是幼女。司法实践中，在奸淫幼女案件中，认定"明知"被害人系幼女的问题时，应当注意以下几点：（1）前述司法解释以12周岁作为判断"明知"的分界线。第一，对于不满12周岁的幼女予以绝对保护，即行为人与不满12周岁的被害人发生性关系的，一律认定其"明知"对方是幼女。作出此规定的原因在于：不满12周岁的幼女一般处在家庭看护或幼儿、小学教育中，其外貌特征、言谈举止等一般能明显反应出其幼女的身份，行为人在判断其年龄时一般不会造成混淆，为加强对幼女的保护，法律规定在幼女未满12周岁时，推定行为人在主观上系明知。第二，对于已满12周岁不满十四周岁的幼女，应当结合案件具体情况从严判断行为人是否"明知"。（2）"应当知道"被害人系已满12周岁不满14周岁幼女的判断。首先，从客观上判断，从被害人的身体发育状况、言谈举止、衣着特征、生活作息规律等观察其是否可能是幼女。其次，判断行为人是否足够谨慎，其他一般人处在行为人的场合，是否同样难以避免错误判断。最后，判断行为人的主观形态，行为人对被害人为幼女是根本不可能知道还是应当预见或者持放任的间接故意心态。（3）行为人非"明知"的抗辩应从严把握。首先，应当有充分证据证明行为人不可能知道对方是幼女。其次，行为人错把对方当作非幼女的错误认识系难以避免的，即一般人都会将对方错误判断为非幼女。最后，行为人在与对方交往的过程中，其外貌、行为、衣着、发育状况等特征均更像已满14周岁，并且双方基于自愿发生性关系的，才可认定行为人并非"明知"对方是幼女。

4. 以金钱诱惑多名幼女发生性关系的定罪量刑问题

案例来源

沈××强奸案

发布单位：最高人民法院刑事审判第一庭《性侵害未成年人犯罪司法政策案例指导与理解适用》收录

审判法院：浙江省象山县人民法院

基本案情

沈××与李××系邻居。2011年3月×日，沈××于李××家中二楼洗手间内，向李××承诺在李××与其发生性关系后向李××给付金钱，李××遂与沈××发生性关系。事后，沈××给付李××人民币1500元。次月某日，李××应沈××的要求，将其同学陈××介绍给沈××，沈××于一酒店内，用金钱利诱陈××，并先后分别与李××和陈××发生性关系。事后，沈××给付李××人民币4000元。同年5月，李××再次向沈××介绍其同学屠××，在一宾馆房间内，沈××再次以金钱利诱屠××，并与其发生性关系。事后，沈××给付李××人民币3000元。

另查明，2011年时李××年龄为13岁，陈××年龄为12岁，屠××年龄为13岁。

公诉机关以沈××犯强奸罪，提起公诉。

沈××辩称：其对公诉机关指控的事实无异议。

沈××的辩护人辩称：沈××的行为构成嫖宿幼女罪，不构成强奸罪。

判决主文

一审法院判决：被告人沈××犯强奸罪，判处有期徒刑十年二个月。

宣判后，被告人沈××未提起上诉，公诉机关亦未提出抗诉，判决已发生法律效力。

裁判要旨

以金钱财物等方式引诱幼女与自己发生性关系的，以强奸罪论处。鉴于行为人以金钱诱惑多名幼女与其发生性关系，符合"奸淫幼女多人"的强奸罪加重处罚情节，应当以强奸罪加重处罚，在十年以上有期徒刑的法定刑幅度内量刑。

重点提示

根据《刑法》第236条的规定，强奸罪是指违背妇女意志，使用暴力、胁迫或者其他手段，强行与妇女发生性交的行为，或者故意与不满14周岁的幼女发生性关系的行为。司法实践中，对以金钱诱惑多名幼女与其发生性关系的行为进行定罪量刑时，应当注意以下两点：（1）奸淫幼女成立强奸罪时不要求采取强制手段。对于使用暴力、胁迫或者任何其他强制手段与幼女发生性关系的，当然要认定为强奸罪。但对于行为人知道或者应当知道被害人是不满14周岁幼女的情况，则不再对行为人的手段行为作出强制限制。同时，根据《最高人民法院、最高人民检察院、公安部、司法部关于依法惩治性侵害未成年人犯罪的意见》第 20 条的规定可知，以金钱财物等方式引诱幼女与自己发生性关系的，以强奸罪论处，即未要求行为人采取强制手段强迫幼女与其发生性关系。（2）对以金钱诱惑多名幼女自愿与其发生性关系行为的定罪量刑。行为人以金钱作诱饵，诱惑多名幼女自愿与其发生性关系的，因奸淫幼女对手段行为没有限制，也不以被害人主观是否自愿为犯罪构成要件，故行为人依法构成奸淫幼女型的强奸罪。同时，行为人奸淫幼女多人，属于《刑法》第 236 条第 3 款规定的加重处罚情节之一，依法应处十年以上有期徒刑、无期徒刑或者死刑。因此，实务中，人民法院在审理此类案件时，应当以强奸罪在十年以上有期徒刑的法定刑幅度内进行量刑，并从重处罚，同时结合案件具体情况，行为人有无自首、立功等其他量刑情节作合法合理的判决。

5. 幼女自愿与其发生性行为的性质认定

案例来源

张 × × 强奸案

发布单位：最高人民法院刑事审判第一庭《性侵害未成年人犯罪司法政策案例指导与理解适用》收录

审判法院：河北省承德市中级人民法院

基本案情

2008 年 12 月，张 × × 通过网络结识了杨 ×。经过一段时间的沟通，张 × × 了解到，杨 × 是 12 岁的初中女学生。2009 年 1 月，张 × × 将杨 × 带到一旅馆，并与杨 × 发生了性关系。同年 12 月 10 日，张 × × 以杨 × 父亲的名义通过电话的方式向杨 × 的班主任老师谎称杨 × 生病，杨 × 的班主任老师遂准假。张 × × 将杨 × 带至其租住的房屋，并再次与杨 × 发生性关系。

公诉机关以张 × × 犯强奸罪，提起公诉。

一审法院判决后，被告人张 × × 不服，以双方系自愿发生性关系，其行为不构成强奸罪为由,提起上诉。

判决主文

一审法院判决:被告人张××犯强奸罪,判处有期徒刑三年。
二审法院裁定:驳回上诉,维持原判。

裁判要旨

幼女自愿发生性关系中的"自愿"属于事实上的承诺,不具有法律上的效力,行为人不能以此为由来否认自己性行为的不法性。行为人知晓被害人系幼女的,具有奸淫幼女型强奸罪的故意,不论是否采取强制手段,也不论幼女是否自愿,其行为均构成强奸罪,并应从重处罚。

重点提示

强奸罪侵犯的法益是妇女性的自主决定权。司法实践中,认定幼女自愿与行为人发生性关系情形下行为人的犯罪行为性质时,应当注意以下几点:(1)幼女"自愿"属于事实上的承诺,不具有法律上的效力。被害人承诺作为违法阻却事由之一,要阻却违法应满足几个条件,其中主体要件即被害人的承诺能力。幼女系不满14周岁的女性,无性自主能力,因而不具备承诺的能力。幼女自愿发生性关系的,"自愿"属于事实上的承诺,不具有法律上的效力,不能成为违法阻却事由。换言之,幼女对自己性自主权的处分不能阻却强奸构成要件的该当性,行为人不能以此为由来否认自己性行为的不法性。(2)行为人在明知受害人为幼女的情况下,仍与其发生性关系的,具有奸淫幼女的故意。即使受害人是出于自愿与行为人发生性关系,也不能阻却行为人的主观恶意及客观法益侵害行为给幼女的身心健康造成的损害后果。因此,在行为人知晓其性行为的对象为幼女的情况下,不论是否采取强制手段,也不论幼女是否自愿,其行为均构成强奸罪。(3)基于幼女自愿与其发生性行为的处罚。根据《刑法》第236条第2款的规定:"奸淫不满十四周岁的幼女的,以强奸论,从重处罚。"因此,人民法院在审理此类案件时,应当在构成强奸罪的基础上,考虑对行为人的量刑问题。首先,考虑奸淫的手段、次数、幼女的实际认知程度等因素,行为人基于幼女自愿的前提,未采用暴力、胁迫手段强奸幼女,其处罚幅度应较使用暴力的行为人的处罚幅度相对小些。偶然一次奸淫的处罚幅度较多次奸淫的处罚幅度相对小些。其次,考虑行为人是否具有自首、立功等量刑情节,当行为人成立自首,认罪态度较好,有悔罪表现,并且行为人的亲属积极代为赔偿,取得受害人亲属的谅解时,可以考虑对行为人减轻处罚。

四、强奸犯罪形态的认定(2例)

1. 趁妇女行动不便强行与其发生性行为的犯罪形态认定

案例来源

谢××强奸案

发布单位:最高人民检察院公布:九起精品刑事抗诉案件(2016年5月20日)

审判法院:江西省九江市中级人民法院

判决日期:2013年4月18日

基本案情

谢××的母亲因病在医院住院,谢××在其母亲病房陪护。余×是其母亲同一病房的病友,系因颈椎受伤而住院治疗。2012年5月2日凌晨,谢××在医院陪护其母亲时,趁余×受伤行动不便之机,不顾其反抗,强行与其发生性行为。

公诉机关以谢××犯强奸罪,提起公诉。

一审法院判决后,公诉机关不服,以一审判决认定强奸罪未遂错误为由,提出抗诉,请求认定强奸既遂。

判决主文

一审法院判决：被告人谢××犯强奸罪（未遂），判处有期徒刑四年。

二审法院判决：原审被告人谢××犯强奸罪（既遂），判处有期徒刑八年。

裁判要旨

趁妇女行动不便强行与其发生性关系的行为成立强奸罪。通说认为，强奸罪的既遂以"插入"为认定标准，以合法的客观性证据证实强奸既遂事实的，应当认定为强奸罪既遂。

重点提示

司法实践中，认定趁妇女行动不便强行与其发生性行为的犯罪形态问题时，应当注意以下几点：（1）趁妇女行动不便强行与其发生性关系的行为成立强奸罪。强奸罪的成立要求行为人主观上具有以强奸为目的的故意，客观上必须具有使用暴力、胁迫或者其他手段，使妇女处于不能反抗、不敢反抗、不知反抗状态或者利用妇女处于不知、无法反抗的状态而乘机实行奸淫的行为。违背妇女意志是强奸罪的本质特征，但是不能把"妇女不能抗拒"作为构成强奸罪的基本特征，它只是判断是否违背妇女意志的客观条件之一。行为人趁妇女行动不便，无视妇女的反抗，强行与妇女发生性行为的，符合强奸罪的构成要件，成立强奸罪。（2）强奸既遂的认定标准。在强奸案件中，既遂与未遂的区别，实务中是以"插入"为认定标准的，即男子的生殖器插入到女子的体内为犯罪既遂。但有一个特例，即如果强奸的是幼女，则以"接触"为认定标准，即男子的生殖器与幼女的生殖器接触就应认定为犯罪既遂。（3）认定为强奸罪既遂时，应当有合法的客观性证据证实强奸既遂的事实。如公诉机关能够提交被害人身体情况、被害人体内有行为人精液等客观性证据用以证实强奸既遂事实存在的，人民法院则应依法审查证据本身的合法性及来源是否合法，最终确定证据的证据效力，以此认定强奸罪的犯罪形态是否既遂。

2. 共谋轮奸中未得逞的人犯罪形态的认定问题

案例来源

张×甲、张×乙强奸案

发布单位：最高人民法院刑事审判第一、二、三、四、五庭《刑事审判参考》2012年第4集（总第87集）

审判法院：××人民法院

基本案情

张×甲和张×乙共谋强奸杨×（已满16周岁）后，在2010年6月28日，张×乙找到杨×以有朋友打电话找她为由，将杨×骗至其与张×甲共同居住的出租屋。随后，张×乙实施暴力，欲强行与杨×发生性关系但未得逞。随即张×甲将杨×强奸。案发后，杨×向公安机关报案。公安机关于当日下午将张×甲、张×乙抓获归案。

公诉机关以张×甲、张×乙犯强奸罪，提起公诉。

一审法院判决后，被告人张×甲不服，提起上诉称：首先，对被告人张×乙将杨×骗至案发现场的事实本人事先并不知情，没有事前共谋，且被告人张×乙强奸未得逞，本人不构成轮奸；其次，杨×没有反抗行为，是自愿与本人发生性关系，一审判决量刑过重。

被告人张×乙亦不服，提起上诉称：本人与被告人张×甲并无事先的强奸共谋，且系强奸未遂，不构成轮奸，一审判决量刑过重。

判决主文

一审法院判决：被告人张×甲犯强奸罪，判处有期徒刑十年，剥夺政治权利一年；被告人张×乙犯强奸罪，判处有期徒刑五年。

二审法院裁定：驳回上诉，维持原判。

裁判要旨

行为人共谋强奸并实施奸淫行为的，成立共犯。在共同强奸犯罪中，一人的强奸行为未得逞，不影响对其他行为人具有轮奸情节的认定。根据共同犯罪基本原理，一人既遂，全体既遂，只要共同犯罪人中有一人的犯罪行为得逞，则全体共同犯罪人的犯罪行为均应认定为犯罪既遂，因此，强奸未得逞的人亦成立强奸犯罪既遂。

重点提示

司法实践中，认定共谋轮奸中未得逞的行为人的犯罪形态时，应当注意以下几点：（1）共同犯罪人事前共谋并实施轮奸的客观犯罪行为，成立共犯。主观上，共同犯罪人有共同意思联络，共谋实施轮奸行为。客观上，共同犯罪人针对的是同一个被害人，先后实施了轮流强奸的犯罪行为。因此，基于共同犯罪人事前的共同意思联络，共同实施了强奸的犯罪行为，存在相互利用和补充的效果，成立共同犯罪。（2）轮奸犯罪中，一人未得逞，不影响对其他人共同犯罪人具有轮奸情节的认定。首先，根据我国《刑法》的相关规定可知，犯罪情节的构成与否与犯罪形态的认定是两个问题，共同强奸犯罪中一人未得逞的，针对的是犯罪结果而言的，涉及的是犯罪既遂和犯罪未遂的问题，而非犯罪情节的认定。其次，轮奸是强奸罪的情节加重犯而非结果加重犯，只要两个以上的行为人基于共同强奸的故意，在某一时间段内针对同一被害人实施了轮流强奸的行为，即成立轮奸，而不问两个以上的行为人是否均强奸成功。综上，即使轮奸犯罪中一人未得逞，仍不影响对其他共同犯罪人具有轮奸情节的认定。（3）依据共同犯罪基本原理，一人既遂，全体既遂。轮奸并非独立罪名，只是强奸罪的一个加重处罚情节，不涉及既遂与未遂的犯罪停止形态问题。共同犯罪基本原理即"一人既遂，全体既遂"，除非共同犯罪人的奸淫行为都未得逞，否则只要有一人奸淫得逞，成立犯罪既遂，则所有共同犯罪人均要对整体犯罪结果承担责任，即共同犯罪人的犯罪行为均应认定为犯罪既遂，未得逞的行为人也不例外。

五、强奸罪加重处罚情形（6例）

1. 多次性侵智力残疾妇女行为的处罚问题

案例来源

林××强奸案

发布单位：最高人民法院公布：十起残疾人权益保障典型案例（2016年5月13日）

审判法院：广东省韶关市中级人民法院

基本案情

冯××系患有轻度精神发育迟滞的智力残疾女性。2012年1月，林××冒充民政局领导，借口调查低保的收入情况，进入冯××家中。随后，又以外出前往镇上拿钱为借口，诱骗冯××父亲外出。行至途中，林××甩掉冯××的父亲，独自返回冯××家中。将冯××带到自己家里，多次与其发生性行为，并将其拘禁达十余日。次月，冯××被公安机关解救。经调查，林××有前科，曾因奸淫幼女罪被判处有期徒刑，2010年7月刑满释放，同时有强奸另外三名妇女的犯罪行为。

公诉机关以林××犯强奸罪，提起公诉。

一审法院判决后，被告人林××不服，提起上诉。

判决主文

一审法院判决：被告人林××犯强奸罪，构成累犯，依法判处无期徒刑，剥夺政治权利终身。

二审法院裁定：驳回上诉，维持原判。

裁判要旨

智力残障妇女的性权益更容易受到犯罪侵害，需要特别保护，性侵智力残疾妇女的，应以强奸罪定罪处罚。行为人拘禁并多次性侵智力残疾妇女的，属情节严重，影响恶劣，依法应从重处罚。

重点提示

我国《刑法》第236条规定，以暴力、胁迫或者其他手段强奸妇女的，处三年以上十年以下有期徒刑。强奸妇女、奸淫幼女多人的，处十年以上有期徒刑、无期徒刑或者死刑。司法实践中，对多次性侵智力残疾妇女的行为进行定罪处罚时，应当注意以下两点：（1）性侵智力残疾妇女的，应以强奸罪定罪处罚。强奸罪侵犯的法益是妇女的性自主决定权，相较于普通女性，智力残障女性的性权益更容易受到犯罪侵害，需要特别保护。行为人明知被害人系智力残疾妇女，不能自主决定是否发生性行为，仍实施奸淫行为的，具有强奸罪的主观故意，且主观恶意更大，应以强奸罪定罪论处。（2）拘禁并多次性侵智力残疾妇女的，应依法从严从重惩处。拘禁并强奸妇女的行为，因拘禁的目的是强奸，拘禁仅是其实施强奸的手段行为，故其行为不构成拘禁罪。但鉴于拘禁行为同时限制了妇女的人身自由，与一般的强奸犯罪行为相比较，对妇女心理和身体的伤害均较重，犯罪性质及社会影响亦较恶劣。同时，拘禁一般是持续一定时间的，在拘禁期间内，通常行为人会对受害妇女进行多次奸淫行为，而智障妇女通常对性的认识较低，遭受的损害会更大，据此，拘禁并多次性侵智力残疾妇女的，应认定为情节严重，从切实维护残疾受害人的人身权益，实现较好的法律效果和社会效果的角度出发，应当对行为人判处较重的刑罚。

2. 长期性侵多名不满 14 周岁的继女的处罚问题

案例来源

黄××强奸案

发布单位：最高人民法院发布：四起侵犯妇女儿童权益犯罪典型案例（2016 年 3 月 9 日）

审判法院：××人民法院

基本案情

2003 年至 2014 年，黄××利用金钱引诱、殴打、威胁等多种手段，对继女晋×甲（1990 年出生）、晋×乙（1992 年出生）、晋×丙（1995 年出生）进行了多次奸淫。2014 年 5 月，黄××亲生女儿听从黄××的话，诱骗女同学晋××（2001 年 10 月出生）留宿其家，黄××趁晋××睡觉时欲将其强奸，遭晋××反抗并提出要回家，强奸未遂。

公诉机关以黄××犯强奸罪，提起公诉。

判决主文

一审法院判决：被告人黄××犯强奸罪，判处无期徒刑，剥夺政治权利终身。

宣判后，被告人黄××未提起上诉，公诉机关亦未提出抗诉，判决已发生法律效力。

裁判要旨

行为人长期奸淫多名不满 14 周岁继女的，因继女属于不满 14 周岁的幼女，应依法以强奸罪从重处罚。同时，行为人是与继女有共同家庭生活关系的人员，其实施强奸犯罪的，更应依法从严惩处，且其奸淫幼女多人，持续时间较长，属于强奸罪的加重处罚情节，依法应以强奸罪加重处罚。

重点提示

司法实践中，认定继父长期性侵多名不满 14 周岁的继女的犯罪行为应当如何处罚的问题时，应当注意以下几点：（1）性侵幼女依法应从重处罚。依据《刑法》第 236 条第 2 款的规定，奸淫不满 14 周岁的幼女的，以强奸论，从重处罚。幼女的性防卫意识和防卫能力相对较弱，一旦受到侵犯阴影将伴随一生，为此我国《刑法》对幼女进行特殊保护。对明知是幼女而与之发生性关系的犯罪行为，不问手段行为，不问幼女是否自愿，均以强奸罪从重处罚。（2）与幼女有共同家庭生活关系的人实施强奸犯罪的，依法从严惩处。强奸继女是家庭内部的性侵行为，具有高度隐蔽性，幼女的身心可能遭受巨大损害，而且这种行为也会严重破坏社会、家庭的基本伦理道德观。有鉴于此，最高人民法院、最高人民检察院、公安部、司法部联合发布的《关于依法惩治性侵害未成年人犯罪的意见》中规定，对未成年人负有监护职责的人员及与未成年人有共同家庭生活关系的人员实施强奸的，更要从严惩处。（3）长期性侵多名幼女属于强奸罪的加重处罚情节。《刑法》第 236 条第 3 款将"奸淫幼女多人"规定为强奸罪的加重处罚情节之一，应处十年以上有期徒刑、无期徒刑或者死刑。行为人长期性侵多名不满 14 周岁的继女的，因时间长、次数多、受害人年幼且为多人，其行为不仅严重侵害了受害人的身心健康，更是对社会人伦的蔑视，社会危害极大，影响极其恶劣，应依法加重处罚。

3. 长时间非法拘禁并多次实施强奸行为的量刑问题

案例来源

邵 × 强奸、非法拘禁案

发布单位：最高人民法院公布：八起侵害未成年人合法权益典型案例（2015 年 8 月 31 日）

审判法院：黑龙江省哈尔滨市中级人民法院

基本案情

邵×通过网络聊天与张××（女，17岁）结识，在此期间邵×向张××提议约见会面，二人约定后，于2013年6月25日见面。当日，邵×与张××行至吉林省榆三公路道南加油站附近时，邵×强行将张××拽上一辆捷达出租车，并前往吉林省榆树市。到达后，邵×将张××带至一家旅店内，关到房间里不让其出门。同时，邵×多次强行与张××发生性行为。次日，邵×辗转将张××强行带至黑龙江省哈尔滨市，二人在到达后，入住哈尔滨市××区一旅店，在此住宿至同月28日。其间，邵×从未让张××外出过，并多次强行与张××发生性关系。

公诉机关以邵×犯强奸罪、非法拘禁罪，提起公诉。

一审法院判决后，被告人邵×不服，以一审判决量刑过重为由，提起上诉。

二审期间，上诉人邵×申请撤回上诉。

判决主文

一审法院判决：被告人邵×犯强奸罪，判处有期徒刑九年，剥夺政治权利一年；犯非法拘禁罪，判处有期徒刑二年；数罪并罚，决定执行有期徒刑十年，剥夺政治权利一年。

二审法院裁定：准许上诉人邵×撤回上诉。

裁判要旨

行为人通过强行禁闭妇女的方法，长时间非法剥夺其人身自由，并在此期间多次对其实施强奸行为的，应以非法拘禁罪和强奸罪数罪并罚。鉴于其行为无论在身体上还是精神上，均对妇女造成了严重伤害，社会危害性大；与一般强奸犯罪行为相比，性质恶劣，且犯罪对象是未成年的妇女，依法应从严惩处，在三年以上十年以下有期徒刑的法定幅度内"从高"处罚。

重点提示

司法实践中，对长期非法拘禁未成年女性并强行多次与其发生性关系的犯罪行为定罪处罚时，应当注意以下几点：（1）应以非法拘禁罪和强奸罪数罪并罚。行为人通过强行禁闭未成年女性的方法，非法剥夺其人身自由的权利，符合非法拘禁罪的构成要件。在拘禁期间多次以暴力、胁迫手段，长时间对未成年女性实施强奸行为的，成立强奸罪。行为人的犯罪行为同时符合非法拘禁罪和强奸罪的构成要件，其实施的不同行为分别侵害不同法益，依法应数罪并罚。（2）非法拘禁未成年女性并强行多次与其发生性关系的行为是否属于"情节恶劣"。我国《刑法》第236条第3款第（1）项规定，强奸妇女、奸淫幼女情节恶劣的，处十年以上有期徒刑、无期徒刑或者死刑。但《刑法》及相关司法解释并未对"情节恶劣"的认定标准作出明文规定，通说认为，"情节恶劣"主要是指行为人的手段行为十分残忍或者强奸行为十分恶劣。对长时间对同一妇女非法拘禁并多次实施强奸的，一般认定为"情节恶劣"。（3）具体量刑考量。鉴于法律并未明文规定，法官具有一定程度的自由裁量权，如果认定非法拘禁未成年女性并强行多次与其发生性关系的行为属于"情节恶劣"，则应在有期徒刑十年以上量刑；如果认定达不到"情节恶劣"的程度，依据罪刑相适应原则，也应考虑行为人具有非法拘禁情节，长时间对未成年女性多次实施强奸行为的性质比较恶劣，可以依法从严惩处，在三年以上十年以下有期徒刑的法定幅度内"从高"判处，在量刑适当的同时充分保护未成年人等特殊群体的合法权益。

4. 强奸致被害人怀孕的是否属于强奸罪的其他严重后果

案例来源

王××强奸案

发布单位：最高人民法院《人民司法·案例》2016年第14期（总第745期）

审判法院：福建省泉州市中级人民法院

案　　号：（2014）泉刑终字第 542 号

基本案情

2013 年 3 月，王××在其所租房屋内，趁黄××回家经过该租房时无防备的情况下，将黄××拽到其所租房屋，不顾黄××的个人意愿强行与其发生性关系，而后致使黄××怀孕。同年 6 月，黄××在医院做人工引产手术，打掉了腹中 16 周大的胎儿，并报警。公安机关经侦查后，分别提取王××与引产胎儿的基因前往公安局物证鉴定所进行鉴定，鉴定结果表明在排除同卵多胞胎、近亲及外源性干扰的前提下，王××与黄××引产的胎儿具有生物学上的父子关系。同年 10 月，公安机关发现黄××思考问题缓慢后对黄××申请精神鉴定，经鉴定，黄××系轻度精神发育迟滞，无性防卫能力。

公诉机关以王××犯强奸罪，提起公诉。

一审法院判决后，被告人王××不服，提起上诉称：其并未强行与被害人黄××发生性关系，黄××怀孕、堕胎的情节亦不属于强奸罪的其他严重后果。一审判决量刑过重，应依法改判。

公诉机关述称：一审法院认定上诉人王××犯强奸罪的事实清楚，但以上诉人王××致被害人怀孕、堕胎的情节属于强奸罪的其他严重后果为由，引用《刑法》第 236 条第 3 款第（5）项的规定对上诉人王××加重处罚，属适用法律错误，应予纠正。

判决主文

一审法院认定：被告人王××强行与无性防御能力的妇女发生性关系，构成强奸罪；致被害人怀孕后引产，系强奸罪的其他严重后果。

一审法院判决：被告人王××犯强奸罪，判处有期徒刑十年三个月，剥夺政治权利一年。

二审法院判决：撤销一审法院判决；改判上诉人王××犯强奸罪，判处有期徒刑六年。

裁判要旨

应从怀孕给被害人造成的身体和身心伤害两方面情况入手，结合具体案情来认定强奸致被害人怀孕的危害结果。一般情况下，除造成被害人死亡，被害人子宫、卵巢破裂或被切除等《人体损伤程度鉴定标准》确定的重伤情形，以及引起被害人自杀、精神失常等类似严重程度（如患有精神抑郁症）的危害结果外，强奸致被害人怀孕的危害后果不应认定为强奸罪中的其他严重后果。

重点提示

司法实践中，认定强奸致被害人怀孕的危害后果是否属于强奸罪中的其他严重后果，应当注意以下几点：（1）强奸致被害人怀孕并非必然属于强奸罪的法定加重处罚情节。《刑法》第236条第3款对法定加重处罚情节作出了规定，其中第（5）项"致使被害人重伤、死亡或者造成其他严重后果的"是结果加重情节，分析法条可知，本条前几项所列举的具体情形均是实践中较为常见的，而强奸致被害人怀孕也属正常的、可能发生的常见生理情形，如果怀孕就应加重处罚，法条应予明文列举。然而，怀孕的危害结果并非必然严重，将强奸致被害人怀孕一律认定为加重处罚情节，有悖结果加重犯应由法律明文规定的罪刑法定原则和刑法谦抑理念。（2）从怀孕给被害人造成的身体和身心伤害两方面判断是否属于强奸罪的其他严重后果。首先，身体方面，怀孕本身无法与重伤画等号，但被害人怀孕后流产、引产或难产而造成子宫、卵巢破裂或被切除等《人体损伤程度鉴定标准》确定的重伤情形，或者造成被害人死亡的损害后果，则应认定致被害人怀孕的情形为强奸罪的其他严重后果。其次，精神方面，怀孕确实会对被害人造成一定程度的精神损害，但精神损害的严重后果不宜作扩大解释。在《刑法》明文规定的"轮奸""公共场所当众强奸"等情形之外，其他情形应限定在达到精神崩溃、精神失常等类似严重程度的范围内。（3）强奸致被害人怀孕不属于法定加重处罚情节时，成立强奸罪的酌情从重处罚情节。一般情形下，相较于没有怀孕的被害人而言，怀孕确实对被害人的身体和精神造成了更多的损害，因而即使单纯怀孕没有并发其他的严重后果，但对怀孕这一情节也应在量刑时加以考虑，法官可以结合具体案情，依法从重处罚。

5. 进入学校宿舍性侵多人的量刑问题

案例来源

董×强奸案

发布单位：最高人民法院发布：五起性侵未成年人典型案例（2015年5月28日）

审判法院：河北省高级人民法院

基本案情

张××、赵××、田××、王×甲、胡××、王×乙系河北省泊头市×中学的学生，王×甲刚满14周岁，其余人员均未满14周岁。上述学生在学校校区住宿，且在同一宿舍。2013年5月23日0时许，董×与郭××（另案处理）以翻墙的方式进入张××、赵××、田××、王×甲、胡××、王×乙的宿舍。董×以掐脖子、扇耳光、言语威胁等暴力、胁迫手段，先后脱去张××、赵××、田××、王×甲、胡××、王×乙六名女生的衣服，并强行对其实施奸淫。除对王×甲强奸未遂外，对其他五人均强奸既遂。

公诉机关以董×犯强奸罪，提起公诉。

判决主文

一审法院判决：被告人董×犯强奸罪，判处死刑，缓期二年执行，剥夺政治权利终身。

宣判后，被告人董×未提起上诉，公诉机关亦未提出抗诉。

复核法院裁定：核准一审法院判决。

裁判要旨

行为人进入学生集体宿舍，以暴力、胁迫手段，强行与多名被害人发生性关系的，构成强奸罪。即使对其中一名被害人系强奸罪未遂，但对其他被害人均强奸既遂，且强奸既遂的多名被害人均系未满14周岁的幼女，其主观恶性及人身危险性极大，属于罪行极其严重的情形，可判处死刑。但鉴于有强奸未遂情节，可判处死刑缓期两年执行。

重点提示

司法实践中，对进入学校宿舍性侵多人的犯罪行为进行量刑时，应注意以下几点：（1）进入学生集体宿舍实施强奸犯罪的，应依法从严惩处。依据《最高人民法院、最高人民检察院、公安部、司法部关于依法惩治性侵害未成年人犯罪的意见》第25条规定，针对未成年人实施强奸、猥亵犯罪的，应当从重处罚，具有进入未成年人住所、学生集体宿舍实施强奸、猥亵犯罪等情形的，更要依法从严惩处。（2）考虑奸淫幼女的量刑情节。首先，依据《刑法》第236条第2款规定，奸淫不满14周岁的幼女的，以强奸论，从重处罚。其次，该条第3款明确规定，奸淫幼女多人的，应处十年以上有期徒刑、无期徒刑或者死刑。我国《刑法》对幼女实行特殊保护原则，行为人奸淫幼女多人的，属于情节恶劣，量刑时应充分考虑。（3）具体量刑考量因素。依据《最高人民法院关于常见犯罪的量刑指导意见》中关于强奸罪量刑的规定，在量刑起点的基础上，可以根据强奸妇女、奸淫幼女情节恶劣程度、强奸人数、致人伤害后果等其他影响犯罪构成的犯罪事实增加刑罚量，确定基准刑。行为人进入学生集体宿舍实施强奸行为，依法应从严处罚，其强奸多名幼女，主观恶性及人身危险性极大，论罪最高可以判处死刑。但在确定宣告刑时，可以综合考虑全案情节，根据案发时的具体情况和行为人有无自首、立功、未遂等量刑情节，依法裁判。

6. 强奸罪"公共场所当众"加重处罚情节的认定

案例来源

吴××强奸、猥亵儿童案

发布单位：最高人民法院中国应用法学研究所《人民法院案例选》2013年第4辑（总第86辑）

审判法院：呼和浩特铁路运输中级法院

判决日期：2012年2月6日

案　　号：（2012）呼铁中刑初字第1号

基本案情

2011年7月11日上午，吴××在由包头开往杭州的T281/4次列车上使用汪××的工作证进行售货工作。次日1时至3时，在列车行进中，吴××发现睡在列车10号硬卧车厢1号、2号下铺、11号硬卧车厢、18号中铺的女生正在休息，遂起歹意，采用强行亲吻、抚摸下体等方式对何×（幼女，2001年3月27日出生）、郁×（幼女，2001年4月12日出生）、杜×（幼女，2001年1月30日出生）进行猥亵。其中，吴××还对睡在列车10号硬卧车厢16号下铺的蒋×（幼女，2001年8月29日出生）进行猥亵后，又扒掉蒋×的内裤，强行与其发生了性关系。20分钟后，杜×及其陪同老师向列车乘警报案，乘警将吴××抓获。

公诉机关以吴××犯强奸罪、猥亵儿童罪，提起公诉。

判决主文

一审法院判决：被告人吴××犯强奸罪，判处无期徒刑，剥夺政治权利终身；犯猥亵儿童罪，判处有期徒刑五年；决定执行无期徒刑，剥夺政治权利终身。随案移送的署名汪××的健康证明、培训合格证、安全技术合格证依法没收。

宣判后，被告人吴××未提起上诉，公诉机关亦未提出抗诉，判决已发生法律效力。

裁判要旨

深夜在火车卧铺车厢内实施强奸、猥亵行为，由于卧铺车厢是服务大众的公共场所，该场所的人员流通性大，即使深夜也存在被不特定的案外人感知的风险，属于强奸罪"公共场所当众"的加重情节，应加重处罚。

重点提示

我国《刑法》第236条第3款第（3）项将"在公共场所当众强奸妇女"规定为强奸罪的加重处罚情节，第237条第3款将"聚众或者在公共场所当众犯前款罪的，或者有其他恶劣情节的"规定为强制猥亵、侮辱罪的加重处罚情节。司法实践中，认定在火车卧铺车厢内实施强奸、猥亵行为是否属于"公共场所当众"的加重处罚情节时，应当注意以下几点：（1）判断深夜的火车卧铺车厢是否属于"公共场所"。公共场所是指人群经常聚集、供公众使用或服务于人民大众的活动场所。卧铺车厢属于服务大众的活动场所，即使是深夜，同样属于能为三个以上的不特定的人所使用的公用场所，且车厢人员流通性大，符合公共场所的条件。（2）判断在深夜的火车卧铺实施强奸、猥亵行为是否属于"当众"。首先，"众"是指三人以上，"当众"是指能为不特定的三人以上所见的情形。这里的人不包括犯罪人，一般也不包括被害人。行为人实施犯罪行为因"当众"而具有"公然性"，且此种"公然性"会给受害人身心健康造成损害。其次，在场人员是否实际看到在所不问。正如《最高人民法院、最高人民检察院、公安部、司法部关于依法惩治性侵害未成年人犯罪的意见》第23条的规定，在校园、游泳馆、儿童游乐场等公共场所对未成年人实施强奸、猥亵犯罪，只要有其他多人在场，不论在场人员是否实际看到，均可以依照《刑法》第236条第3款、第237条的规定，认定为在公共场所"当众"强奸妇女，强制猥亵、侮辱妇女，猥亵儿童。因此，深夜的火车卧铺车厢一样有多人在场，且随时可能有人经过，容易被不特定的案外人感知，故属于"当众"。

（3）深夜在火车卧铺车厢内实施强奸、猥亵行为的量刑。强奸罪和强制猥亵侮辱罪的加重处罚的法定刑分别为"十年以上有期徒刑、无期徒刑或者死刑"和"五年以上有期徒刑"。深夜在火车卧铺车厢内实施强奸、猥亵行为符合两罪的加重处罚情形，依法应数罪并罚并加重处罚。

六、强奸罪罪数的认定（2例）

1. 强奸犯罪中使用暴力致被害人死亡的定罪问题

案例来源

李××强奸死刑复核案

发布单位：最高人民法院刑事审判第一、二、三、四、五庭《刑事审判参考》2014年第1集（总第96集）

审判法院：山东省高级人民法院

判决日期：2013年7月31日

案　　号：（2013）鲁刑三复字第39号

基本案情

1998年1月5日，××市××区××镇××村村民李××在知晓同村村民李×单独在家后，产生了强奸李×的犯意。当日傍晚，李××前往李×住所处，自李×家大门进入，李×发觉李××进入其住所后开始叫喊，李××见状将李×摔至地上，使用石块、手电筒、拳头向其头部击打，又用手掐住李×颈部，造成李×失去意识。而后，李××将李×搬至屋内将李×奸污。李××实施强奸行为后发觉李×已经死亡，即将李×的尸体藏匿在李×家中地窖内。经鉴定，李×的死因是其头部被钝器击打造成颅脑严重损伤而死亡。

公诉机关以李××犯强奸罪，提起公诉。

判决主文

一审法院判决：被告人李××犯强奸罪，判处死刑，缓期二年执行，剥夺政治权利终身；对被告人李××限制减刑。

宣判后，被告人李××在法定期限内未提起上诉，公诉机关亦未提出抗诉，一审法院依法报请省高级人民法院复核。

复核法院裁定：核准被告人李××犯强奸罪，判处死刑，缓期二年执行，剥夺政治权利终身；对被告人李××限制减刑。

裁判要旨

认定强奸犯罪中使用暴力造成被害人死亡的，是以强奸罪一罪论处还是以强奸罪、故意杀人罪数罪并罚，应根据现有证据，综合分析暴力行为实施的具体情况以及行为人的主观目的。现有证据不能证明行为人使用暴力具有先奸后杀、报复、灭口等动机时，对行为人的暴力行为不应单独评判，而应作为强奸犯罪的手段行为，以强奸罪结果加重犯定罪量刑。

重点提示

强奸罪客观上必须具有使用暴力、胁迫或者其他手段，使妇女处于不能反抗、不敢反抗、不知反抗状态或利用妇女处于不知、无法反抗的状态而乘机实行奸淫的行为。强奸罪的强奸行为包括手段行为和奸淫行为两部分。司法实践中，认定强奸犯罪中使用暴力造成被害人死亡的行为是构成强奸罪一罪，还是分别构成强奸罪和故意杀人罪，应当注意以下几点：（1）强奸罪结果加重犯的认定条件。《刑法》第236条第3款第（5）项将"强奸致人重伤、死亡"规定为强奸罪的结果加重犯。认定行为人属于强奸罪的结果加重犯，要求强奸行为与加重结果之间必须具有相当因果关系，即加重结果是由强奸行为导致的，是可以归责于强奸行为的。至于加重结果是由使用暴力、胁迫等手段行为导致的，还是由奸淫行为本身导致的，都不影响结果加重犯的成立。（2）使用暴力致被害人死亡的主观目的分析。① 行为人以杀人故意使用暴力，欲先杀后奸的。

强奸罪的手段行为虽然可以使用暴力，但其故意内容应该是强奸故意，不能包容评价杀人故意，行为人的行为同时符合故意杀人罪与侮辱尸体罪的构成要件，应当数罪并罚。② 行为人以强奸为目的，手段行为是使用暴力压制被害人反抗或者奸淫行为本身具有暴力性，被害人因暴力而死亡、重伤的，属于结果加重犯，应以强奸罪加重处罚。③ 行为人出于报复、灭口等动机，在实施强奸的过程中或者奸淫行为得逞后，杀死被害人的，同时符合强奸罪、故意杀人罪的构成要件，应数罪并罚。（3）强奸犯罪中使用暴力造成被害人死亡的定性应根据现有证据，综合分析暴力行为实施的具体情况以及行为人的主观目的。构成强奸罪需要行为人的暴力、胁迫等手段行为与压制被害人反抗以便实施强奸的目的行为结合。现有证据不能证明行为人使用暴力具有先奸后杀、报复、灭口等动机时，对行为人的暴力行为不应单独评判，而应作为强奸犯罪的手段行为，以强奸罪结果加重犯定罪量刑。但若现有证据能够证明行为人系出于先杀后奸、报复、灭口等动机，则应当认定行为人的行为同时构成强奸罪和故意杀人罪，数罪并罚。

2. 强奸犯罪中非强奸行为导致被害人死亡的罪数认定

案例来源

韦 × 故意杀人、强奸案

发布单位：最高人民法院《人民司法·案例》2013 年第 8 期（总第 667 期）

审判法院：江苏省高级人民法院

案　　号：（2012）苏刑一复字第 0031 号

基本案情

2011 年 6 月 26 日晚，韦 × 驾驶摩托车外出时，在一中学附近看到李 ×（女，殁年 17 岁）独行。韦 × 上前搭讪，然后将李 × 强行带至一桥洞下斜坡处，采用语言威胁、拳打、卡喉咙等暴力手段，欲与李 × 发生性关系。在此过程中，由于李×一直反抗，韦×强行发生性行为的企图未得逞。李×在反抗过程中掉入河中，韦×见李×在河中挣扎，明显不会游泳，然而韦×未采取任何救助行为，反而逃离现场，导致李×溺水死亡。

公诉机关以韦×犯强奸罪、故意杀人罪，提起公诉。

韦×的辩护人辩称：韦×的行为属于《刑法》规定的强奸罪中造成其他严重后果的情形，不构成故意杀人罪。

判决主文

一审法院判决：被告人韦×犯故意杀人罪，判处死刑，缓期二年执行，剥夺政治权利终身；犯强奸罪，判处有期徒刑三年。决定执行死刑，缓期二年执行，剥夺政治权利终身；对被告人韦×限制减刑。

宣判后，被告人韦×未提起上诉，公诉机关亦未提出抗诉，一审法院依法报送省高级人民法院核准。

复核法院裁定：核准一审法院以故意杀人罪判处被告人韦×死刑，缓期二年执行，剥夺政治权利终身；以强奸罪判处其有期徒刑三年，决定执行死刑，缓期二年执行，剥夺政治权利终身，并对其限制减刑的刑事判决。

裁判要旨

强奸犯罪中造成被害人死亡的后果，不应一概认定为"造成被害人重伤或者死亡"的加重处罚情形，而应结合刑法中的因果关系理论和犯罪停止形态理论，具体分析被害人死亡的结果与强奸行为之间是否具有刑法意义上的因果关系。不存在因果关系时，应当判断非强奸行为直接导致被害人死亡是否成立不作为的故意杀人罪。非强奸行为直接导致被害人死亡符合强奸罪和故意杀人罪的构成要件，应当数罪并罚。

重点提示

我国《刑法》第236条第3款第（5）项将"致使被害人重伤、死亡或者造成其他严重后果的"规定为强奸罪加重处罚情形。司法实践中，认定强奸犯罪中非强奸行为直接导致被害人死亡的罪数问题时，应当注意以下几点：（1）强奸犯罪中非强奸行为直接导致被害人死亡情形的认定。在强奸犯罪中，并非造成被害人死亡的后果都可以认定为加重处罚情形。对于"致使被害人重伤、死亡"的理解，应当遵循刑法中因果关系的基本原理，即行为人的强奸行为直接导致被害人的重伤或者死亡结果。而强奸行为发生后，被害人由于其他的一些原因，导致重伤、死亡结果的，并不属于强奸罪结果加重犯中的"致使被害人重伤、死亡"这一情节的涵摄之内。换言之，其他原因作为介入因素，切断了强奸行为和死亡结果之间的因果关系，行为人的强奸行为与被害人的死亡结果不存在刑法意义上的因果关系。因此，认定非强奸行为直接导致被害人死亡的情形时，应结合刑法中的因果关系理论进行辨析，例如，强奸行为因被害人的反抗挣扎或者其他原因而出现欲而不能的未遂情况时，因为一个犯罪行为只可能有一个犯罪形态，强奸行为已经未遂，与后来发生的结果已经失去了因果关联性。（2）判断非强奸行为直接导致被害人死亡是否成立不作为的故意杀人罪。刑法中因果关系所要解决的是对法益侵害结果的归责问题，简言之，要判断死亡结果的出现是由哪个行为危险的现实化导致。如果被害人因反抗强奸行为而使自己陷入危困境地，行为人因先前的强奸行为而负有救助义务，在有救助能力且履行义务就可避免危害结果发生的情况下，其不履行救助义务致使被害人死亡的，死亡结果应归属于行为人的不作为行为，其行为成立不作为故意杀人罪。（3）非强奸行为直接导致被害人死亡符合强奸罪和故意杀人罪的构成要件，应当数罪并罚。行为人的强奸行为直接导致被害人死亡的，属于强奸罪的加重处罚情形，当然以强奸罪一罪论处。但非强奸行为直接导致被害人死亡的，符合数个犯罪的构成要件，成立数罪，先前强奸行为成立强奸罪，见危不救行为成立不作为的故意杀人罪。因此，应当以强奸罪和不作为的故意杀人罪数罪并罚。

第六章　强制猥亵、侮辱罪（6 例）

1. 以将裸照上传网络胁迫妇女自拍侮辱性照片行为的定性

案例来源

金 × 强制侮辱妇女案

发布单位：最高人民法院中国应用法学研究所《人民法院案例选》2016 年第 1 辑（总第 95 辑）

审判法院：四川省南充市顺庆区人民法院

判决日期：2014 年 3 月 17 日

案　　号：（2014）顺庆刑初字第 40 号

基本案情

2013 年年初，张 ×× 在韩国攻读硕士时与金 × 相识，金 × 利用其帮助张 ×× 使用笔记本安装软件之时，私自安装了远程控制软件。同年 5 月至 8 月期间，金 × 利用远程控制软件使张 ×× 电脑自动播放淫秽视频，并在张 ×× 换衣服时自动截图其裸照。之后，金 × 加张 ×× 为微信好友，张 ×× 通过手机"朋友圈"看到了金 × 截图的裸照，金 × 谎称自己还有更多"不雅"视频资料，同时威胁张 ×× 可能会上传网络，强迫张 ×× 用微信聊天谈论女性隐私话题。聊天过程中，金 × 要求张 ×× 拍摄"不雅"照片给自己以及经常陪自己聊天。张 ×× 因此回国并向警方寻求帮助。在张 ×× 回国报案后，金 × 没有得到回应，将张 ×× 的三张"生活照"和偷拍的五张上半身裸照的脸部"模糊处理"后发布到色情网站，并将网址发给张 ×× 进行威胁。此后，金 × 被抓获，如实供述了上述犯罪事实。同时，金 × 的父母积极赔偿张××，已得到张××谅解。

公诉机关以金×犯强制侮辱妇女罪，提起公诉。

判决主文

一审法院判决：被告人金×犯强制侮辱妇女罪，判处有期徒刑一年，缓刑一年六个月。宣判后，被告人金×未提起上诉，公诉机关亦未提出抗诉，判决已发生法律效力。

裁判要旨

通过互联网偷窥妇女私生活并抓取其上半身裸照，以上传网络相威胁，胁迫要求妇女自拍侮辱性照片的行为，不仅使受害妇女精神上受到强制而不敢反抗，亦使其作为妇女的人格受到极大的侮辱和损害，具有强制性较强、侮辱程度高的特点，构成强制侮辱妇女罪。

重点提示

我国《刑法》第237条规定："以暴力、胁迫或者其他方法强制猥亵他人或者侮辱妇女的，处五年以下有期徒刑或者拘役。"司法实践中，认定以上传裸照于网络胁迫女性自拍侮辱性照片的行为构成何罪时，应当注意以下几点：（1）以上传裸照胁迫妇女的行为具有强制性。实务中，对于"强制"不能做狭义的理解，强制性即"无法抗拒"的状态，这里的无法抗拒不仅包括身体上因对方利用暴力手段而不能抗拒，亦包括因对方采取胁迫手段造成其精神上的强制而不敢抗拒。行为人以上传裸照于网络胁迫妇女自拍侮辱性照片的，其犯罪行为具有强制性，被害妇女基于恐惧心理和羞耻心，不敢反抗，侧面证明了该犯罪行为的强制性较强。（2）以上传裸照胁迫妇女的行为具有侮辱性，侮辱程度高。强制侮辱妇女罪中的侮辱行为不要求具有公然性、公开性，即不要求不特定的多数人知晓，只要犯罪行为降低了妇女的社会评价，侵犯了其人格尊严和性自由权，即可认定为具有侮辱性。同时，在侮辱行为达到精神控制、使妇女陷入极度恐慌，并损害妇女声誉、降低社会评价的情形下，妇女的身心已受到损害，人格亦受到较大侮辱，则应认定达到了侮辱性高的程度。(3)以上传裸照于网络胁迫女性自拍侮辱性照片的行为构成强制侮辱妇女罪。强制侮辱妇女罪在主观方面表现为故意，通常表现出刺激或者满足行为人或第三者的性欲的倾向，但不具有强行奸淫的目的。与普通的侮辱犯罪相比，强制侮辱妇女罪不仅侮辱了妇女的一般人格尊严，也侵犯了妇女的"特殊人格"尊严，即侵犯妇女性权利，如羞耻心、性自由等特殊权益。在侮辱行为的强制性较强、侮辱程度高的情况下，应认定该犯罪行为构成强制侮辱妇女罪。

2. 深夜潜入学校宿舍猥亵在校女生的定罪处罚

案例来源

严 × 强制猥亵妇女案

发布单位：最高人民法院公布：六十七起校园刑事犯罪典型案例（四川）（2015年9月18日）

审判法院：四川省遂宁市船山区人民法院

基本案情

2013年，在冯×的提议下，严×与李××、冯×商量一同至××市××中学，欲对住校女生进行猥亵。随后，严×、李××、冯×通过翻墙的方法进入校园内，发现当晚女生宿舍的铁门并未上锁，遂伙同在校男学生杨×志、杨×兵、黄××等一同进入女生宿舍。严×乘深夜女生熟睡之机，进入三楼一寝室内，对未成年人杨×进行猥亵，强行抚摸杨×的胸部、臀部、阴部并亲吻其颈部。同寝室的女生睡梦中听到异响而惊醒，并报告了守夜老师，严×等人遂仓皇逃离学校。

公诉机关以严×犯强制猥亵妇女罪，提起公诉。

判决主文

一审法院判决：被告人严×犯强制猥亵妇女罪，判处有期徒刑八个月。

宣判后，被告人严×未提起上诉，公诉机关亦未提出抗诉，判决已发生法律效力。

裁判要旨

深夜潜入学校女生宿舍，对熟睡中的女性进行抚摸、亲吻等猥亵行为的，符合以刺激或满足性欲为目的，采用性交以外的方法实施淫秽行为的特征，构成强制猥亵妇女罪。鉴于犯罪对象是未成年的在校女学生，犯罪地点是学校宿舍，依法应从重从严惩处。

重点提示

我国《刑法修正案（九）》对强制猥亵、侮辱妇女罪作了修改，猥亵的对象从"妇女"扩大到"他人"，男性的性自由权也得到了法律保护，故而将罪名更名为强制猥亵、侮辱罪。其中，第237条规定了强制猥亵罪，是指以暴力、胁迫或者其他方法强制猥亵他人的行为。司法实践中，对深夜潜入学校宿舍猥亵在校女生的行为进行定罪处罚时，应当注意以下两点：（1）深夜潜入学校宿舍猥亵在校女生的行为构成强制猥亵罪。首先，强制猥亵罪的主观要件为故意，是指具有猥亵的故意，但不具有强行奸淫的目的。其次，客观方面表现为以暴力、胁迫或者其他方法强制猥亵他人的行为。行为人猥亵、侮辱妇女具有违背妇女意志的本质特征。所谓猥亵，是指以刺激或满足性欲为目的，用性交以外的方法实施的淫秽行为。如果行为人深夜潜入学校女生宿舍，对熟睡的女生进行抚摸、亲吻等猥亵行为，当然属于违背妇女意志，实施了猥亵行为，符合强制猥亵罪的构成要件，应以强制猥亵罪定罪论处。（2）潜入学校宿舍猥亵在校未成年女生，应当依法从重从严惩处。依据《最高人民法院、最高人民检察院、公安部、司法部关于依法惩治性侵害未成年人犯罪的意见》第25条的规定，针对未成年人实施猥亵犯罪的，应当从重处罚。进入未成年人住所、学生集体宿舍实施猥亵犯罪的，更要依法从严惩处。因此，在量刑方面，行为人在深夜潜入学校宿舍，行为对象系未成年人，其行为不仅侵害了未成年人的身体健康，对未成年人的心理造成了严重的负面影响，亦破坏了安全、稳定的校园环境，社会影响恶劣，应予以严惩。但在确定具体的宣告刑时，应当综合考虑案件的具体情况、行为人是否具有自首、立功等从轻处罚情节。

3. 医生超出职责范围检查多名女学生身体的定罪量刑问题

案例来源

王××强制猥亵妇女、猥亵儿童案

发布单位：最高人民法院刑事审判第一、二、三、四、五庭《刑事审判参考》2014年第3集（总第98集）

审判法院：甘肃省酒泉市中级人民法院

基本案情

王××系甘肃省××县医院医生，甘肃省××县某中学组织学生在其医院体检期间，王××为尿检项目检验医生。进行检查时，王××以"体检复查"为名，抚摸多名女生的胸腋部和下腹部、腹股沟区，将女学生的裤子脱至大腿根部查看生殖器，并用手在阴部进行按压抚摸。另外，对个别女学生以棉签插入阴部擦拭的方式提取所谓"分泌物"，实施猥亵行为。其中，多名女学生中既有已满14周岁的未成年人，也有未满14周岁的儿童。

公诉机关以王××犯强制猥亵妇女罪、猥亵儿童罪，提起公诉。

一审法院判决后，被告人王××不服，以其没有猥亵的动机和目的，一审判决将违反医疗规程的医疗检查认定为犯罪行为，属于定性错误为由，提起上诉。

判决主文

一审法院判决：被告人王××犯强制猥亵妇女罪，判处有期徒刑三年；犯猥亵儿童罪，判处有期徒刑四年；决定执行有期徒刑六年。

二审法院裁定：驳回上诉，维持原判。

裁判要旨

医生利用给学生做尿检的职务之便，超越尿检医生职责范围检查多名女学生身体的行为，不属于正常的医疗检查，成立猥亵犯罪行为。强制猥亵对象中既包括已满14周岁的女性又包括未满14周岁女童的，同时构成强制猥亵妇女罪和猥亵儿童罪，应当数罪并罚。

重点提示

司法实践中，认定医生超出职责范围检查多名女学生身体的行为是否构成犯罪时，应当注意以下几点：（1）猥亵犯罪行为与正常医疗检查的界分。首先，主观方面，猥亵犯罪行为的行为人主观上具有猥亵的故意，其明知自己的行为侵犯妇女性自主权和羞耻心或者儿童的不受性侵犯的权利，但仍实施猥亵行为，追求并放任损害后果的发生。而医疗检查是以治病救人为目的，履行医务人员的职责，对病人进行必要、科学的医务检查和诊治。其次，客观方面，一是在判断行为人是否使用了强制或者欺骗等不正当手段的同时，参考被害人所陈述的内心感受，是否感觉受到侵犯或者猥亵加以辅助认定。二是判断"医疗检查"行为是否明显超越职责范围，是否系医疗诊治所必需的检查手段等。具体审查时可先以一般人的认识为标准，结合医院关于岗位职责以及检验流程的规定加以判断，最后参考专业人士的意见，进行综合判断。（2）强制猥亵对象中既包括已满14周岁的女性又包括未满14周岁女童的，同时构成强制猥亵妇女罪和猥亵儿童罪，应当数罪并罚。数罪并罚是指对犯两个以上罪行的犯人，就所犯各罪分别定罪量刑后，按一定原则判决宣告执行的刑罚。《刑法》将强制猥亵妇女罪与猥亵儿童罪作为两个独立罪名加以规定，表明侵犯的是不同客体，行为人的行为构成两罪，一人犯有数罪是适用数罪并罚制度的前提。强制猥亵对象中既包括已满14周岁的女性又包括未满14周岁女童的，数罪并罚更符合立法精神，更便于实践操作，更能贯彻罪责刑相适应原则，更能体现从严惩治性侵害未成年人的刑事政策。（3）对未成年人负有特殊职责的人实施性侵害犯罪的处理。根据《最高人民法院、最高人民检察院、公安部、司法部关于依法惩治性侵害未成年人犯罪的意见》第 25 条的规定，针对未成年人实施强奸、猥亵犯罪的，应当从重处罚，对未成年人负有特殊职责的人员实施强奸、猥亵犯罪的，更要依法从严惩处。医生的职责是治病救人，属于对未成年人负有特殊职责的人员，其对未成年人实施性侵害犯罪的，依法应当从重从严惩处。

4. 因涉嫌强制猥亵妇女到案后主动供述猥亵儿童事实的是否构成自首

案例来源

杜××强奸、强制猥亵妇女、猥亵儿童案

发布单位：最高人民法院刑事审判第一、二、三、四、五庭《刑事审判参考》2014 年第 3 集（总第 98 集）

审判法院：浙江省宁波市中级人民法院

基本案情

2009 年至 2013 年期间，杜××多次以各种理由进入多名幼女或妇女家中，以暴力、胁迫等手段对被害人实施奸淫或者强制猥亵。之后，杜××被公安机关抓获，如实供述了上述犯罪事实，并主动交代其在 2010 年或 2011 年的一天猥亵黎××的事实，当时，黎××还不满 14 周岁。

公诉机关以杜××犯强奸罪、强制猥亵妇女罪、猥亵儿童罪，提起公诉。

杜××的辩护人辩称：杜××在被讯问期间，主动交代其猥亵黎××的事实，构成自首，依法应从轻或减轻处罚。

判决主文

一审法院判决：被告人杜××犯强奸罪，判处无期徒刑，剥夺政治权利终身；犯强制猥亵妇女罪，判处有期徒刑三年；犯猥亵儿童罪，判处有期徒刑一年；决定执行无期徒刑，剥夺政治权利终身。

宣判后，被告人杜××未提起上诉，公诉机关亦未提出抗诉，判决已发生法律效力。

裁判要旨

因涉嫌强制猥亵妇女罪被采取强制措施的犯罪嫌疑人，如实供述司法机关尚未掌握的猥亵儿童事实的行为，虽然在形式上符合自首的构成要件，但猥亵儿童罪和强制猥亵妇女罪无论在法律上还是在事实上都具有相同性，属于同种罪行，故其行为不构成自首，但依法可酌情从轻处罚。

重点提示

根据我国《刑法》第 67 条的规定，犯罪以后自动投案，如实供述自己的罪行的，是自首。司法实践中，认定因涉嫌强制猥亵妇女罪被采取强制措施的犯罪嫌疑人，如实供述司法机关尚未掌握的猥亵儿童事实的，是否构成自首时，应当注意以下几点：（1）自首的认定条件。一般自首有两个构成要件："自动投案"和"如实供述自己的罪行"，但被采取强制措施的犯罪嫌疑人要成立自首则有特殊条件。依据《最高人民法院关于处理自首和立功具体应用法律若干问题的解释》第 2 条的规定："被采取强制措施的犯罪嫌疑人、被告人和已宣判的罪犯，如实供述司法机关尚未掌握的罪行，与司法机关已掌握的或者判决确定的罪行属不同种罪行的，以自首论。"可知，被采取强制措施的犯罪嫌疑人，其主动供述的犯罪事实只有与司法机关已掌握的或者判决确定的罪行属于不同种罪行的，才能成立自首。（2）强制猥亵妇女罪与猥亵儿童罪属于同种罪行。罪行是否属于同种罪行一般应当以罪名区分。但是罪名不同，实际上却属于选择性罪名或者在法律、事实上密切关联的，应当认定为同种罪行。强制猥亵妇女罪与猥亵儿童罪即属于在法律和事实上都具有密切联系的罪名。首先，两者主观上均是犯罪嫌疑人为了满足自己的性欲而故意对被害人实施猥亵的行为；其次，客观上都表现为实施抚摸、手淫等猥亵行为，对被害人的年龄只有大致的判断，并不会非常明确、具体。因此，两罪的构成要件相似，在法律、事实上具有密切关联，属于同种罪行。（3）因涉嫌强制猥亵妇女罪归案后主动供述猥亵儿童事实的，不构成自首，但可酌情从轻处罚。根据《最高人民法院关于处理自首和立功具体应用法律若干问题的解释》第 4 条的规定："被采取强制措施的犯罪嫌疑人、被告人和已宣判的罪犯，如实供述司法机关尚未掌握的罪行，与司法机关已掌握的或者判决确定的罪行属同种罪行的，可以酌情从轻处罚；如实供述的同种罪行较重的，一般应当从轻处罚。"如上所述，强制猥亵妇女罪与猥亵儿童罪属于同种罪行，故因涉嫌强制猥亵妇女罪归案后主动供述猥亵儿童事实的，不构成自首，但鉴于犯罪嫌疑人如实供述自己的罪行，依法可酌情从轻处罚。

5. 多次奸淫幼女又实施猥亵行为的定罪量刑问题

案例来源

张××强奸、强制猥亵儿童案

发布单位：最高人民法院发布：九十八起未成年人审判典型案例（2014 年 11 月 24 日）

审判法院：江苏省泗阳县人民法院

基本案情

张××与出生于 1999 年的钱×系邻居关系。2011 年 3 月至 5 月期间，张××先后在自己家中以及钱×家中，对钱×实施了三次猥亵行为，两次奸淫行为。

公诉机关以张××犯强奸罪、强制猥亵儿童罪，提起公诉。

判决主文

一审法院判决：被告人张××犯强奸罪，判处有期徒刑七年九个月，剥夺政治权利一年；被告人张××犯强制猥亵儿童罪，判处有期徒刑一年六个月。决定执行有期徒刑九年，剥夺政治权利一年。

宣判后，被告人张××未提起上诉，公诉机关亦未提出抗诉，判决已发生法律效力。

裁判要旨

行为人多次奸淫不满14周岁幼女的行为，构成强奸罪。同时，行为人为寻求刺激多次对该幼女实施除了奸淫以外的猥亵行为的，其行为同时构成强制猥亵儿童罪。而强制猥亵儿童罪与强奸罪侵犯的法益不同，在有无奸淫目的、行为方式方面也存在不同，属于不同的罪名，故对行为人应数罪并罚。

重点提示

司法实践中，认定与未满14周岁的幼女多次发生性行为及猥亵行为的，是构成强奸罪一罪还是同时构成强奸罪和强制猥亵儿童罪的问题时，应当注意以下几点：（1）与未满14周岁的幼女发生性行为构成强奸罪，且应从重处罚。《刑法》第236条第2款规定："奸淫不满十四周岁的幼女的，以强奸论，从重处罚。"行为人与未满14周岁的幼女发生性行为，不论是否采取暴力、胁迫等手段行为，也不论幼女是否自愿，均应以强奸罪定罪论处，且应依法从重处罚。（2）对未满14周岁的幼女实施猥亵行为的，构成强制猥亵儿童罪。猥亵儿童罪，是指以刺激或满足性欲为目的，用性交以外的方法对儿童实施的淫秽行为。不满14周岁的男童、女童都可以作为本罪的受害人或猥亵对象。（3）强奸罪与强制猥亵儿童罪的处罚问题。强奸罪与强制猥亵儿童罪虽然存在很多相似之处，但两罪之间有着本质的区别，在行为主体、有无奸淫目的、行为方式以及所侵害的对象方面均有明显的不同。通常情况下，两罪之间是各自独立的，不存在吸收关系，不能适用重罪吸收轻罪的原则择一重罪定罪处罚，即若行为人的犯罪行为同时构成强奸罪和强制猥亵儿童罪的，应当数罪并罚。当然也存在例外情况，例如，若行为人在奸淫未满14周岁的幼女前后，实施了抠摸幼女下身等猥亵行为的，属于吸收犯，后行为被前行为所吸收，应以吸收行为即前行为构成的强奸罪追究行为人的刑事责任。

6. 强制猥亵妇女案件中禁止令的适用问题

案例来源

何××强制猥亵妇女案

发布单位：最高人民法院中国应用法学研究所《人民法院案例选》2012年第3辑（总第81辑）

审判法院：上海市闵行区人民法院

判决日期：2011年6月15日

案　　号：（2011）闵少刑初字第100号

基本案情

未成年人何××不愿终止决意与其分手的刘×之间曾经建立的恋爱关系，即尾随刘×至××市××区××路1550弄××小区。在双方再次发生争执的情况下，何××将刘×强行带至小区东侧约十米处一绿化带内。随后，何××采用暴力手段，将手伸入刘×的上衣、短裤内，并对刘×的乳房及生殖器进行强行抚摸。之后，何××在明知他人已经报警的情况下，并未逃离现场而是原地等待，被赶来的公安人员当场抓获。

公诉机关以何××犯强制猥亵妇女罪，提起公诉。

何××对指控无异议。

判决主文

一审法院判决：被告人何××犯强制猥亵妇女罪，判处拘役六个月，同时判决禁止被告人何××在缓刑考验期限内接触刘×，禁止进入刘×工作单位和居住处。

宣判后，被告人何××未提起上诉，公诉机关亦未提出抗诉，判决已发生法律效力。

裁判要旨

行为人强行猥亵前女友的,是否适用禁止令应考虑行为人的犯罪情况,即应当综合考虑行为人的犯罪性质和情节、量刑幅度和社区帮教条件等因素。若对其适用禁止令更有利于判后管控和帮教,在确有必要的情况下,可以考虑有针对性地适用。适用禁止令的,应对禁止的内容作出规定。

重点提示

根据我国《刑法》的相关规定可知,禁止令分为管制执行期间的禁止令和缓刑考验期间的禁止令,由违反两种禁止令的差异化制裁模式决定,禁止令是一种对犯罪分子兼具刑罚性和非刑罚性的综合性处遇制度。禁止令的直接法律功能是"管制执行"的绳索与"缓刑考验"的规则,间接法律功能是刑罚执行或者缓刑考验期间的资格禁止,并与前科形成法律效应上的呼应。司法实践中,认定在强制猥亵妇女案件中是否适用禁止令的问题时,应当注意以下几点:(1)判断是否适用禁止令的考量因素。依据《刑法》第38条和第72条的规定,判处管制或者宣告缓刑,可以根据犯罪情况,同时禁止犯罪分子在执行期间或者缓刑考验期限内从事特定活动,进入特定区域、场所,接触特定的人。由此可知,"犯罪情况"是重点,是人民法院判定是否适用禁止令的主要考虑因素,具体包括犯罪分子实施犯罪的事实、性质、对社会危害的程度、认罪悔罪表现等。(2)可考虑适用禁止令的条件。结合"犯罪情况",适用禁止令还必须达到"必要"的程度。禁止令虽非新的刑罚,但其适用仍对犯罪分子的行为进行了限制,为维护犯罪分子的合法权益,防止禁止令的滥用,对犯罪分子适用禁止令必须具有必要性。在具体的案件中,"必要性"应从是否有利于判后管控和帮教的角度进行衡量。(3)适用禁止令应对禁止的内容作出规定。在具体案件中,为了明确权利义务范围,人民法院应对禁止的内容作出规定,适用何种禁止以及适用特定禁止的程度和范围应予以明确。首先,禁止令的内容应具有针对性。适用禁止令时应在充分考虑罪行关联程度的基础上,有针对性地宣告,还应与犯罪行为所需禁止的情形相适应。其次,禁止令的内容应该具有现实可行性，避免形式化，损害司法的公信力。再次，不能重复禁止。针对法律明文规定禁止的内容，没有重复禁止的必要。最后，考虑维护犯罪分子的基本生活条件。禁止令是对犯罪分子的限制，但此种限制应符合犯罪情况及犯罪分子实际情况，不应过分限制。针对强制猥亵妇女的未成年人适用禁止令的，其内容可以为禁止接触被害人，禁止进入被害人的工作单位和居所等。

第七章 猥亵儿童罪（8例）

1. 与男童发生性行为的定罪量刑问题

案例来源

李××猥亵儿童案

发布单位：最高人民法院发布：四件强奸、猥亵儿童的典型案例（2019年07月24日）

审判法院：四川省成都市中级人民法院

判决日期：2019年4月10日

案　　　号：（2019）川01刑终239号

基本案情

2018年3月，李××通过一款手机同性交友软件认识时年13岁的男童黄×，后二人通过QQ等软件进一步联络。通过沟通联系，李××了解到黄×系初二学生，是未成年人。同月17日，李××前往酒店住宿并邀约黄×到该房间见面。见面后，二人进行了同性性行为。四日后，黄×因过生日邀约李××，李××未答应。黄×于14岁生日后，前往李××所在城市时，李××将其带往酒店房间，二人发生性行为。同年5月，因涉嫌猥亵儿童，李××被公安机关刑事拘留；次月，因涉嫌犯猥亵儿童罪，经检察院批准逮捕，同日由公安机关执行逮捕。

公诉机关以李××犯猥亵儿童罪，提起公诉。

一审法院判决后，被告人李××不服，提起上诉称：首先，本案犯罪证据无法排除合理怀疑，不能证实本人在被害人黄×14岁前对其实施过猥亵。

第七章 猥亵儿童罪（8例）

其次，公安机关刑讯逼供，讯问笔录不真实；本案事实不清，适用法律错误，量刑畸重；请求依法改判本人无罪。

上诉人李××的辩护人辩称：首先，公安机关非法取证，上诉人李××在公安机关作出的有罪供述应予排除；其次，上诉人李××与被害人黄×均系同性恋，一审法院认定上诉人李××采取与不满14周岁的儿童发生性行为的手段猥亵儿童的证据不足，上诉人李××与被害人黄×第一次见面时不明知其系未满14周岁的儿童。

判决主文

一审法院判决：被告人李××犯猥亵儿童罪，判处有期徒刑三年；对扣押在案的一部品牌和型号为honorV10，BKL-AL20的蓝色手机依法予以没收。

二审法院裁定：驳回上诉，维持原判。

裁判要旨

行为人与男童发生性行为，不符合强奸罪的构成要件，不构成强奸罪。但其明知受害人系不满14周岁的男童仍对其实施奸淫行为的，应当以猥亵儿童罪论处，并在法定范围内从重处罚，体现法律对男童的平等保护。

重点提示

司法实践中，认定与男童发生性行为的行为是否构成犯罪时，应当注意以下几点：（1）与男童发生性行为不构成强奸罪。依据我国《刑法》第236条的规定，强奸罪的犯罪对象是妇女或者不满14周岁的幼女，不包括男童。强奸罪侵犯的客体是妇女的性自主决定权，不包括男性的性自主决定权。虽然法律规定与不满14周岁的幼女发生性行为的，不论幼女是否自愿都成立强奸罪，但该规定不能类推适用到不满14周岁的男童身上。（2）与男童发生性行为，应以猥亵儿童罪定罪论处。依据罪刑法定原则，法无明文规定不为罪，法无明文规定不处罚。虽然法律明文规定了强奸罪的犯罪对象不包括男童，但这并不意味着性侵男童就可以逃避法律的制裁。《刑法》第237条第3款规定了猥亵儿童罪，该罪侵犯的对象是儿童，即不满14周岁的未成年人，包括男童和女童。猥亵的手段包括但不限于抠摸、亲吻、搂抱、手淫等行为。根据《刑法》中当然解释的理论，举轻以明重，与男童发生性行为是比猥亵男童性质更为恶劣的犯罪行为，当然可以评价为猥亵儿童罪，以避免儿童的合法权益遭受侵害却没有救济渠道的情况出现。（3）与男童发生性行为，应以猥亵儿童罪在法定刑内从重处罚。男童的身心发育尚不成熟，很难对正确的人生观、价值观进行判断，很容易成为性侵的对象。且由于年龄限制及生长情况，对于成年人强力的性侵害时，其自身也很难进行反抗和自救。若其合法权益遭受侵害而又无法进行救济，对其身心健康将会产生严重影响，有悖于法律给予未成年人特殊保护的指导思想。因此，与不满14周岁的男童发生性行为的，应当以猥亵儿童罪论处，并依法在法定刑内从重处罚。

2. 通过网络实施的非直接接触的淫秽行为如何定性

案例来源

乔××猥亵儿童案

发布单位：最高人民法院发布：十起利用互联网侵害未成年人权益的典型案例（2018年6月1日）

审判法院：江苏省兴化市人民法院

判决日期：2015年6月12日

案　　号：（2015）泰兴刑初字第182号

基本案情

2014年3月至8月期间，乔××利用网名"燃烧的蜡烛"或"克服一切"，多次在其住所电脑上通过QQ添加14周岁以下的幼女为好友。其谎称为学校的生理课老师，下学期学校将开设生理课学习人体构造，上课时男老师教女同学，女老师教男同学，并要求脱光衣服学习，现在进行视频教学的被害人可以做课代表，课上就不用再脱衣服。被害人杨××、夏×、李××、高×

等人均信以为真,在视频里按照乔××的要求,脱光自己的衣服,并按照乔××的指导抚摸自己的乳房和生殖器,乔××也脱了衣服对着下身做出淫秽行为。经查,受诱骗与其视频裸聊的幼女达 16 名之多。

公诉机关以乔××犯猥亵儿童罪,提起公诉。

乔××辩护人辩称:首先,乔××并没有与未成年人直接发生身体接触,并不符合法律规定的猥亵儿童罪的犯罪构成。其次,乔××的行为并未给未成年人造成直接伤害,也未造成其他严重后果,且在案发后主动供述犯罪事实并当庭认罪,依法应对其从轻处罚。

判决主文

一审法院判决:被告人乔××犯猥亵儿童罪,判处有期徒刑四年;扣押的红色 U 盘一只,电脑主机一台予以没收,上缴国库。

宣判后,被告人乔××未提起上诉,公诉机关亦未提出抗诉,判决已发生法律效力。

裁判要旨

猥亵儿童罪中的猥亵行为不应局限于直接的身体接触,如果行为人主观上以刺激或满足性欲为目的,客观上实施了利用网络等非直接接触的淫秽行为,可认定为猥亵行为。当该行为与实际接触儿童身体的猥亵行为具有相同的社会危害性,并对特定儿童的人格尊严和身心健康造成损害的,应认定构成猥亵儿童罪。

重点提示

依据我国《刑法》第 237 条的规定,猥亵儿童罪,是指以刺激或满足实施者性欲为目的,用性交以外的方法对儿童(包括男童和女童)实施的淫秽行为。司法实践中,认定通过网络实施的非直接接触的淫秽行为是否构成猥亵儿童罪时,应当注意以下几点:(1)猥亵行为不局限于直接的身体接触。猥亵儿童罪在客观方面表现为以刺激或满足性欲为目的,用性交以外的方法对儿童实施淫秽行为。猥亵行为包括但不限于抠摸、亲吻、搂抱、手淫等行为。行为人实施猥亵行为时必须具有主观故意，客观上猥亵行为确实侵犯了未成年人的身心健康和人格尊严。一般而言，猥亵行为应当与被害人的人身直接接触，但由于猥亵行为的本质是行为人实施的妨害或推定妨害被害人性的自主权，足以刺激或满足性欲，并冒犯普通公民性的羞耻心或引起其厌恶感的淫秽行为，因此，认定是否成立猥亵行为，并不应只局限于行为人对被害人的直接身体接触。（2）利用网络实施的非直接接触的淫秽行为可认定为猥亵行为。我国《刑法》并没有就猥亵儿童罪的具体行为方式作出列举，实务中，需要根据实际情况进行判断和认定。只要行为人主观上以满足性刺激为目的，客观上实施了如网络裸聊等非直接身体接触的实行行为，行为本质上妨害或推定妨害了被害人性的自主权，足以刺激或满足性欲，并冒犯被害人的羞耻心或可引起被害人厌恶感的淫秽行为，将该行为解释为猥亵儿童罪构成要件预设的行为类型，并不超出公众所能理解和认知的范围，故可认定为猥亵行为。（3）实施的非直接接触的淫秽行为与实际接触的猥亵行为具有相同社会危害性的，应以猥亵儿童罪定罪论处。虽然我国《刑法》没有对猥亵儿童的具体方式作出列举，但只要行为人主观上以满足性刺激为目的，客观上通过网络通讯工具或其他媒介，实施了非直接接触的猥亵行为，并且该行为与实际接触的猥亵行为具有相同的社会危害性，且对特定儿童的人格尊严和身心健康造成了损害，即应当认定其行为构成猥亵儿童罪。

3. 在性侵未成年人的"零口供"案件中如何把握证据标准

案例来源

吴××猥亵儿童案
发布单位：最高人民法院《人民司法·案例》2015年第14期（总第721期）
审判法院：上海市第二中级人民法院
判决日期：2015年3月16日
案　　号：（2015）沪二中刑终字第111号

基本案情

2013年10月26日,吴××的外孙女卞××邀请邻居于×(不满4周岁)来家中玩耍,随后将于×带至家中。吴××趁卞××拿书之际,在房内从背后搂住于×,隔着裤子抠摸其生殖器。于×因此哭着跑回家。两日后,经医院检查,于×系外阴充血,拟诊外阴炎。同月29日,于×家人报警,于×在围观群众以及接警民警的见证下,两次指认吴××对其实施猥亵。2014年5月18日,公安机关将吴××抓获归案。到案后,吴××否认实施猥亵行为。

公诉机关以吴××犯猥亵儿童罪,提起公诉。

吴××辩称:其没有实施猥亵儿童的行为。

一审法院判决后,被告吴××不服,提起上诉。

判决主文

一审法院判决:被告人吴××犯猥亵儿童罪,判处有期徒刑八个月。

二审法院裁定:驳回上诉,维持原判。

裁判要旨

性侵案件有其不可忽视的特殊性,无论是奸淫幼女类案件抑或猥亵儿童类案件,由于犯罪过程较为隐蔽,证据形式较为单一,决定了上述案件不能对直接证据的采集提出过高要求。在被告人拒不供认的情况下,应重点审查被害人陈述,并以被害人陈述为核心构建证据链条,考察案发经过是否及时、自然,被害人陈述是否真实、合理,与其他证据是否能相互印证,被告人辩解是否合理,最终达到证据确实充分、排除合理怀疑的证明标准。

重点提示

司法实践中,在性侵未成年人案件中,在被告人拒不供认的情形下,认定案件的证据标准时,应当注意以下几点:(1)重点审查被害人陈述,并以被害人陈述为核心构建证据链条。性侵未成年人案件的犯罪过程多具有隐秘性，不宜对直接证据的采集提出过高要求。在出现行为人拒不供认的情况时，应当重点审查被害人的陈述。被害人陈述是《刑事诉讼法》规定的八个证据种类之一，任何被害人陈述均是法定证据，被害人无论年龄、性别、文化程度、宗教信仰，均有向司法机关陈述案情的权利。但被害人陈述作为言词证据，不可避免地会受到被害人认知能力、记忆力等主观因素的影响，未成年被害人，特别是婴幼儿被害人，由于其认知能力的局限，无法对整个案发过程作出客观、完整的陈述，但其所作的陈述只是影响证据的证明力，并不能否认其作为合法的证据存在。正常情况下，虽然未成年被害人的陈述不能单独作为定案依据，但可以被害人陈述为核心构建证据链条，厘清案件事实。（2）考察案发经过及行为人辩解的合理性。首先，考察案发经过主要是判断整个案发及报警过程是否及时、自然，依照一般人的理解，判断案发经过是否符合正常的事件发展逻辑。其次，判断行为人的辩解是否合理。如果行为人辩解没有实施猥亵行为，但却无法对被害人的指控及间接证据证明的事实作出合理解释，则应认定其辩解不足以排除其作案嫌疑。（3）证明标准要达到排除合理怀疑。依据《刑事诉讼法》的规定，证据要达到确实充分的程度才可以定案。而确实、充分的一个重要条件即"综合全案证据，对所认定事实已排除合理怀疑"。在性侵未成年人案件中，虽然被害人的陈述是定案的关键证据，但不能是唯一证据，必须与其他证据能够相互印证，形成完整的证据链条。即被害人陈述的细节应当能够与全案的其他证据相互吻合和印证，最终达到证据确实充分、排除合理怀疑的证明标准。

4. 教师在学校教室等地猥亵儿童的量刑问题

案例来源

靳××猥亵儿童案

发布单位：枣庄市中级人民法院公布：四起侵害未成年人典型案例（2014年5月28日）

审判法院：山东省枣庄市中级人民法院

判决日期：2014 年 3 月 3 日

案　　　号：（2014）枣刑三终字第裁定书 1 号

基本案情

靳××系××市市中区××小学三年级一班数学教师。2012 年 9 月至 2013 年 6 月期间，靳××以单独补课或做题为名，在教室讲台后、楼梯口、校外空地等处，采取触摸阴部及臀部、强行接吻等方式多次对 9 名幼女实施猥亵。受害幼女包括：九岁的女童黄×、陈×、宋××、王××、孙××、刘×、付×及八岁的女童付×乙、陈××。

公诉机关以靳××犯猥亵儿童罪，提起公诉。

一审法院判决后，被告人靳××不服，以一审法院适用简易程序违法且量刑过重为由，提起上诉，请求从轻处罚。

判决主文

一审法院判决：被告人靳××犯猥亵儿童罪，判处有期徒刑十二年；没收作案工具白色 SONY 牌 MP5 一个。

二审法院裁定：驳回上诉，维持原判。

裁判要旨

教师是对未成年人负有特殊职责的人员，其在学校教室等地猥亵儿童的，构成猥亵儿童罪，应从严惩处。同时鉴于教室属于公共空间，具备刑法意义上公共场所的全部特征，应认定为公共场所，故对其应以猥亵儿童罪加重处罚。

重点提示

司法实践中，对教师在学校教室等地猥亵儿童的犯罪行为进行定罪处罚时，应当注意以下几点：（1）学校教室属于刑法意义上的公共场所。学校不同于一般的公共场所，并非对全体社会公众开放，但学校教室等空间同样并非私人场所,具有开放性,人员流动性大,供多数学生使用,具有相对的"涉众性"和社会活动性,应当认定为公共场所。将学校教室解释为"公共场所"并未超出"公共场所"概念所能包含的最广含义,亦未超出一般公民的理解和认知,属于合理的扩大解释。(2)在学校教室实施猥亵学生的行为,属于在公共场所当众猥亵的加重处罚情节。首先,在学校教室实施猥亵行为随时有被发现的可能,对受害人的损害后果较为严重,应当认定构成猥亵儿童罪,同时满足了在公共场所实施猥亵行为的升格情节。其次,依据《刑法》第237条的规定:在公共场所当众猥亵的,是强制猥亵、侮辱罪的加重处罚情节。猥亵儿童的,从重处罚。虽然我国《刑法》对"公共场所当众"的认定并没有统一的标准,但《最高人民法院、最高人民检察院、公安部、司法部关于依法惩治性侵未成年人犯罪的意见》第23条规定,在校园、游泳馆、儿童游乐场等公共场所对未成年人实施强奸、猥亵犯罪,只要有其他多人在场,不论在场人员是否实际看到,均可以依照《刑法》第236条第3款、第237条的规定,认定为在公共场所"当众"强奸妇女,强制猥亵、侮辱妇女、猥亵儿童。因此,在教室猥亵学生,无论其他学生是否看到,均应认定为在公共场所当众猥亵,应当以猥亵儿童罪加重处罚。(3)教师是对未成年人负有特殊职责的人员,其实施猥亵犯罪,依法应从严惩处。未成年人在学校读书期间,教师作为学校的教职员工,因本职工作而受到家长和学生的信任,是对未成年人负有教育、保护等特殊职责的人,依据上述司法解释第25条的规定可知,教师作为对未成年人负有特殊职责的人员,利用身份条件、职务之便等猥亵学生的,犯罪性质严重,社会影响恶劣,危害学生终身,严重损害人民教师的社会形象,应当依法严惩。

5. 继父多次猥亵未成年继女的定罪量刑问题

案例来源

李××猥亵儿童案

发布单位:最高人民法院发布:五起性侵未成年人典型案例(2015年5月28日)

审判法院：广东省广州市花都区人民法院

基本案情

李××与张××系夫妻关系，何××（时年10岁）系李××的继女。自2011年8月起，李××趁张××外出之机，在家中多次使用威胁、诱骗等手段，抚摸何××的乳房、阴部等部位。2013年5月17日，公安机关在住处将李××抓获。

公诉机关以李××犯猥亵儿童罪，提起公诉。

判决主文

一审法院判决：被告人李××犯猥亵儿童罪，判处有期徒刑三年。

宣判后，被告人李××未提起上诉，公诉机关亦未提出抗诉，判决已发生法律效力。

裁判要旨

继女系未满14周岁幼女的，继父猥亵继女成立猥亵儿童罪。继父多次猥亵继女的，属于对与其存在共同家庭生活关系的未成年被害人多次实施猥亵行为，侵害了未成年人的身心健康，具有较大的社会危害性，依法应在法定刑内从重并从严处罚。

重点提示

司法实践中，认定发生在继父母子女之间的猥亵行为如何定罪量刑的问题，应当注意以下几点：（1）依据继子女的年龄区分罪名。如果继子女是14周岁以上，未满18周岁的未成年人，猥亵行为侵犯的是社会对自然人的性羞耻心的合法保护，符合强制猥亵罪的构成要件。如果继子女是不满14周岁的儿童，猥亵行为符合猥亵儿童罪的构成要件。猥亵儿童罪，是指以刺激或满足实施者性欲为目的，用性交以外的方法对儿童（包括男童和女童）实施淫秽的行为。主体为一般主体，即凡达到刑事责任年龄且具备刑事责任能力的自然人均可构成该罪,该罪侵犯的对象是儿童,即不满14周岁的未成年人,包括男孩和女孩。(2)继父与未成年子女属于有共同家庭生活关系的人,其实施猥亵犯罪的,应从严惩处。继父与未成年的继子女通常共同生活,属于有共同家庭生活关系的人,继父作为家长、监护人,本应履行保护未成年人的职责,但其严重违背人伦道德,利用身份的优势地位和实施性侵害犯罪的便利条件,对未成年人进行猥亵,该犯罪行为一般持续时间长,具有隐蔽性,较一般猥亵儿童犯罪而言,该类猥亵儿童罪的社会危害性更大,更应依法从重并从严处罚。(3)多次实施猥亵犯罪的,应从严惩处。依据《最高人民法院、最高人民检察院、公安部、司法部关于依法惩治性侵害未成年人犯罪的意见》第25条的规定,针对未成年人实施猥亵犯罪的,应当从重处罚,多次实施猥亵犯罪的,更要依法从严惩处。但在量刑时要综合全案,具体审查行为人是否具有自首、立功等量刑情节,如果行为人具有认罪、悔罪表现,依法可从轻处罚。

6. 多次猥亵多名未满14周岁男童但有悔罪表现的量刑

案例来源

魏××猥亵儿童案

发布单位:最高人民法院发布:五起性侵未成年人典型案例(2015年5月28日)

审判法院:北京市丰台区人民法院

基本案情

自2009年年初起,魏××多次在其暂住处及××市××区某公园的小树林等地,以给付零用钱等手段,对王××(男,13岁)进行抚摸。同时通过让王××吸吮其生殖器等方式,实施猥亵行为。至2013年12月,魏××采取上述方式,在其暂住处、××区某小池塘旁边等地,多次猥亵张×(男,11岁)、谢××(男,12岁)、尹××(男,11岁)、何×(男,11岁)、邹×(男,13岁)、袁××(男,12岁)。归案后,魏××如实供述了犯罪事实。

公诉机关以魏××犯猥亵儿童罪，提起公诉。

判决主文

一审法院判决：被告人魏××犯猥亵儿童罪，判处有期徒刑五年。

宣判后，被告人魏××未提起上诉，公诉机关亦未提出抗诉，判决已发生法律效力。

裁判要旨

多次猥亵多名未满14周岁男童的行为，严重侵犯了被害儿童的身心健康，应以猥亵儿童罪在从重处罚的基础上从严惩处。虽然行为人归案后如实供述了猥亵的犯罪事实，具有认罪、悔罪表现，应从轻处罚，但鉴于其多次猥亵多名儿童，依据其犯罪情节及社会危害后果，不足以对其从轻处罚，而应在法定刑内从重、从严处罚。

重点提示

司法实践中，对多次猥亵多名未满14周岁男童，但案发后如实供述犯罪事实，有悔罪表现的犯罪行为进行量刑时，应当注意以下几点：（1）猥亵未满14周岁男童应以猥亵儿童罪定罪处罚。《刑法》第237条规定了猥亵儿童罪，是指以刺激或满足性欲为目的，用性交以外的方法对儿童实施的淫秽行为。不满14周岁的男童、女童都可以作为本罪的受害人或猥亵对象。据此，行为人对未满14周岁的男童实施猥亵行为的，符合猥亵儿童罪的构成要件，应依法定罪论处。（2）猥亵儿童罪加重处罚情形的认定。首先，根据我国《刑法》第237条的规定可知，聚众或在公共场所当众猥亵儿童的，应当从重处罚。其次，根据《最高人民法院、最高人民检察院、公安部、司法部关于依法惩治性侵害未成年人犯罪的意见》第25条的规定，针对未成年人实施猥亵犯罪的，应当从重处罚，而多次实施猥亵犯罪的，更要依法从严惩处。最后，参照《刑法》第236条及司法解释的规定可知，强奸妇女罪中的情节特别严重，一般是指强奸妇女手段残酷的,强奸妇女多人或多次的,轮奸妇女的首要分子,因强奸妇女引起被害人自杀、精神失常以及其他严重后果的,在公共场所劫持并强奸妇女,在社会上造成很坏影响、极大危害的,等等。而多次猥亵未满14周岁的儿童或者猥亵多人,给儿童造成的身心伤害,不亚于奸淫幼女,故对此行为应参照强奸罪的法定加重处罚情节,加重处罚。此外,因猥亵造成未满14周岁的儿童精神失常、自杀等严重后果的,更应予以严惩。(3)被告人即使有认罪、悔罪表现,仍不应从轻处罚。虽然被告人归案后如实供述了多次猥亵多名未满14周岁男童的犯罪事实,且具有认罪、悔罪表现,应酌定从轻处罚。但被告人长时间多次猥亵多名未满14周岁的儿童,其行为严重损害了儿童的身心健康,犯罪情节严重,造成的社会危害后果较为严重,不应从轻处罚,而应从重从严处罚。

7. 奸淫幼女与猥亵儿童的区别

案例来源

关××猥亵儿童案

发布单位:最高人民法院公布:三起性侵害未成年人犯罪典型案例(2013年10月24日)

审判法院:××人民法院

案　　号:(2013)石少刑初字第234号

基本案情

2012年12月,关××谎称对13岁的女童王×进行体能测试,借此将王×骗至小区住宅楼顶层,对王×实施了猥亵行为。2013年3月,关××又以同样方法,将12岁的男童倪×、11岁的男童谷×分别骗至小区住宅楼,并分别对倪×、谷×实施了猥亵行为。

公诉机关以关××犯猥亵儿童罪,提起公诉。

判决主文

一审法院判决：被告人关××犯猥亵儿童罪，判处有期徒刑三年六个月。

宣判后，被告人关××未提起上诉，公诉机关亦未提出抗诉，判决已发生法律效力。

裁判要旨

行为人为寻求性刺激，多次猥亵未满14周岁的男童、女童，且未对女童实施性交行为的，属于以性交行为以外的淫秽行为侵犯儿童的身心健康和人格尊严，不符合奸淫幼女罪的构成要件，应以猥亵儿童罪定罪处罚。

重点提示

根据《刑法》第236条的规定可知，奸淫不满14周岁的幼女的，以强奸论，从重处罚。司法实践中，区分奸淫幼女与猥亵儿童的犯罪行为时，应当注意以下几点：（1）两罪有无奸淫的主观目的不同。奸幼型强奸罪的犯罪目的在于奸淫不满14周岁的幼女，即与之发生性关系。而猥亵儿童罪则无奸淫目的，其犯罪目的是通过猥亵儿童来满足、兴奋自己的畸形、变态的性欲。（2）两罪的行为主体与犯罪对象不同。奸幼型强奸罪是指行为人故意与不满14周岁的幼女发生性关系的行为，行为人必须是男性，年满14周岁即可构成本罪，针对的犯罪对象仅为未满14周岁的女童，不包括男童。而猥亵儿童罪的行为人可以是男性也可以是女性，必须年满16周岁才能构成本罪，针对的犯罪对象为不满14周岁的未成年人，包括男童和女童。（3）两罪的行为方式不同。奸淫幼女的强奸行为与猥亵儿童的行为，都可能表现为抠摸下身、搂抱等行为，且都不需要采取暴力、胁迫或者其他手段等强制性方法，有相似之处。但是，奸幼型强奸罪中行为人实施的犯罪行为是性交行为，而猥亵儿童罪中行为人实施的犯罪行为是性交以外的淫秽行为。奸淫幼女的犯罪行为只能发生在异性之间，而猥亵儿童的犯罪行为则包括除性关系以外的所有淫秽、下流行为，既可以发生在异性之间，也可以发生在同性之间。（4）两罪侵犯的法益不同。奸幼型强奸罪侵犯的客体是幼女的性的绝对不可侵犯的权利，无论幼女是否自愿，只要明知是幼女而与其发生性行为的，即成立奸淫幼女罪。而猥亵儿童罪侵犯的客体是儿童的身心健康和人格尊严，由于儿童对性的辨别能力很差，法律并不要求行为人实施暴力、胁迫或者其他方法。不论儿童是否自愿或同意，也不论儿童是否进行了反抗，只要对儿童实施了猥亵的行为，就构成本罪。

8. 无证据证明猥亵行为与女童性器官接触时的定性问题

案例来源

戴××猥亵儿童案

发布单位：最高人民法院《人民司法·案例》2010年第20期（总第607期）

审判法院：江西省婺源县人民法院

判决日期：2010年4月30日

案　　号：（2010）婺刑初字第47号

基本案情

2009年9月，戴××入住××县汽运北站的古坦石城饭店二楼4号房间。次日早上，戴××见对面房门口有一女童处于无人看管的状态，便将该独自玩耍的女童抱到自己的床上。随后，将女童的裤子脱至膝盖处，用手抠摸女童的阴部，因女童喊疼而停止。而后，女童之母发现女儿阴部及睡裤上有类似男子精液的东西，在向女儿问明情况后，经女儿指认而与戴××理论。因戴××拒绝承认而向公安机关报警。经鉴定，女童睡裤及其外阴部均未检出精子，妇科检查报告结论为"未见外伤痕迹，处女膜无破损"。

公诉机关以戴××犯强奸罪，提起公诉。

判决主文

一审法院判决：被告人戴××犯猥亵儿童罪，判处有期徒刑三年。

宣判后，被告人戴××未提起上诉，公诉机关亦未提出抗诉，判决已发生法律效力。

裁判要旨

证据是证明案件事实的唯一手段，更是正确定罪量刑的唯一保障。在具体案件中，公诉机关提供的证据不能直接证明犯罪行为构成强奸罪的，人民法院应遵循"凡是案件事实不清的不能定案，凡是证据不确定不充分的不能定案"的严格证据原则，运用证据否定指控罪名，以法庭认定的猥亵儿童罪定罪量刑。

重点提示

刑事诉讼证据是刑事诉讼的核心，审理刑事案件的过程最为重要的就是运用证据认定案件事实的过程。案件事实与获取的证据相一致，才能正确适用法律，案件才能得到正确处理。司法实践中，在无证据证明犯罪嫌疑人的犯罪行为与女童的性器官有实际接触的情况下，认定应当如何定罪处罚的问题时，需注意以下几点：（1）与女童性器官是否接触对罪名的影响。针对奸幼型强奸罪而言，司法实践中不以"插入"为认定犯罪既遂的标准，而是以"接触"为认定标准，即男子的生殖器与幼女的生殖器接触就算犯罪既遂。奸淫不满14周岁幼女的强奸行为与猥亵儿童的行为，都可能表现为抠摸下身、搂抱等行为，且都不需要采取暴力、胁迫或者其他手段等强制性方法，有相似之处。因此，犯罪行为与女童性器官是否接触将直接影响着罪名的认定。（2）运用证据认定案件事实。强奸猥亵类犯罪一般具有隐秘性，具体定罪量刑时应当注意运用证据认定案件事实。直接证据确实、充分，间接证据可以相互印证形成完整的证据链，罪名证据相关性强，才能保证案件事实与获取的证据相一致，才能正确适用法律，正确定罪量刑。实务中，运用证据证明犯罪嫌疑人的犯罪行为是强奸行为还是猥亵行为，可以重点审查能够证明犯罪嫌疑人与女童性器官接触的证据，如被害人阴道及衣物上是否检测出犯罪嫌疑人的精子、被害人外阴、大腿等处是否具有外伤痕迹、被害人处女膜有无破损等。（3）无证据证明犯罪行为与女童性器官接触时，应以猥亵儿童罪定罪论处。依据《刑事诉讼法》第200条的规定，案件事实清楚，证据确实、充分，依据法律认定被告人有罪的，应当作出有罪判决。当无证据证明犯罪嫌疑人实施的犯罪行为与女童性器官接触时，奸淫幼女的案件事实不清，证据不足，依法不能以强奸罪定罪处罚。但现有证据至少能够证明犯罪嫌疑人对幼女实施了猥亵行为的，人民法院可以运用证据否定公诉机关指控的强奸罪罪名，以法庭认定罪名即猥亵儿童罪定罪量刑。

第八章　非法拘禁罪（6 例）

1. 债务无法查清情形下索债型非法拘禁行为的定性

案例来源

罗××、蒋× 非法拘禁案

发布单位：最高人民法院刑事审判第一、二、三、四、五庭《刑事审判参考》2014 年第 4 集（总第 99 集）

审判法院：浙江省台州市黄岩区人民法院

判决日期：2014 年 6 月 26 日

案　　号：（2014）台黄刑初字第 459 号

基本案情

罗×× 系石渣生意的经营者。2014 年 1 月 3 日，罗×× 怀疑王×、陈×、潘× 在管理其生意时对账目造假以侵吞款项，遂伙同蒋×、"阿三"等人将王× 三人带至一处庙边询问账目收支情况。询问过程持续了 4 小时左右。在询问过程中，罗×× 使用拳脚及棍棒对王× 三人进行殴打，导致王× 轻伤二级。随后，罗×× 与王× 约定，以其怀疑被王× 在账目上侵吞的 3 万余元款项折抵其所欠王× 的 3 万元。

公诉机关以罗××、蒋× 犯非法拘禁罪，提起公诉。

在诉讼过程中，王× 提起刑事附带民事诉讼，后经和解，罗××、蒋× 赔偿了王× 的医药费等各项经济损失，王× 撤回了刑事附带民事诉讼。

判决主文

一审法院判决：被告人罗××犯非法拘禁罪，判处有期徒刑九个月；被告人蒋×犯非法拘禁罪，判处有期徒刑九个月。

宣判后，被告人罗××、蒋×均未提起上诉，公诉机关亦未提出抗诉，判决已发生法律效力。

裁判要旨

在无法查清被害人是否存在债务的情况下，应从被告人的真实故意出发，审查其是否存在认识错误。若被告人确实认为被害人存在侵吞账款的债务，从有利于被告人和坚持主客观相一致的原则出发，应认定被告人是为索取债务而非法拘禁他人，构成犯罪的，应当以非法拘禁罪论处。

重点提示

索债型非法拘禁罪是非法拘禁罪中较为常见的一种类型。司法实践中，认定在无法确定被害人是否存在债务的情况下，对于行为人为索取债务而拘禁被害人的行为应当如何定性的问题，应当注意以下几点：（1）无法查清债务时应以行为人的真实故意判断其主观目的。我国刑事审判工作中对犯罪行为进行定罪需要遵循主客观相一致原则，即在主观上具有犯罪故意，客观上实施了犯罪行为。在无法查清被害人是否存在债务的情况下，对于能否认定行为人对被害人实施非法拘禁的行为是以索取债务为目的，以及如何认定行为人在主观方面存在何种犯罪故意的问题，应当以行为人的真实意思作为判断依据。若行为人实施非法拘禁行为在主观上的真实故意确实为索取债务，无论债务本身是否可以查清或是否真实存在，均不能认定行为人存在非法占有他人财物的犯罪故意。这是出于有利于被告人原则的要求，亦符合我国刑法谦抑性原则的要求。（2）索债型非法拘禁中的债务类型。认定索债型非法拘禁案件中所涉及的债务类型对认定行为人实施拘禁行为的真实故意以及对其行为进行定性具有重要的意义，实务中所涉及的债务类型以及行为人的主观故意主要包含以下几种：①合法债务，即行为人与被害人之间存在合法的债权债务关系，行为人实施拘禁行为的目的在于追讨债务，此时应当认定行为人的行为构成非法拘禁罪；②非法债务，即行为人与被害人之间存在如高利贷、赌债、嫖资等不受法律保护的债务，虽不受法律保护，但该债务系客观存在的，行为人实施拘禁行为的目的在于索要债务，故对行为人的拘禁行为仍应以非法拘禁罪论处；③超过实际债务数额的债务，即行为人与被害人之间存在真实的合法或非法债务，行为人在索债过程中实施了拘禁行为并且索取数额大于实际存在的债务，则应通过索债数额、索债手段等判断行为人的真实犯意，若行为人存在非法占有他人财物的故意，则应以相应的绑架罪、抢劫罪等罪名进行定罪处罚；④债权债务关系不明的债务，即行为人与被害人之间的债权债务关系难以查清，行为人出于认识错误而对被害人实施拘禁行为，但因确认其主观目的在于索债，认定其行为构成非法拘禁罪。（3）为索债非法拘禁他人的行为构成非法拘禁罪。非法拘禁罪是指以拘押、禁闭或者其他强制方法，非法剥夺他人人身自由的犯罪行为。非法拘禁罪作为一种故意犯罪，要求行为人在主观方面的表现为故意，即明知自己采取的行为会产生非法剥夺他人人身自由而故意为之，并积极追求这种结果产生的故意行为；客观上则要求行为人实施了违反法律规定的限制他人人身自由的扣押、拘禁行为。以索债为目的实施非法拘禁并混杂殴打等暴力索债行为，在表现形式上往往难以与抢劫罪、绑架罪进行区分，非法拘禁罪的行为人不具有非法占有他人财产的目的，不必然具有当场取得财物的行为，也不要求确定的对象给付财物。若仅以索取债务为目的对被害人实施非法拘禁行为，应当以非法拘禁罪定罪处罚。

2. 抱走年幼继女向欲离婚妻子索要抚养费、彩礼费行为的定性

案例来源

贾×非法拘禁案

发布单位：最高人民法院刑事审判第一、二、三、四、五庭《刑事审判参考》2014年第3集（总第98集）

审判法院：山西省朔州市山阴县人民法院

基本案情

贾×与李×珠系夫妻关系，二人婚后共同抚养李×珠婚前与前男友所生的女儿李××（时年3岁）。结婚一年后，李×珠因欲与前男友复合而向贾×提出离婚，贾×遂要求李×珠返还其抚养李××所支付的抚养费及结婚彩礼费用，共计人民币5万元。二人协商未果，李×珠随即将李××带回娘家居住。次日上午，贾×前往李×珠娘家，以看望继女李××为由，将李××带至小卖部购买零食，待其与李××返回李×珠娘家时，发现家中无人，贾×便乘车带李××离开，并在途中给李×珠发短信、打电话称：只要李×珠返还其8万元现金，即将李××交予李×珠，并约定了会面地点，李×珠随即报警。公安机关于当晚将贾×抓获归案。案件发生期间，贾×未对李××实施伤害行为。

另查明，案件发生后，贾×与李×珠在人民法院的调解下，达成离婚协议；李×珠亦对贾×的行为表示谅解。

公诉机关以贾×犯绑架罪，提起公诉。

贾×辩称：其向李×珠索要离婚赔偿款的行为并无不当，是李×珠有过错在先，其行为不构成绑架罪。

贾×的辩护人辩称：贾×抱走继女李××的行为不构成绑架罪，即使构成犯罪，也仅构成非法拘禁罪。

判决主文

一审法院判决：被告人贾×犯非法拘禁罪，判处有期徒刑八个月。

宣判后，被告人贾×未提起上诉，公诉机关亦未提出抗诉，判决已发生法律效力。

裁判要旨

在离婚前的分居期间，继父擅自抱走年幼继女向欲离婚的妻子索要所支付的抚养费、彩礼费的行为,因其主观上是为解决其与配偶的离婚纠纷,索要的财物属于离婚纠纷范畴,故不属于绑架罪中以勒索财物为目的的情形,其抱走年幼继女的目的也不在于役使,不构成拐骗儿童罪。该行为符合"索债型"非法拘禁罪的特点,应当以非法拘禁罪定罪处罚。

重点提示

司法实践中,认定在离婚前的分居期间,擅自抱走年幼继女向欲离婚的妻子索要所支付的抚养费、彩礼费的行为构成何种犯罪时,应当注意以下几点:(1)分居期间擅自抱走年幼继女的行为应受刑罚处罚。我国《婚姻法》规定,继父母和受其抚养教育的继子女间的权利义务,适用父母子女关系的有关规定。由此可知,在继父母与继子女生父母存在婚姻关系,且继父母对继子女存在抚养、教育关系的基础上,继父母与继子女形成拟制血亲,与生父母具有同等的权利义务,但是这种拟制血亲关系会随着婚姻关系的结束而结束。在离婚前的分居期间,虽然仍处于婚姻关系存续期间,但夫妻双方对于结束婚姻关系的事项已经达成合意,双方分居后继子女的监护权应由生父母行使,继父母对继子女的监护权应暂停或在一定的范围内行使。此时,继父母出于要挟配偶的目的将继子女带走的行为已经超出其可以行使监护权的限度,侵犯了继子女的合法权益,该行为严重违法,应受刑罚处罚。(2)抱走年幼继女向配偶索要财物的行为不构成绑架罪及拐骗儿童罪。首先,绑架罪是指以勒索财物为目的绑架他人或者绑架他人作为人质的行为。绑架罪作为一种严重侵犯公民人身安全的犯罪,犯罪行为对被害人的人身安全具有极大的威胁,故刑法对绑架罪的量刑也较为严重。对于为达成自身某些目的而对被害人进行拘禁或扣押,但未以被害人的生命安全作为威胁的,一般不以绑架罪论处。其次,拐骗儿童罪是指拐骗不满14周岁的未成年人,脱离家庭或者监护人的行为。区分拐骗儿童罪与以儿童为犯罪对象的非法拘禁罪的关键在于行为人带走儿童的目的,拐骗儿童罪的行为人实施犯罪行为的目的通常是收养或奴役,而非法拘禁罪则不然。通过上述分析可知,因与配偶之间的离婚财产问题产生纠纷而以要挟配偶为目的,抱走年幼继女索要财物的行为,本质上属于离婚财产纠纷的范畴,且未以继女的生命安全作为威胁，抱走年幼继女的目的也不在于收养或役使，故该行为不构成绑架罪或拐骗儿童罪。（3）抱走年幼继女向配偶索要财物的行为构成非法拘禁罪。非法拘禁罪是指非法拘禁或者以其他方法非法剥夺他人人身自由的行为，我国《刑法》中并未明确规定行为人实施非法拘禁行为的目的，即行为人只要具备非法剥夺他人人身自由的直接故意并且实施了拘禁行为就应当认定构成非法拘禁罪。行为人出于向欲离婚的妻子索要财物的目的抱走年幼继女，可认定其主观上具有非法限制年幼继女人身自由的故意，且实施了限制继女人身自由的行为，符合"索债型"非法拘禁罪的特点，依据主客观相一致原则，应以非法拘禁罪论处。

3. 传销组织看管他人致其逃跑时死亡的定性

案例来源

赵××、曹××、张××非法拘禁案

发布单位：最高人民法院公布：七起通过网络实施侵犯妇女未成年人犯罪典型案例（2014年10月21日）

审判法院：山东省青岛市黄岛区人民法院

基本案情

赵××、曹××、张××为传销组织成员，自2011年3月起，三人共同从事传销活动，赵××为该组织内负责日常管理的业务主任。随后，张××通过QQ聊天认识江××，以帮助找工作的名义将江××骗至其用于从事传销活动的房间。之后，赵××安排曹××、张××贴身看护不让江××离开，并向其讲授传销课程。江××发现自己被骗入传销组织后准备逃离，在翻窗时坠楼身亡。

公诉机关以赵××、曹××、张××犯非法拘禁罪，提起公诉。

判决主文

一审法院判决：撤销被告人赵××的缓刑决定；被告人赵××犯非法拘禁罪，与前罪数罪并罚，决定执行有期徒刑十一年，剥夺政治权利一年；被告人张××犯非法拘禁罪，判处有期徒刑九年；被告人曹××犯非法拘禁罪，判处有期徒刑七年。

宣判后，被告人赵××、张××、曹××均未提起上诉，公诉机关亦未提出抗诉，判决已发生法律效力。

裁判要旨

行为人在未使用暴力的情况下非法拘禁被害人并使其在逃跑过程中不慎死亡，其主观上存在非法剥夺他人人身自由的故意，客观上实施了限制他人人身自由的行为。即使其拘禁行为与被害人的死亡后果之间存在因果关系，但因其主观上不具有致被害人死亡的故意，亦未放任死亡结果的发生，故其行为构成非法拘禁罪的加重情形，而非非法拘禁罪的转化犯或间接故意杀人罪。

重点提示

司法实践中，认定传销组织成员在未使用暴力的情况下看管被害人，并使被害人在逃生过程中因自身不慎死亡的行为构成何罪时，应当注意以下几点：（1）非法拘禁罪的特殊情形。《刑法》第238条规定了有关非法拘禁罪的两种特殊情形，包括犯本罪致人重伤或死亡的，以及使用暴力致人伤残、死亡的。其中，前者属于非法拘禁罪的结果加重犯，构成结果加重犯需要满足以下两个条件：一是被害人重伤、死亡的后果与非法拘禁行为之间存在因果关系；二是导致被害人重伤、死亡的后果是出于过失而非故意。后者属于非法拘禁罪向故意伤害罪和故意杀人罪转化的情形，即行为人在非法拘禁他人的过程中，故意使用了超出非法拘禁行为本身以外的暴力行为进行伤害，从而导致被害人伤残或者死亡的后果。（2）对该行为应以非法拘禁罪的加重犯进行论处。首先，行为人在客观上实施了拘禁、扣押他人的行为，其作为传销组织成员，拘禁他人的主观目的在于剥夺他人人身自由从而对被害人进行教育,使被害人共同参与传销活动,符合非法拘禁罪的构成要件,应当认定其行为构成非法拘禁罪。其次,判断被害人的死亡后果属于非法拘禁罪的加重情形还是转化犯,应以前述分析中的两个条件作为依据。虽然造成被害人死亡的直接原因是其在逃跑过程中自身的不慎,但刑法不能苛求被害人在侵害行为发生后,只能消极地承受犯罪行为造成的侵害而不积极自救。由于被害人在自救过程中的瑕疵导致了自身的损害后果,并不能割裂犯罪行为与损害后果间的因果关系,故应认定非法拘禁行为与被害人最终的死亡后果之间存在因果关系。同时因行为人在拘禁被害人过程中未施加暴力,可以认定其并不存在导致被害人死亡后果的故意,故应认定其行为构成非法拘禁罪,且符合结果加重犯的情形。(3)该行为不构成间接故意杀人罪。间接故意杀人罪是指行为人明知自己的行为可能会导致被害人死亡的后果,主观上却放任该后果的发生,从而导致其死亡。而在该行为中,行为人实施的是限制被害人人身自由的犯罪行为,其并不明知该行为可能会导致被害人逃跑,并由于逃跑最终导致死亡的后果,亦不存在放任被害人死亡的主观故意,故该行为不构成间接故意杀人罪。

4. 以剥夺他人人身自由的方式索回赌资行为的定性

案例来源

徐×等非法拘禁案

发布单位:最高人民法院刑事审判第一、二、三、四、五庭《刑事审判参考》2014年第1集(总第96集)

审判法院:福建省福州市中级人民法院

基本案情

2010年7月至8月期间,徐×与汤××、张××等人在多家酒店内进行赌博,徐×因输钱而产生了汤××、张××等人诈赌的怀疑。同年8月4日,徐×知晓张××会在当晚前往酒店赌博,即与钟××等4人预谋加害张××。当日傍晚，徐×等人在酒店停车场将张××强行带至徐×驾驶的机动车上，并将张××挟持到一座山上，钟××亦在此期间通过电话邀约郑××等4人。到达山上后，徐×等人对张××实施了殴打和威胁，强迫张××将徐×赌博输的钱退还，并向张××索要了其携带的3万元及一张银行卡，而后徐×在当地银行将卡内3.7万元人民币转至其名下账户内。在徐×等人的暴力强迫之下，张××向其亲属打电话，要求其亲属准备4万元。次日凌晨，张××的亲属以银行汇款的方式向张××汇款12万元。同日，张××的亲属又向徐×名下账户汇入31 000元。当月6日，徐×等人被公安机关抓获，张××于案发后被解救，公安机关追回了赃款20.17万元，仍有1.63万元未追回。

公诉机关以徐×、钟××等8人犯非法拘禁罪，提起公诉。

一审法院判决后，被告人徐×、钟××等8人不服，以其行为应当定性为非法拘禁罪为由，提起上诉。

公诉机关亦不服，以一审法院适用法律不当，量刑畸重为由，提出抗诉。

判决主文

一审法院认定：被告人徐×、钟××等8人以非法获取财物为目的，绑架并勒索他人，依法构成绑架罪的共同犯罪，犯罪情节较轻。在共同犯罪中，徐×组织策划犯罪，并指挥被告人钟××等8人共同实施犯罪，系主犯，应依照其所组织、指挥的全部犯罪对其予以处罚。

一审法院判决：被告人徐×犯绑架罪，判处有期徒刑九年，并处罚金人民币2万元；被告人钟××等8人分别被以绑架罪判处有期徒刑二年六个月至七年，并处罚金人民币5000元至1万元不等的刑罚。

二审法院判决：撤销一审法院判决对各被告人的定罪量刑部分；上诉人徐×犯非法拘禁罪，判处有期徒刑三年；上诉人钟××等8人均犯非法拘禁罪，判处有期徒刑二年六个月至二年三个月不等的刑罚。

裁判要旨

针对以剥夺他人人身自由的方式索回赌资的行为，应当从行为人与被害人之间是否存在债权债务关系作为定罪的前提，再依据行为人主观上的犯罪故意与目的，以及具体实施的犯罪手段来判断该行为是构成非法拘禁罪还是绑架罪。

重点提示

司法实践中，认定以剥夺他人人身自由的方式索回已支付的赌资的行为是构成非法拘禁罪还是绑架罪时，应当注意以下几点：（1）判断行为人与被害人之间是否存在债权债务关系。债权债务关系是判断行为人的行为是构成非法拘禁罪还是绑架罪的重要前提，因为只有双方之间存在债权债务关系时，行为人对被害人或其亲属实施的索要财物的行为才有构成非法拘禁罪的可能，若双方之间不存在债权债务关系，则行为人通过限制被害人人身自由的方式向其亲属勒索财物的行为应被认定为绑架罪。双方之间的债权债务关系包括各种受到法律保护的合法债务，也包括因赌博、高利贷、嫖资等不受法律保护的非法债务，但无论债务产生的原因及是否受法律保护，均不影响对犯罪行为的定性。此外应当注意的是，双方之间的债权债务关系无论能否查清，都必须有其存在的客观原因，凭空捏造的债务不能作为认定犯罪行为构成非法拘禁罪的依据。（2）判断行为人实施犯罪行为的主观故意和目的。从犯罪构成的角度来讲，判断行为人主观上的犯罪意图是对犯罪行为进行定性的重要依据。对于实施犯罪行为的目的在于非法占有他人财物的行为人，应当认定为绑架罪。关于索要所输赌资的主观目的的认定，参照《最高人民法院关于审理抢劫、抢夺刑事案件适用法律若干问题的意见》的有关规定，仅以所输赌资或所赢赌债为抢劫对象的，一般不以抢劫罪定罪处罚。这是由于行为人对所输赌资的财产性质的认知可能有所不同，行为人实施犯罪行为的目的是挽回赌博损失而非非法占有他人财物。同理，行为人非法限制他人人身自由以索回已支付的赌资的行为，其主观目的不在于非法占有他人财产，具体可以行为人索要的数额是否超出所输赌资或者所赢赌债的数额作为判断标准。（3）判断行为人在客观上实施的具体行为。绑架罪与非法拘禁罪在客观方面均有可能存在非法限制他人人身自由的行为，但二者之间又存在一定的区别。绑架罪除限制他人人身自由外，常常使用的手段还包括暴力、胁迫等，不仅勒索财物，还会对被害人的生命安全造成威胁。而非法拘禁罪的犯罪手段则表现为非法的扣押、拘禁行为。但需要注意的是，行为人在对被害人非法拘禁过程中造成其伤亡后果的，应当认定为非法拘禁罪的加重情形，而在非法拘禁过程中对被害人施加暴力，并最终导致被害人死亡、伤残后果的，应认定为构成非法拘禁罪向故意杀人、故意伤害罪的转化犯。

5. 为要挟配偶回家挟持儿童行为的定性

案例来源

温××非法拘禁案

发布单位：《人民法院报》2013年11月28日刊载

审判法院：江西省赣州市中级人民法院

案　　号：（2013）赣中刑一抗字第8号

基本案情

温××与配偶因家庭琐事发生矛盾后，其配偶外出务工。之后，温××拨打电话要求其配偶返回家中遭拒。随后以要挟其妻回家为目的，温××临时起意将其配偶两名均未满14周岁的侄子带至山上。在温××与二人共处山上期间，温××购买了食物，同时为威胁二人不要哭闹对二人实施了殴打行为，并向其妻提出若拒不返回家中则不将二人送回。直至两日后，温××得知其配偶在返家途中，才将二人送至山下。公安机关在温××送二人下山途中将其抓获归案。二人父母在案发后出具了谅解书，请求从轻处罚温××或对其不予追究刑事责任。嗣后，公安机关以拐骗儿童罪向公诉机关提出起诉意见。

公诉机关以温××犯绑架罪，提起公诉。

温××及其辩护人辩称：温××的行为应认定为非法拘禁罪。

一审法院判决后，公诉机关不服，提起抗诉称：一审法院定性准确，但量刑畸轻。

判决主文

一审法院认定：被告人温××绑架他人作为人质的行为构成绑架罪，但其属临时起意，主观恶性不深，亦未采取严重暴力手段对被害人进行伤害，且未给被害人家庭造成严重不良后果，属犯罪情节较轻，事后又得到了被害人亲属的谅解，因此可对其从轻、减轻处罚。

一审法院判决：被告人温××犯绑架罪，判处有期徒刑二年，并处罚金人民币2000元。

二审法院判决：撤销一审法院判决；原审被告人温××犯非法拘禁罪，判处有期徒刑一年六个月。

裁判要旨

行为人为要挟其配偶回家而挟持儿童作为人质，因其主观上不是为收养人质或供其使唤、奴役，也不是为了索取财物或实现其他不法目的，而是为解决家庭纠纷，故应认定其行为构成非法拘禁罪。

重点提示

司法实践中，认定行为人挟持儿童作为人质以要挟其配偶回家的行为构成何种犯罪时，应当注意以下几点：（1）对该行为应以非法拘禁罪定罪处罚。从犯罪构成的角度分析非法拘禁罪可知，本罪在客观方面表现为非法剥夺他人身体自由的行为，对于犯罪对象并无限制，对于具体的非法限制他人人身自由的形式也无限制。但其他犯罪在客观方面也有可能表现为非法限制他人人身自由，此时则应当通过行为人的主观目的进行区分。本罪在主观方面的表现为故意，实施犯罪行为的目的在于剥夺他人人身自由，若非法剥夺他人人身自由是出于其他犯罪目的，且其他犯罪比非法拘禁罪处罚更重的，应以他罪论处。对于挟持儿童以要挟配偶回家的行为，行为人实施的挟持儿童的行为在客观上系非法限制儿童人身自由的行为，主观上存在剥夺儿童人身自由的故意，且其目的仅为要挟配偶回家，本质上是为了解决家庭纠纷，不存在其他目的，故应当以非法拘禁罪进行论处。（2）该行为不构成拐骗儿童罪。拐骗儿童罪，是指以欺骗、引诱或者其他方法，使不满14周岁的儿童脱离家庭或者监护人，致使监护人不能继续对该未成年人行使监护权。虽然拐骗儿童罪与以儿童对犯罪对象的非法拘禁罪在客观表现形式上都可能存在非法剥夺儿童人身自由的行为，但二者的主要区别在于犯罪的主观目的不同。拐骗儿童罪的主观目的在于收养儿童或将儿童供自己奴役、使唤，以要挟配偶回家为目的挟持儿童的行为显然不符合这一特征，即主观上不具有拐骗儿童的故意，因此，应认定该行为不构成拐骗儿童罪。（3）该行为不构成绑架罪。绑架罪是指基于勒索财物或者其他不法目的，使用暴力、胁迫或者其他方法绑架他人的行为。绑架罪与非法拘禁罪的区别在于：在犯罪的客观方面，虽然两罪均可存在剥夺他人人身自由的行为，但绑架罪的犯罪行为的暴力程度及危害性要远大于非法拘禁罪，且其主观目的在于非法获取他人财物或谋求其他不法利益，而非法拘禁罪的主观目的通常是解决民事纠纷。在侵犯的客体方面，绑架罪侵犯的客体包括被害人的人身权利以及公私财产权或其他权利，非法拘禁罪侵犯的则是被害人的人身自由等人身权利。行为人挟持儿童的目的在于要挟配偶回家，本质上为解决家庭纠纷，而不存在索取财物等其他不法目的，故其行为不符合绑架罪的构成要件，不应认定为绑架罪。

6. 为索债拘禁他人致死行为的定性与处罚

案例来源

王×、栾××、张××非法拘禁案

发布单位：国家法官学院《中国审判案例要览》（2011年刑事审判案例卷）

审判法院：云南省临沧市中级人民法院

案　　号：（2010）临中刑终字第 23 号

基本案情

栾××与王×系夫妻关系。因吴××拖欠栾××30余万元债务，栾××遂将此事告知给王×。随后，王×要求孙×（在逃）帮其索取债务，孙×要求栾××将吴××骗到缅甸后，安排了解缅甸情况的张××及其在缅甸赌场的朋友和×在缅甸接应，并在缅甸老街向吴××索取债务。2009年2月7日，王×、孙×、张××在和×的安排下非法出境到达缅甸并入住酒店。当日，栾××将吴××带至其入住的房间，王×、孙×、张××随即限制了吴××的人身自由，并要求吴××清偿债务。次日，吴××趁王×与栾××在外讲话之机从房间窗户跳下，当场毙命。案发后，王×、孙×等逃逸，期间张××以搭救正在被关押于缅甸的和×为名，要求栾××向其支付人民币4万元。

公诉机关以张××、王×、栾××犯非法拘禁罪，提起公诉。

吴××的亲属吴×以张××、王×、栾××非法限制吴××人身自由，致使吴××死亡为由，提起刑事附带民事诉讼，请求判令张××、王×、栾××共同承担赔偿责任共计383 735元。

张××辩称：本人未参与非法限制吴××人身自由并向其索取债务的行为，不应以非法拘禁罪对本人定罪处罚。

张××的辩护人辩称：首先，本案的在案证据主要为被告人供述，且这些供述尚达不到相互印证形成完整证据链的程度，因而不能据此认定张××实施了非法拘禁行为。其次，张××并无非法拘禁吴××的犯罪故意，亦无非法限制其人身自由的行为。

王×辩称：对于公诉机关指控的犯罪事实和罪名无异议。

栾××的辩护人辩称：栾××在主观上没有预谋与张××等共同通过限制吴××人身自由的方式索取债务的犯罪故意，客观上也无参与限制吴××人身自由的行为，故栾××不构成犯罪。

一审法院判决后，被告人王×、栾××、张××均不服。其中，被告人王×提起上诉称：其仅委托上诉人张××代为索债，并未共同预谋以拘禁被害人吴××的方式向其索债，且其并未参与限制被害人吴××人身自由的行为，一审法院对其量刑过重，请求依法改判。

被告人栾××提起上诉称：被害人吴××的死亡原因是跳楼自杀，首先，本人并未实施限制被害人吴××人身自由的行为，亦未对其实施暴力行为，故不构成犯罪；其次，在上诉人王×归案后，本人自行前往公安机关投案，构成自首，且积极赔偿了被害人吴××的损失。一审法院量刑过重，请求依法改判。

被告人张××提起上诉称：本人是接受上诉人王×与栾××的唆使才帮助二人向被害人吴××索债的，本人在案件中起次要作用，系从犯，故请求依法改判。

判决主文

一审法院认定：被告人张××、王×、栾××为索债而非法拘禁吴××并致其死亡，其行为已构成非法拘禁罪。其中，被告人张××积极参与预谋和拘禁吴××；被告人栾××虽未参与实施犯罪，但主观上明知被告人张××等预谋拘禁吴××以达到索债目的，且在发现吴××被拘禁后未采取有效的阻止措施；被告人王×作为主犯，积极组织了犯罪活动，但其在被抓捕归案后与被告人栾××具有坦白情节和悔罪表现。被告人张××、王×、栾××在案发后积极补偿吴××的家属，并取得了家属的谅解，可从轻处罚。

一审法院判决：被告人王×犯非法拘禁罪，判处有期徒刑十一年；被告人张××犯非法拘禁罪，判处有期徒刑十年；被告人栾××犯非法拘禁罪，判处有期徒刑十年；被告人张××、王×、栾××赔偿附诉原告吴×丧葬费、死亡赔偿金、被扶养人生活费，合计人民币18万元；被告人张××、王×、栾××对上述赔偿款互负连带赔偿责任；随案移交扣押被告人张××人民币16 000元，用于民事赔偿，扣押被告人栾××人民币30万元，其中15万元用于民事赔偿，剩余15万元及扣押的轿车一辆退还被告人栾××。

二审法院判决：维持一审法院判决第一、二、三项的定罪部分和第四、五项；撤销一审法院判决第一、二、三项的量刑部分；上诉人王×犯非法拘禁罪，判处有期徒刑十年；上诉人栾××犯非法拘禁罪，判处有期徒刑五年；上诉人张××犯非法拘禁罪，判处有期徒刑四年。

裁判要旨

行为人为索债非法拘禁他人并致其在逃跑过程中死亡的，应当认定其行为构成非法拘禁罪的加重情节；而明知他人以索债为由实施拘禁行为未予阻止的，其主观上对拘禁他人存在间接故意，也应认定构成非法拘禁罪。但鉴于在索债型非法拘禁案件中，被害人欠款是犯罪发生的原因之一，故应认定被害人存在一定的民事过错，在量刑中予以考虑。

重点提示

在以索债为由非法拘禁被害人致其死亡的案件中，对拘禁被害人的行为人和明知他人以非法拘禁的方式索债而未予阻止的行为人如何定罪，以及被害人的欠款行为对量刑的影响是案件审理中的难点，在处理有关问题时应当注意以下几点：（1）为索债拘禁他人致死的行为构成非法拘禁罪的加重情节。非法拘禁罪是指以拘押、禁闭或者其他强制方法，非法剥夺他人人身自由的犯罪行为。对于以索债为由拘禁他人的行为进行定性，从犯罪构成的角度来讲，首先，行为人实施限制他人人身自由行为的目的在于要求对方返还欠款，而不存在非法占有他人财物等其他目的，主观意图也仅在于限制他人人身自由，符合非法拘禁罪主观方面的构成要件。其次，非法拘禁他人的行为符合非法拘禁罪客观表现形式，且该行为侵犯了被害人的身体自由权，符合非法拘禁罪的客体要件。依据主客观相一致原则，应以非法拘禁罪定罪处罚。而因拘禁行为致被害人死亡的，若死亡是因被害人逃跑行为造成的，则应认定行为人的行为构成非法拘禁罪的加重情节，若死亡是由行为人在拘禁过程中对被害人施加暴力、殴打行为导致的，则应认定行为人的行为构成非法拘禁罪向故意伤害、故意杀人罪的转化。（2）明知他人非法拘禁被害人未予阻止的行为构成间接故意。间接故意是指明知自己的行为可能发生危害社会的结果，仍放任这种结果发生的心理状态。所谓放任，是指行为人对于危害结果的发生，虽没有积极追求，但也没有有效地阻止，既无所谓希望，也无所谓反对，而是放任自流，听之任之，任凭它发生与否，对结果的发生在行为上持一种消极的态度，间接故意犯罪的行为人在心理上对被害人的伤害后果也存在一定的故意。在明知他人存在非法拘禁被害人的行为的情况下不予阻止，证明其对侵犯被害人人身自由的行为是持放任态度，从犯罪主观方面来讲同样具有非法拘禁的犯罪故意，故应认定其行为也构成非法拘禁罪。（3）被害人存在民事过错对量刑的影响。被害人过错是指对被害人实施的诱发犯罪行为人产生犯罪意识或激化犯罪行为的不当行为的否定性评价。《最高人民法院关于贯彻宽严相济刑事政策的若干意见》规定，对于因恋爱、婚姻、家庭、邻里纠纷等民间矛盾激化引发的犯罪，因劳动纠纷、管理失当等原因引发、犯罪动机不属于恶劣的犯罪，因被害方过错或者基于义愤引发的或者具有防卫因素的突发性犯罪，应酌情从宽处罚。由此可知，被害人过错可以作为影响量刑的因素。在以索债为目的实施非法拘禁的犯罪案件中，被害人欠款是导致非法拘禁犯罪行为发生的原因，即被害人存在的民事过错是犯罪发生的诱因。因此，在量刑上对犯罪行为人可酌情从轻处罚。

第九章　绑架罪（8例）

一、绑架罪的认定（3例）

1. 绑架罪中以勒索财物为目的的认定及情节较轻的适用

案例来源

孙××、濮××绑架、抢劫、故意杀人死刑复核，吴××、夏××绑架、抢劫、故意杀人案

发布单位：最高人民法院《人民司法·案例》2013年第20期（总第679期）

审判法院：最高人民法院

案　　号：（2012）刑四复97458757号

基本案情

濮××原在房产公司（上海浦东新区××房产有限公司）从事房屋中介工作，与南非籍华人毕×熟识。由于生活拮据，濮××决定绑架毕×之子以此向毕×索要200万美元。此后，濮××经与夏××及同乡孙××、吴××商议后，共同准备了电击棍、塑料胶带等作案工具。2010年6月，濮××与夏××、孙××、吴××共同前往毕×家中，并以检查热水器为名进入毕×住所，但因有成年男子在毕×家中而未得逞。同年9月，濮××与夏××、孙××、吴××再次前往毕×家中绑架毕×之子，但由于受到盘问再一次未得逞。

因绑架毕×之子未果，濮××与夏××、孙××、吴××就此进行商

议，决定采用下列方式作案：控制驾驶高档机动车驾驶员的人身自由后，要求驾驶员告知随身携带银行卡的密码；随后，要求驾驶员向亲属谎称前往外地急需钱财，并要求亲属向银行卡中汇款；再由濮××等驾驶车辆前往银行ATM机处取款。2010年9月15日，夏××、孙××、吴××对驾车的燕×实施捂嘴、塑料胶带封口、眼及捆绑四肢等方法将其带至浦星公路的偏僻地点与濮××会合。之后，孙××等人将燕×拖移到濮××的轿车上，并从燕×处搜取1000余元人民币现金及手机一部。嗣后，吴××按照濮××的指示将燕×的车辆丢弃，濮××则与夏××、孙××劫持燕×开往他地，并在途中向燕×索要银行卡及密码，但因燕×并未随身携带银行卡而未得逞。因害怕罪行败露，濮××、夏××、孙××经与吴××电话商议后一致决定将燕×杀害。之后，在濮××的催促下，夏××、孙××将燕×杀害，并抛尸于钱塘江中。

公诉机关以孙××、濮××、夏××、吴××犯绑架罪，提起公诉。

孙××、濮××、夏××、吴××及各辩护人对于公诉机关指控的事实及罪名均无异议。

一审法院判决后，被告人孙××不服，以其行为仅构成抢劫罪为由，提起上诉。

被告人濮××、吴××亦不服，分别提起上诉。

判决主文

一审法院判决：被告人孙××犯绑架罪、抢劫罪、故意杀人罪，判处死刑，剥夺政治权利终身，并处罚金人民币25 000元；被告人濮××犯绑架罪、抢劫罪、故意杀人罪，判处死刑，剥夺政治权利终身，并处罚金人民币26 000元；被告人夏××犯绑架罪、抢劫罪、故意杀人罪，判处死刑，缓期二年执行，剥夺政治权利终身，并处罚金人民币23 000元；被告人吴××犯绑架罪、抢劫罪、故意杀人罪，判处有期徒刑二十年，剥夺政治权利五年，并处罚金人民币23 000元。

二审法院裁定：驳回上诉，维持原判，并依法将本案报请最高人民法院核准。

复核法院裁定：核准二审法院维持一审法院以绑架、抢劫、故意杀人罪判处上诉人孙××、濮××死刑的刑事裁定。

裁判要旨

司法实践中，绑架罪要求行为人必须要有向他人勒索财物之行为或证明存在勒索财物目的的证据，如行为人没有勒索行为，现有证据亦不能证明有勒索目的，不能认定绑架罪。绑架罪情节较轻的衡量标准应是司法者运用一定的价值标准对确定的事实基础进行综合判断所得出的结论，犯罪未遂等刑法总则规定的从轻量刑情节基于刑事立法模式以及禁止重复评价原则，不应适用。

重点提示

司法实践中，认定绑架罪中行为人是否具有勒索财物的目的，以及绑架罪情节较轻条款的适用问题时，应当注意以下两点：（1）绑架罪中勒索财物目的的认定。从犯罪的构成要件来看，绑架罪在主观方面表现为故意，且应以勒索他人财物或者以他人作为人质为目的。所谓以勒索财物为目的，是指行为人绑架被害人的目的在于通过对被害人的威胁，迫使被害人亲属向其交付包括货币、有价证券、金银财宝等在内的具有经济价值的财物。据此，判断犯罪行为是否构成绑架罪的条件之一是确认行为人是否具有勒索财物的目的，而判断是否具有勒索财物的目的则应以行为人实施的具体犯罪行为作为依据。对于索财型的绑架犯罪，客观方面应当由绑架行为和勒索财物两方面组成，绑架犯罪行为的本质在于利用第三人对人质的担忧实现索财或其他非法目的，若绑架他人后，仅向被绑架人索取财物，而被绑架人被迫要求第三人给付财物，则应认定该行为构成抢劫罪。即行为人在绑架被害人之后，必须要有向他人勒索财物的行为或者有证据证明行为人存在索取财物的目的，才能认定其行为构成绑架罪。（2）绑架罪情节较轻条款的适用。《刑法》关于绑架罪的量刑问题的规定是十年以上有期徒刑或者无期徒刑，情节较轻的处五年以上十年以下有期徒刑。衡量犯罪情节是否可以适用情节较轻的条款，应当以绑架犯罪中各种情节的社会危害性作为评价标准，而对于绑架罪来说，影响其社会危害性的因素主要包括：行为人实施的暴力、胁迫、拘禁等犯罪手段；绑架行为所造成的被绑架人的人身伤害及第三人的财产损失后果；行为人实施绑架行为的动机，以及行为人是否存在绑架老人、妇女、儿童或知名人士，是否主动释放人质，是否放弃勒索等犯罪情节。司法工作人员必须严格把握各个要素，准确分析犯罪行为的社会危害性，从而对于情节较轻这一条款进行准确适用。此外，虽然我国刑法中还规定了犯罪预备、中止、未遂的犯罪未完成形态作为减轻情节，但对于犯罪情节的评价是在犯罪完成的基础上进行的，基于禁止重复评价原则，若将犯罪的未完成形态认定为情节较轻，再作为量刑情节适用，属于对同一情节的重复评价。此外，自首、立功、认罪悔罪等情节，对于绑架行为的社会危害性亦无影响，也不可作为评价绑架罪情节较轻的标准，但可作为影响量刑的情节在量刑时加以体现。

2. 索取财物明显超过债务数额行为的定性

案例来源

王××绑架案

发布单位：《人民法院报》2011年11月3日刊载

审判法院：江苏省无锡市惠山区人民法院

案　　号：（2011）惠刑初字第0304号

基本案情

2011年2月，王××驾驶轿车与田××、欧阳××（均另案处理）等人逼停了林××驾驶的轿车。之后，田××、欧阳××等人强行将林××戴上手铐拖入王××驾驶的汽车内，以解决林××欠田××的3.66万余元的债务为由，向林××索要现金10万元，遭拒绝后对林××进行殴打，并威胁林××如不交钱就将其腿敲断。林××被迫答应交付9万元后与妻子陈××联系付款。陈××将9万元汇至田××的农行银行卡上后，田××等人将林××释放。王××分得赃款1.2万元。

公诉机关以王××犯敲诈勒索罪，提起公诉。

判决主文

一审法院判决：被告人王××犯绑架罪，判处有期徒刑二年六个月，并处罚金3000元；涉案赃款继续予以追缴，并发还被害人。

宣判后，被告人王××未提起上诉，公诉机关亦未提出抗诉，判决已发生法律效力。

裁判要旨

行为人不仅对被害人实施了限制人身自由的行为，而且要求被害人交付远超过债务数额的财物，其行为属于以索取债务为借口，出于勒索钱财意图而非法拘禁他人，即使存在债权债务关系，也应认定为绑架罪。

重点提示

司法实践中，勒索型绑架罪与敲诈勒索罪和索债型非法拘禁罪的区分常成为争议焦点。因此，在认定以索取债务为由限制他人人身自由，并向其家人索要远超债务数额的行为性质时，应当注意以下几点：（1）绑架罪与敲诈勒索罪的区分。所谓敲诈勒索罪，是指以非法占有为目的，对被害人使用恐吓、威胁或要挟的方法，非法占用被害人公私财物的行为。其与绑架罪在主观方面均存在着索取财物的目的，客观上也均采取了威胁或要挟的手段，迫使对方交付财物。但两罪之间也存在明显的区别：首先，两罪勒索财物的对象不同。敲诈勒索的被害人与被勒索财物的人是同一人，而绑架罪中的被害人与被勒索财物的人不是同一人。其次，两罪的行为方式不同。敲诈勒索罪为实现索取财物的目的而实施的威胁行为可以是暴力行为、毁坏被害人名誉、揭露被害人隐私、栽赃陷害等行为，不必限制人身自由，也不当然实现其威胁内容；而绑架罪则是以被害人的人身健康及生命安全要挟被害人家属给付财物，暴力手段可以立即实施，其本质在于以钱赎人。（2）绑架罪与索债型非法拘禁罪的区分。索债型非法拘禁罪与绑架罪在客观方面均有可能表现为，非法限制他人人身自由并索取财物。关于两罪的区分问题，首先，两罪侵犯的客体不同，非法拘禁罪所侵犯的客体仅为公民的人身权利，而绑架罪除侵犯公民的人身权利外，还包括侵犯他人财产权；其次，非法拘禁罪的行为人除非法限制他人人身自由外，并不存在其他非法要求，也没有侵犯他人财产权的行为，而绑架罪的行为人则不仅要对被害人的人身形成强制，还要有勒索财物的行为；最后，在犯罪主观方面，索债型非法拘禁罪限制他人人身自由的目的在于索取债务，其索要金额应当与实际享有的债权差距不大，而绑架罪在主观方面仅以索取债务作为借口，实际上具有非法占有他人财物的故意。(3) 以索取债务为由限制他人人身自由，并向其家人索要远超债务数额的行为，构成绑架罪。依据前述分析可知，对于以索取债务为由，非法限制他人人身自由，并向其家人索要远超过债务数额的行为性质的认定问题，首先，被索要财物的人与被害人不是同一人；其次，行为人实施了限制他人人身自由和勒索财物的双重行为；最后，行为人索取的财物数额远超过其实际享有的债权数额，故可认定其主观上具有非法占有他人财物的故意，实施的限制人身自由并索取财物的行为符合勒索型绑架罪的行为特征及犯罪构成，应以绑架罪定罪处罚。

3. 当场勒索与当场抢劫的区分

案例来源

穆×龙绑架案

发布单位：最高人民法院《人民司法·案例》2011年第14期（总第625期）

审判法院：江苏省连云港市中级人民法院

案　　号：（2011）连刑终字第0002号

基本案情

2010年2月，穆×龙因听说穆××（案发时14岁）散布曾受其逼迫盗窃他人财物的言论，便伙同穆×华（另案处理）等人至穆××住处，持水果刀、狼牙棒对其进行殴打。后又强行将穆××带至旅馆看管，限制其人身自由，并以卸掉其一只胳膊为要挟，向其父亲打电话称被绑架要5000元赎人，被拒绝后，穆×龙等人又将穆××带至其舅舅乔×住处，仍以卸掉穆××一只胳膊为要挟，向其舅舅索要5000元，后因他人报警而逃离现场。

公诉机关以穆×龙犯绑架罪，提起公诉。

穆×龙及其辩护人辩称：穆×龙在限制穆××人身自由期间，没有实施殴打、伤害行为，不构成绑架罪，且其行为犯罪情节较轻，应从轻处罚。

一审法院判决后，公诉机关不服，以被告人穆×龙的行为构成绑架罪为由，提起抗诉。

判决主文

一审法院认定：被告人穆×龙的行为构成抢劫罪。

一审法院判决：被告人穆×龙犯抢劫罪，判处有期徒刑三年，并处罚金3000元。

二审法院判决：撤销一审法院判决；原审被告人穆×龙犯绑架罪，判处有期徒刑五年，并处罚金5000元。

裁判要旨

行为人绑架他人后，挟人质至被害人亲属住所，仅以人质的人身安危相威胁，逼迫其亲属交付一定数额的财物，并未对亲属的人身及其家中财产安全造成直接的威胁，应认定为绑架罪而非抢劫罪。

重点提示

司法实践中，认定犯罪嫌疑人挟持被害人至其亲属家中当场勒索钱财的行为是构成绑架罪还是抢劫罪，应当注意以下两点：（1）从犯罪行为侵犯财产的控制主体角度分析。勒索型绑架罪与抢劫罪在犯罪主观方面均存在非法获取他人财物的故意，但两罪所侵犯财产的控制主体有很大区别。犯罪嫌疑人绑架他人的目的在于以被绑架人的安危作为威胁，逼迫其亲属交出一定数额的财物，这些财物的所有人有可能是被绑架人、被绑架人的亲属,也有可能是被绑架人的亲属向他人借贷所得,但无论该财物的所有权如何,在被绑架人被绑架时,该财物均不在被绑架人的控制范围内。但对于抢劫罪来说,犯罪嫌疑人实施犯罪行为时,使用暴力、胁迫等手段使被害人不敢反抗,当场向被害人索取财物,该财物是处于被害人的控制之下的。综上所述,犯罪嫌疑人挟持被绑架人后,在难以获取被绑架人自身控制财物的情形下,以被绑架人的安危为要挟向其亲属索要财物的,符合绑架罪的行为特征。(2)从暴力、胁迫行为的目的及后果角度分析。首先,从暴力、胁迫行为的目的来看,绑架罪中实施暴力、胁迫行为具有控制被绑架人以及向其亲属勒索财物的双重目的,被绑架人亲属的财产权利虽有可能遭受侵害,但并不危及其人身权利;而抢劫罪中实施暴力、胁迫行为的目的在于使被害人失去反抗能力,从而失去对财物的控制,非法占有其财物,该行为侵犯的是在场所有被害人的人身权利。其次,从胁迫行为的后果来看,绑架罪胁迫的内容通常是若不交付财物则对被绑架人采取进一步的暴力行为,若胁迫不成,则其勒索财物的目的也不能实现;而抢劫罪胁迫的内容则是被害人若不交付财物,则当场对其施加暴力,胁迫不成的后果是犯罪嫌疑人对被害人采取进一步的暴力,并取得被害人控制下的财物。据此,犯罪嫌疑人挟持被绑架人要挟其亲属给付财物的行为,其施加暴力的对象始终是被绑架人,对于被绑架人亲属的人身权利并未造成侵害,即使胁迫不成,犯罪嫌疑人对被绑架人施加进一步的暴力行为亦无法取得财物,故其行为不构成抢劫罪,而应以绑架罪定罪处罚。

二、绑架罪的量刑(3例)

1. 宽严相济刑事政策在严重暴力犯罪事件中的适用

案例来源

牛××、张××、郭××绑架死刑复核案

发布单位:最高人民法院《人民司法·案例》2016年第5期(总第

736 期）

审判法院：最高人民法院

案　　　号：（2013）刑五复 34849139 号

基本案情

2009 年 4 月，牛××（曾因抢劫和故意伤害罪被判入狱，系累犯）与张××、郭×× 和宋××（同案被告人，已判刑）商议绑架年仅 13 岁的初一学生李××，以此勒索其家人给予赎金。绑架前，以牛×× 为主导 4 人做了严谨的绑架计划，分工明确。由牛×× 与张×× 负责租赁车辆及购买假牌照，宋×× 负责购买用于索要赎金用的手机卡，同时张×× 和宋×× 准备了用于实施绑架的手铐和透明胶带，牛×× 还负责打探消息及时通报。4 人在第一次至李×× 的中学门前准备实施绑架时，由于李×× 警觉，而未能将其诱骗上车。3 日后，张×× 又租赁了另一辆轿车，并换上郭×× 一同购买的假车牌。次日，在牛×× 的授意下，张××、郭××、宋×× 多次驾车前往李×× 所在中学门口进行蹲点，伺机下手。直至 4 月 24 日，张××、郭××、宋×× 发现李×× 独自在校门口行走，待时机成熟时，三人利用事先准备好的工具共同合作将李×× 拖至车内。

绑架后，张××、郭××、宋×× 将李×× 的手脚用手铐铐住并用胶带封嘴后扔至后备箱。牛×× 在打探消息后，得知李×× 的家属在知道李×× 被绑架后已向公安机关报案，故此未向李×× 家属打勒索电话。牛×× 与张××、郭×× 和宋×× 商谈后，怀疑李×× 已将其认出，遂决定杀死李×× 并在牛×× 的指导下进行了分工。由牛×× 购买掩埋尸体的铁锹和焚烧尸体的汽油，4 人将车开到郊外后由张×× 按住李××，郭×× 用双手将其掐死。此后，由郭×× 与宋×× 将尸体焚烧和掩埋。而后，4 人驾车逃离现场。

另查明，张×× 与其同居女友游×× 在购买吸食毒品"黄皮"的同时，还雇佣和指使宋××、杨×× 销售毒品。张×× 被公安机关抓获后，公安人员在其住处共缴获含海洛因成分的毒品可疑物 11 包，重 3 克；含巴比妥、咖啡因成分的毒品可疑物 21 包，5.5 克。

公诉机关以牛××、张××、郭××犯绑架罪，张××犯贩卖毒品罪，提起公诉。

一审法院判决后，被告人牛××、张××、郭××均不服，分别提起上诉。

被告人牛××提起上诉称：本人虽指使绑架被害人李××，但并未杀死被害人，并非主犯，主观恶性小，且认罪态度好，有悔罪表现，应从轻处罚。

被告人张××提起上诉称：本人在绑架被害人李××过程中仅实施了开车的辅助作用，在共同犯罪中起次要作用，并非主犯，且在案发后认罪悔罪，一审法院判决量刑过重，请求从轻处罚。

被告人郭××提起上诉称：本人在绑架中居于从属地位，所起的作用小，且在案发后认罪悔罪，不应认定为主犯，且系初犯，一审法院判决量刑过重，不应判处死刑立即执行。

判决主文

一审法院判决：被告人牛××、郭××犯绑架罪，判处死刑，剥夺政治权利终身，并处没收个人全部财产；被告人张××犯绑架罪，判处死刑，剥夺政治权利终身，并处没收个人全部财产，犯贩卖毒品罪，判处有期徒刑二年，并处罚金 5000 元，数罪并罚，决定执行死刑，剥夺政治权利终身，并处罚金 5000 元，没收个人全部财产。

二审法院判决：维持一审法院判决对上诉人牛××、郭××的定罪量刑部分及对上诉人张××的定罪部分；撤销一审法院判决对上诉人张××的刑罚部分；上诉人张××犯绑架罪，判处死刑，剥夺政治权利终身，并处没收个人全部财产，犯贩卖毒品罪，判处有期徒刑二年，并处罚金 5000 元，数罪并罚，决定执行死刑，剥夺政治权利终身，并处没收个人全部财产；对上诉人牛××、张××、郭××的死刑判决报请最高人民法院核准。

最高人民法院判决：核准被告人牛××、张××死刑，剥夺政治权利终身，并处没收个人全部财产的刑事判决；撤销被告人郭××的死刑判决，被告人郭××犯绑架罪，判处死刑，缓期二年执行，剥夺政治权利终身，并处没收个人全部财产；对被告人郭××限制减刑。

裁判要旨

审理多人共同实施的严重暴力犯罪案件，应当从整体上贯彻从严惩处的要求，对于应判重刑的，应依法判处重刑。而是否判处死刑取决于罪行是否极其严重和宽严相济刑事政策的具体要求，需要充分考虑各被告人主观恶性和人身危险性方面的差异。

重点提示

宽严相济的刑事政策是我国的基本刑事政策，是刑事审判工作中应当切实贯彻的政策。司法实践中，在多人共同实施的严重暴力犯罪案件中贯彻宽严相济的刑事政策时，应当注意以下几点：（1）严重暴力犯罪案件总体上应从"严"审判。宽严相济刑事政策的基本要求是根据案件的具体情况，实行区别对待，做到该宽则宽，当严则严，宽严相济，罚当其罪，正确把握宽与严的关系，切实做到宽严并用。在该政策的要求下，我国刑事审判工作中应当从严惩处的犯罪包括严重刑事犯罪、罪行特别严重及社会危害极大的案件。绑架罪作为具有严重暴力性质的刑事犯罪，造成的社会危害极其严重，不仅会对人民群众的人身及财产权利造成危害，还会损害社会秩序，降低人民安全感。故对这一类严重暴力的刑事犯罪，应当被纳入刑法严厉打击的对象中，以便更好地贯彻宽严相济的刑事政策。为此，我国《刑法》对绑架罪中杀害被绑架人或致被绑架人死亡的量刑是无期徒刑或者死刑，就是宽严相济刑事政策下对严重暴力的刑事犯罪从严惩处的体现。（2）对各被告人分别量刑的要求。宽严相济刑事政策内容的核心就在于区别对待，《最高人民法院关于贯彻宽严相济刑事政策的若干意见》中规定，严惩严重刑事犯罪，必须充分考虑被告人的主观恶性和人身危险性。在共同犯罪中，对于各被告人的犯罪行为分别评定，才符合宽严相济刑事政策的精神。共同犯罪中的组织者、领导者与在其指挥下实施犯罪的参与者的主观恶性和人身危险性有很大区别，在犯罪中起到的作用也有很大不同。此外，各被告人各自实施的犯罪行为的残忍程度、情节恶劣程度、是否存在累犯及惯犯的情况、是否处于缓刑或假释考验期、是否认罪悔罪、是否具有自首或立功表现等，对量刑均有着极大地影响。因此，对于共同犯罪中各被告人的量刑，应当根据各自的情况充分考虑主观恶性和人身危险性的差异，从而达到准确量刑的目的。

2. "杀害被绑架人"的认定及未造成死亡后果的刑罚适用

案例来源

罗×绑架、强奸案

发布单位：最高人民法院中国应用法学研究所《人民法院案例选》2010年第3辑（总第73辑）

审判法院：四川省高级人民法院

判决日期：2010年3月16日

案　　号：（2010）川刑复字第113号

基本案情

罗×系服装店的经营者，因经营负债而产生绑架他人勒索钱财的想法。2009年5月，唐×前往罗×的服装店购买衣服时，罗×持西瓜刀威胁唐×，反绑唐×双手，并致电给唐×的母亲夏×索要钱财。罗×对唐×实施猥亵后欲奸淫唐×，因情绪紧张而未得逞。此后，罗×将唐×装入编织袋带至松树林内，并再次致电给唐×的母亲夏×，要求交付5万元赎人，同时罗×对唐×实施了奸淫。嗣后，因罗×认为夏×已报警而用力勒掐唐×的颈部致其不动，罗×认为唐×已死，遂使用西瓜刀翻挖土地掩埋唐×。随后，罗×发现唐×未死，又使用西瓜刀刺、割其腹部和颈部，在拿取唐×手机和现金后逃离现场。唐×苏醒后前往附近的村民家中求救。经法医鉴定，唐×腹部的伤属轻微伤，颈部的伤属轻伤。次日，罗×被公安机关抓获归案。

公诉机关以罗 × 犯绑架罪、强奸罪，提起公诉。

一审法院判决后，被告人罗 × 未提起上诉，公诉机关亦未提出抗诉，一审法院依法报请复核法院核准。

判决主文

一审法院判决：被告人罗 × 犯绑架罪，判处死刑，缓期二年执行，剥夺政治权利终身，并处没收个人全部财产；犯强奸罪，判处有期徒刑六年。决定执行死刑，缓期二年执行，剥夺政治权利终身，并处没收个人全部财产；被告人罗 × 赔偿附带民事诉讼原告人唐 × 经济损失8362元。

复核法院裁定：核准一审法院以绑架罪、强奸罪，数罪并罚，决定执行被告人罗 × 死刑，缓期二年执行，剥夺政治权利终身，并处没收个人全部财产的判决。

裁判要旨

被告人为勒索财物而绑架他人，在索取赎金过程中以为对方已经报警而欲撕票，对被绑架人实施勒颈、土埋、刀刺等手段，以为被绑架人死亡后逃离现场，虽然被绑架人苏醒被救后经鉴定只受到轻伤，但被告人在绑架中杀害被绑架人的主观故意十分明显，且采取了多种杀人手段，未造成被绑架人死亡系被告人意志以外的原因所致。因此，被告人的行为符合绑架罪中"杀害被绑架人"的加重情形，对被告人应当适用死刑。鉴于客观上并未造成被绑架人死亡的后果，对其判处死刑，可不立即执行。

重点提示

"杀害被绑架人"是我国《刑法》中规定的绑架罪的加重情节，但在司法实践中，对于"杀害被绑架人"应当认定为"结果加重"还是"情节加重"则存在争议，认定并处理该问题时，应当注意以下几点：（1）"杀害被绑架人"不应认定为"结果加重"。所谓结果加重，就是将"杀害被绑架人"理解为将被绑架人杀死，即无论被告人是否具有杀害被绑架人的故意，都必须在造成被绑架人死亡后果的情况下，才可认定被告人具有加重情节。该观点是从文义角度对"杀害被绑架人"作出的解释，但该观点具有一定的弊端。从被告人的主观恶性来讲，其主观上产生了杀害被绑架人的故意，客观上也实施了杀害被绑架人的行为，虽然最终可能由于各种原因，其故意杀人未遂，但其主观恶性与造成被绑架人死亡的行为是同等的；而致使被绑架人死亡的，其主观上并不一定存在使被绑架人死亡的故意，被绑架人的死亡可能只是由于过失，其主观恶性也要小于故意杀害被绑架人的行为，若对过失造成被绑架人的行为都可适用死刑，而对故意杀害被绑架人的行为不适用，有失公平。因此，将"杀害被绑架人"理解为造成被绑架人死亡后果的，是不合理的。（2）"杀害被绑架人"应认定为"情节加重"。该观点认为，"杀害被绑架人"指的是被告人主观上具有杀死被绑架人的故意，客观上实施了杀害被绑架人的行为，而最终是否造成被绑架人死亡的结果对认定"杀害被绑架人"这一加重情节并无影响。从立法的角度来讲，《刑法》中既然将"杀害被绑架人"与"致使被绑架人死亡"作出并列规定，说明二者所强调的范畴并不一致，若将"杀害被绑架人"理解为被害人死亡，则该条款可以包含在"致使被绑架人死亡"中，对其单独作出规定就失去了意义。对于这两项规定可以理解为"致使被绑架人死亡"强调的是被绑架人的死亡后果，而"杀害被绑架人"强调的是主观上存在的罪过，因此，无论被绑架人是否死亡，只要被告人主观上具有杀害被绑架人的故意，客观上也实施了杀害行为，就可认定其具有"杀害被绑架人"的加重情节。（3）未造成死亡后果的刑罚适用。根据我国《刑法》第239条的规定可知，绑架罪的加重情节包括致使被绑架人死亡或杀害被绑架人，对于具有此加重情节的被告人，应当判处死刑，并处没收财产。但由前述分析可知，对于未造成被绑架人死亡后果的，也应认定为"杀害被绑架人"，根据我国刑法严格控制死刑适用的原则，对未造成被绑架人死亡后果的被告人，应当依法判处死刑，可不立即执行。

3. "致使被绑架人死亡"情形中刑法因果关系的分析

案例来源

张 × 等绑架案

发布单位：最高人民法院刑事审判第一、二、三、四、五庭《刑事审判参考》2012 年第 4 集（总第 87 集）

审判法院：广东省东莞市中级人民法院

基本案情

自 2008 年 12 月开始，张 × 与王 × × 一直保持不正当的两性关系，之后张 × 因见王 × × 与另几名男子玩，便欲将王 × × 带走遭拒，二人因此发生矛盾。事后，张 × 纠集符 × 仁、张 × 青、张 × 刚以及符 × 贵、张 × 明、陈 ×（三人均另案处理）等帮忙将王 × × 强行带走，遭到与王 × × 在一起玩的几名男子殴打。当晚，张 × 等人密谋绑架王 × ×。次日中午，王 × × 约张 × 见面后，张 × 等即租下一出租屋，并约定由符 × 仁、张 × 刚、符 × 贵、张 × 明、陈 × 在该房间守候，由张 ×、张 × 青将王 × × 带至该房间。此后，张 × 等人殴打王 × × 并索要 5000 元钱。王 × × 被迫拿出 1000 元后，又向其他亲戚朋友打电话，让他们将钱汇至张 × 提供的账户。

事后，张 × 等人怕被发现，欲将王 × × 进行转移。张 ×、符 × 仁、张 × 刚挟持王 × × 搭乘一辆出租车，张 × 青等人随后。而后，张 × 等人所乘出租车与一辆小汽车发生碰撞，张 ×、符 × 仁、张 × 刚逃离，王 × × 因钝性外力打击头部致严重颅脑损伤死亡。

公诉机关以张 ×、符 × 仁、张 × 青、张 × 刚犯绑架罪，提起公诉。

张 × 等辩称：其在控制被害人时没有殴打被害人头部，其行为均不构成绑架罪。

判决主文

一审法院判决：被告人张×犯绑架罪，判处有期徒刑十五年，剥夺政治权利五年，并处罚金2万元；被告人符×仁犯绑架罪，判处有期徒刑十三年，剥夺政治权利三年，并处罚金1万元；被告人张×青犯绑架罪，判处有期徒刑八年，并处罚金1万元；被告人张×刚犯绑架罪，判处有期徒刑六年，并处罚金人民币8000元。

宣判后，被告人张×、符×仁、张×青、张×刚均未提起上诉，公诉机关亦未提出抗诉，判决已发生法律效力。

裁判要旨

刑法中的因果关系是对犯罪行为进行定性的关系，只有当危害行为确实合乎规律地引起了危害结果的发生时，才可认定两者之间存在刑法上的因果关系。在绑架案件中，非因被告人的故意、过失行为导致被害人死亡，而是因为其他因素的介入所致的，不能认定为绑架罪中的"致使被绑架人死亡"的加重情节。

重点提示

刑法上的因果关系是指危害行为与危害结果之间的一种引起与被引起的关系。司法实践中，对于绑架罪的行为人在转移被绑架人途中，因车祸造成被绑架人死亡的，应当如何界定刑法上的因果关系，以及该行为是否属于绑架罪中的"致使被绑架人死亡"的加重情节，应当注意以下几点：（1）刑法中因果关系的考察。刑法的因果关系并非犯罪的构成要件，但在追究行为人的刑事责任之前，就必须先确定其行为与危害结果之间因果关系的存在，从而进一步判断该行为是否符合犯罪构成，最后得出是否构成犯罪的结论。对于刑法因果关系的考察，最根本的就是要审查行为人实施的犯罪行为，在一定条件下是否可以合乎规律地引起危害结果的发生。行为人实施的危害行为有可能引起某种危害后果的发生，并不意味这二者之间存在刑法上的因果关系，只有当这种实在可能性确实合乎规律地引起了危害结果的发生,才可认定危害行为与危害结果之间存在刑法上的因果关系。(2)绑架案件中介入因素对因果关系认定的影响。在绑架案件中,行为人的绑架行为与被绑架人的死亡后果之间是否存在因果关系,则应当考虑介入因素的影响,而介入因素又可以分为正常的和非正常的。所谓非正常的介入因素,就是指在通常情况下不会介入绑架行为中的因素,若没有这种因素的介入,则不会造成被绑架人死亡的后果,在这种情况下,我们应当认定行为人的绑架行为与被害人的死亡后果之间的因果关系中断,对于行为人也不应认定其具有"致使被绑架人死亡"的加重情节。而在介入因素正常的情况下,则不能认定因果关系中断,对行为人仍应以被绑架人死亡的结果承担刑事责任。(3)转移被绑架人途中因车祸致被绑架人死亡的处罚。根据上述分析可知,在转移被绑架人途中遭遇车祸,属于绑架中通常不会遭遇的情况,也就是异常因素的介入,在此情况下因车祸导致被绑架人死亡的,则应认定绑架行为与被绑架人死亡结果之间的因果关系中断,即非因行为人的故意、过失行为导致被绑架人死亡,不能认定行为人承担"致使被绑架人死亡"的刑事责任。

三、绑架罪与他罪的界限(2例)

1. 行为手段的当场性对区分绑架罪与抢劫罪的影响

案例来源

马××绑架案

发布单位:最高人民法院《人民司法·案例》2016年第02期(总第733期)

审判法院:辽宁省高级人民法院

判决日期:2013年12月30日

案　　号:(2014)辽刑三终字第00009号

基本案情

2012年11月，马××在某车库中持刀劫持魏××（5周岁）为人质，并当场向魏××的母亲尹××勒索财物。马××在尹××交出人民币3万元后释放魏××逃跑。次年1月，马××又在××小区停车位处持刀劫持张××（11周岁）为人质，并当场向张××的母亲宋××勒索财物。马××在宋××交出人民币16 000元后释放张××逃跑。次月，马××在××小区车库内持刀劫持单××（7周岁）为人质，并当场向单××的母亲刘×勒索财物。刘×交出人民币1500元后，马××继续持刀胁持单××并给单××的父亲单×打电话，索要赎金人民币20万元。当晚，单×交付赎金后，马××释放单××逃跑。之后，马××被民警抓获。

公诉机关以马××犯绑架罪，提起公诉。

一审法院判决后，被告人马××不服，以其在犯罪中没有造成被害人伤亡，第三起犯罪未实际获得赃款，愿意退赔第一起、第二起犯罪所获赃款，一审法院量刑过重为由，提起上诉。

二审审理过程中，被告人马××申请撤回上诉。

判决主文

一审法院判决：被告人马××犯绑架罪，判处无期徒刑，剥夺政治权利终身，并处没收个人全部财产。

二审法院裁定：准许上诉人马××撤回上诉。

裁判要旨

行为手段是否具有当场性不是区分抢劫罪与绑架罪的科学标准，应以被告人胁迫的对象是被其控制而失去人身自由的人质还是人质之外的第三人来界定。如果是失去人身自由的人质，就构成抢劫罪；如果是人质之外的第三人，则构成绑架罪，财物是否当场交付在所不问。本案被告人将未成年人作为人质，逼迫人质的亲属当场交付财物，构成绑架罪而非抢劫罪。

重点提示

司法实践中，认定以暴力挟持未成年人向其父母索要钱财的行为是构成抢劫罪还是绑架罪，应当注意以下几点：（1）从行为手段的当场性分析。抢劫罪与绑架罪在客观方面的行为手段上的不同在于，抢劫罪要求行为手段具有当场性，即行为人对被害人当场实施暴力、当场劫取财物；而绑架罪则表现为行为人以伤害被绑架人为威胁，向其亲属或其他人员索取赎金或提出其他非法要求，劫取财物的行为也通常不具有当场性。虽然二者在行为手段的当场性方面具有一定的区别，但由于一些绑架案件也有可能存在当场向被绑架人家属勒索财物的行为，故行为人的行为手段是否具有当场性并不能作为区分抢劫罪与绑架罪的唯一标准。（2）从被告人胁迫的对象分析。通常认为，对于抢劫罪和绑架罪进行区分的关键在于，行为人胁迫索要钱财或提出其他非法要求的对象是否为受其控制而失去人身自由的人质。若行为人胁迫的对象是人质以外的第三人，则应认定其行为构成绑架罪；抢劫罪要求行为人控制人身自由的对象和勒索钱财的实际控制人具有一致性，即若行为人勒索财物的对象是受其控制而失去人身自由的人质，则应认定其行为构成抢劫罪，即使被害人隐瞒其被控制人身自由的事实而向他人借款，且无论第三人是否通过自身推论得知被害人失去人身自由，行为人客观上不存在以被害人的安危威胁第三人的行为，故不宜认定其行为构成绑架罪。（3）挟持未成年人逼迫其父母当场交付财产行为的定性。通过上述分析可知，虽然行为人胁迫未成年被绑架人的父母当场交付了财物，其行为手段满足构成抢劫罪的当场性，但其胁迫交付财物的对象是受其控制失去人身自由的未成年人之外的第三人，故应认定其行为符合绑架罪的构成要件，以绑架罪对其定罪处罚。

2. 受雇劫持他人后又向雇主勒索钱财行为的定性

案例来源

王××、沈××故意杀人，曹××、张××、李×甲、费××、李×

乙绑架案

发布单位：最高人民法院《人民司法·案例》2013年第8期（总第667期）

审判法院：上海市高级人民法院

案　　号：（2011）沪高刑复字第14号

基本案情

2009年11月，王××因与陆×的丈夫发生感情纠葛而对陆×产生不满，并意欲加害陆×。之后，王××与曹××取得联系，并通过曹××的介绍联络到张××、李×甲。王××与曹××、张××、李×甲经预谋，约定由张××、李×甲负责将陆×绑出来交由王××处置，王××向张××、李×甲支付1万元人民币作为报酬。其后，李×甲纠集李×乙、费××等人伺机作案，王××带领李×甲等人前往陆×的居住地小区指认陆×。李×乙、费××等人通过跟踪及王××提供的信息，以谎称送建材的方式将正在装修新房的陆×骗出，强行将陆×推入由李×乙驾驶的长安牌面包车内，使用胶带纸封绑陆×的眼、嘴和手，并用黑色塑料袋套住陆×的头部。嗣后，李×乙、费××等人驾车与等候的王××、张××等人会合。陆×被从面包车上拖下后塞入由王××驾驶的越野车后排座位。张××、李×甲等人除从王××处获得1万元报酬外，还由费××等人出面向王××索得8000元。

其后，王××驾驶载有陆×的越野车，指使女儿沈××按住陆×的双脚等，以毛毯捂闷口鼻部及扼压颈部等方法，导致陆×因机械性窒息死亡。之后，王××及沈××将尸体抛置于绿化带内。

公诉机关以王××、沈××犯故意杀人罪，曹××、张××、李×甲、费××、李×乙犯绑架罪，提起公诉。

一审法院判决后，被告人王××、沈××、曹××、张××、李×甲、费××、李×乙均未提出上诉，公诉机关亦未提出抗诉。一审法院依法报送复核法院复核。

判决主文

一审法院判决：被告人王××犯故意杀人罪，判处死刑，缓期二年执行，剥夺政治权利终身；被告人沈××犯故意杀人罪，判处有期徒刑三年，缓刑三年；被告人曹××犯绑架罪，判处有期徒刑五年，剥夺政治权利一年，并处罚金人民币5000元；被告人张××犯绑架罪，判处有期徒刑十一年，剥夺政治权利三年，并处罚金人民币9000元；被告人李×甲犯绑架罪，判处有期徒刑十二年，剥夺政治权利三年，并处罚金人民币1万元；被告人费××犯绑架罪，判处有期徒刑十一年，剥夺政治权利三年，并处罚金人民币9000元；被告人李×乙犯绑架罪，判处有期徒刑六年，剥夺政治权利一年，并处罚金人民币6000元；被告人张××、李×甲、费××、李×乙的违法所得予以追缴。

复核法院裁定：依法核准对被告人王××的死缓判决。

裁判要旨

非法拘禁罪与绑架罪都有非法剥夺他人人身自由的行为表现，但前者仅以剥夺他人人身自由为目的，后者则以严重危害被害人人身安全为特质，通常表现为直接加害被害人人身，并借此勒索他人财物或提出非法要求。为非法取酬而暴力劫持他人交雇主处置的行为，不仅严重侵害被害人人身安全，而且以人质为筹码向雇主勒索钱财，其行为符合绑架罪的主客观事实特征，应当认定为绑架罪。

重点提示

司法实践中，认定行为人受雇劫持他人后又以人质威胁雇主勒索钱财的行为构成何罪时，应当注意以下几点：（1）绑架罪与非法拘禁罪的区分。非法拘禁罪和绑架罪在分类上均属于侵犯他人人身自由的犯罪，通常情况下，两罪最明显的区别就在于行为人实施犯罪行为的主观目的不同，绑架罪的行为人实施犯罪行为的目的在于勒索财物或达成其他非法要求；非法拘禁罪则不要求行为人具有勒索财物或以被害人为人质的目的。但两罪之间的差异不仅存在于主观目的上，虽然两罪的行为人所实施的犯罪行为在客观上均可表现为非法剥夺他人的人身自由，但非法拘禁罪的行为人仅剥夺了被害人的人身自由，而绑架罪的行为人实施的暴力、胁迫行为则对被害人的人身安全造成了威胁，其社会危害性远大于非法拘禁罪。（2）受雇劫持他人后又勒索雇主行为的定性。从侵犯的客体来讲，行为人接受雇佣劫持他人交由雇主处置，不仅侵害了被害人的人身自由，同时还对被害人的人身安全造成了极大的威胁，符合构成绑架罪的客体要件；从犯罪的客观方面来讲，行为人以其劫持的人质相威胁，要求雇主给付财物，符合绑架罪在客观方面的表现形式。此外，行为人向雇主勒索钱财的行为也可以证明其主观上具有以劫持的人质向第三人勒索财物或达成其他非法要求的目的，符合构成绑架罪的主观要件。依据主客观相一致原则，对受雇劫持他人后又勒索雇主的行为，应当以绑架罪进行定罪处罚。（3）受雇劫持他人交雇主处置的行为不宜认定为雇主后续犯罪行为的从犯。首先，若雇主与受雇的行为人存在事先共谋，则二人构成共同犯罪，应当以雇主实施的后续犯罪行为追究受雇行为人的刑事责任。其次，若受雇行为人与雇主没有事先预谋，则其对雇主雇佣其劫持受害人的目的并不明知，即使其可能会预见到雇主将对被害人实施非法行为，但该种预见仅是一种可能性，并非确定的明知。而共犯则要求各行为人对共同犯罪行为有明确的认知，即对共同犯罪行为发生的预见是确定的。最后，若对受雇行为人以雇主后续犯罪行为的共犯论处，则将会产生以雇主后续犯罪行为来推断受雇行为人的主观心态，有客观归罪之嫌。同时，也会产生同是实施绑架行为的受雇行为人，会因雇主后续实施了不同的犯罪行为而被以不同的罪名追究刑事责任。综上，对受雇劫持他人交雇主处置的行为认定为雇主后续犯罪行为的从犯，有违我国刑法主客观相一致的定罪原则。

第十章 拐卖妇女、儿童罪（10例）

一、拐卖妇女、儿童罪的认定（7例）

1. 介绍被拐骗妇女给他人为妻从中谋利行为的定性

案例来源

马××、熊××、刘××、侯××拐卖妇女案

发布单位：最高人民法院发布：四起侵犯妇女儿童权益犯罪典型案例（2016年3月9日）

审判法院：江苏省无锡市锡山区人民法院

判决日期：2015年4月7日

案　　号：（2014）锡法少刑初字第00054号

基本案情

2011年至2014年期间，在当事人及家人的要求下，熊××答应为当事人至云南买女子为妻，并约定事成之后熊××从中收取介绍费。之后，马××、熊××、侯××、刘××多次实施拐骗境外妇女至中国境内，再以给他人介绍为名义，将被拐骗妇女以4.26万元至7.6万元不等的价格出售给他人为妻，从中收取好处费的行为。其中，马××将越南女孩拐骗至中国后与熊××联系让其负责寻找买主，在此期间刘××负责对被拐骗女孩进行看管，并负责运送和做思想工作。熊××从中介绍寻找买主后，与侯××运送被拐骗的女孩，其中侯××还对被拐骗女孩进行看管及做思想工作。马××、熊××、侯××、刘××以上述手段共计拐骗受害女孩7人，熊××共计从当事人处收取介绍费 5.9 万元。2014 年 5 月 13 日，其中一名被拐卖的越南女孩黄×丙乘隙报警，公安机关将其解救后，进行抓捕行动，马××、熊××、侯××、刘××现均已归案。

公诉机关以马××、熊××、侯××、刘××犯拐卖妇女罪，提起公诉。

马××辩称：首先，本人未参与全部指控的拐卖妇女的事实。其次，本人不清楚女孩的身份，因杨×给本人 2000 元好处费让本人冒充女孩的父亲，故本人带女孩与熊××等人见面。

刘××辩称：本人未参与拐卖妇女的行为。

熊××、侯××辩称：本人介绍行为系经双方同意的，并非拐卖。

判决主文

一审法院判决：被告人马××犯拐卖妇女罪，判处有期徒刑十一年九个月，并处罚金人民币 6 万元；被告人熊××犯拐卖妇女罪，判处有期徒刑七年九个月，并处罚金人民币 3 万元；被告人侯××犯拐卖妇女罪，判处有期徒刑五年，并处罚金人民币 1 万元；被告人刘××犯拐卖妇女罪，判处有期徒刑三年，并处罚金人民币 8000 元。

宣判后，被告人马××、熊××、刘××、侯××均未提起上诉，公诉机关亦未提出抗诉，判决已发生法律效力。

裁判要旨

行为人多次实施拐骗境外妇女至中国境内，再介绍被拐骗妇女给他人为妻，从中收取好处费的行为，具有欺骗和违背妇女意志的情形，收取的"好处费"数额相对较高的，是妇女的身价，主观上是以出卖为目的，客观上实施了名为介绍婚姻，实为拐卖妇女的犯罪行为，应以拐卖妇女罪定罪量刑。

重点提示

根据《刑法》第 240 条的规定，拐卖妇女、儿童罪是指以出卖为目的，拐骗、绑架、收买、贩卖、接送、中转妇女、儿童的行为。司法实践中，认定介绍被拐骗的妇女给他人为妻并从中收取好处费的行为是否构成拐卖妇女罪时，应当注意以下几点：（1）判断是否具有欺骗和违背妇女意志的情形。以介绍婚姻的方式索取财物的行为不触犯刑法，因为婚姻是建立在女方自愿的基础上，并不违背妇女的意志，不具有欺骗性，介绍人仅起牵线搭桥作用。而介绍被拐骗的妇女给他人为妻并从中收取好处费的行为则是违背妇女意志，只顾自己谋取利益的犯罪行为，被害妇女被拐骗后，处于行为人控制之下，处于被欺骗、任其摆布的境地，被当作商品出卖，失去决定自己去向的身体自由权。（2）收取"好处费"的性质判定。依据《最高人民法院关于印发〈全国法院维护农村稳定刑事审判工作座谈会纪要〉的通知》中关于拐卖妇女、儿童犯罪案件的规定，"对于那些确属介绍婚姻，且被介绍的男女双方相互了解对方的基本情况，或者确属介绍收养，并经被收养人父母同意的，尽管介绍的人数较多，从中收取财物较多，也不应作犯罪处理"。介绍婚姻收取财物和假借介绍婚姻名义拐卖妇女都有收取"好处费"的行为，但介绍婚姻收取的财物具有酬谢的性质，不是将妇女作为买卖的对象，而是在婚姻关系自愿成立的基础上索取酬金，数目相对较低。而介绍被拐骗的妇女给他人为妻从中收取好处费的行为则具有交易的性质，获取的财物是妇女的身价，数额相对较高。（3）判断"介绍"的主观心态。成立拐卖妇女罪要求行为人以出卖为目的实施拐骗、绑架、收买、贩卖、接送、中转被拐妇女的行为，而介绍婚姻索取财物行为是以获取财物为目的，以介绍行为换取适当的酬谢，其没有侵犯刑法保护法益的主观故意。相反，介绍被拐骗妇女给他人为妻从中收取好处费属于借介绍婚姻为名实施拐卖妇女索取财物，主观上是以出卖为目的，介绍婚姻只不过是掩人耳目的手段。依据《最高人民法院关于审理拐卖妇女儿童犯罪案件具体应用法律若干问题的解释》第3条第1款的规定，以介绍婚姻为名，采取非法扣押身份证件、限制人身自由等方式，或者利用妇女人地生疏、语言不通、孤立无援等境况，违背妇女意志，将其出卖给他人的，应当以拐卖妇女罪追究刑事责任。

2. 受害人特殊身份与职业对拐卖妇女罪定性的影响

案例来源

杨××、李×建、田××、张××、李×飞等拐卖妇女案

发布单位：最高人民法院通报：八起惩治拐卖妇女儿童犯罪典型案例（2015年2月27日）

审判法院：云南省高级人民法院

判决日期：2014年12月17日

案　　号：（2014）云高刑终字第01607号

基本案情

阮×桃、阮×恒等17名越南籍妇女在宾馆、酒店被杨××等人（杨××、李×建、田××、张××、李×飞等）以嫖娼为名，以暴力手段强行带至云南省抚宁县、砚山县、广南县、马关县等地。在将阮×桃、阮×恒等17名妇女带走后，杨××等人与赵××、何××等人（均系同案被告人，已判刑）进行联络，并通过联络将阮×桃、阮×恒等人进行转卖，卖予当地村民。在实施转卖行为过程中，杨××共拐卖12名妇女，参与六起作案，李×建参与作案的数量为七起，拐卖14名妇女。

公诉机关以杨××、李×建、田××、张××等犯拐卖妇女罪，提起公诉。

一审法院判决后，被告人杨××、李×建不服，提起上诉。

判决主文

一审法院判决：被告人杨××、李×建犯拐卖妇女罪，判处死刑，缓期二年执行，剥夺政治权利终身，并处没收个人全部财产；被告人田××、张××、李×飞等犯拐卖妇女罪，判处无期徒刑，剥夺政治权利终身，并处没收个人全部财产；其他同案被告人犯拐卖妇女罪，分别判处十五年至四年不等有期徒刑，并处没收个人全部财产或罚金。

二审法院裁定：驳回上诉，维持原判。

裁判要旨

行为人采用暴力、胁迫等手段强行将多名在我国境内从事卖淫服务的外籍妇女绑架，并通过同伙转卖。拐卖妇女罪客观上表现为非法拐骗、绑架、收买、贩卖、接送或者中转妇女的行为，侵犯的是被害妇女的身体自由权和人格尊严权，犯罪对象为妇女，既包括中国籍妇女，亦包括外国籍妇女；既包括从事合法职业的妇女，亦包括被依法整顿治理的妇女，即受害人的特殊职业和身份不影响拐卖妇女罪的定罪量刑。

重点提示

司法实践中，认定受害人的特殊身份与职业对拐卖妇女罪定性的影响，应当注意以下几点：（1）拐卖妇女罪的客体要件。拐卖妇女罪客观上表现为非法拐骗、绑架、收买、贩卖、接送或者中转妇女的行为，侵犯的是被害妇女的身体自由权和人格尊严权，其犯罪对象为妇女，指年满14周岁的女性，如果拐卖的是不满14周岁的女性，应以拐卖儿童罪定罪论处。（2）受害人的特殊职业不影响拐卖妇女罪的认定。拐卖妇女罪侵犯的客体是被害妇女的身体自由权和人格尊严权，身体自由权和人格尊严权是作为民事主体必备的，为法律所承认和保护的权利，任何公民在法律上都应当享有平等的身体自由权和人格尊严权。从事合法职业妇女的身体自由权和人格尊严权受法律保护，被依法整顿治理妇女的上述权利同样受法律保护。（3）受害人的特殊身份不影响拐卖妇女罪的认定。依据《最高人民法院关于审理拐卖妇女案件适用法律有关问题的解释》第1条的规定，《刑法》第240条规定的拐卖妇女罪中的"妇女"，既包括具有中国国籍的妇女，也包括具有外国国籍和无国籍的妇女。被拐卖的外国妇女没有身份证明的，不影响对犯罪分子的定罪处罚。我国《刑法》第240条规定的拐卖妇女罪的犯罪构成要件中并不包括被害人的职业和身份问题。因此，受害人的特殊职业和特殊身份不应成为影响定罪量刑的因素，即使被拐卖的妇女系卖淫女，且不具有中国国籍，仍不影响司法机关对实施拐卖行为的行为人以拐卖妇女罪定罪量刑。

3. 以非法获利为目的出卖亲生子女行为的定性

案例来源

邢××、刘××、李××等拐卖儿童案

发布单位：最高人民法院通报：八起惩治拐卖妇女儿童犯罪典型案例（2015年2月27日）

审判法院：湖北省枣阳市人民法院

判决日期：2014年12月8日

案　　号：（2014）鄂枣阳刑一初字第00152号

基本案情

陈×为邢××的妻子，其于2011年9月怀有一对双胞胎，邢××遂产生出卖孩子的意图。嗣后，邢××通过中间人刘××、李××、周××、石××、高××的联系，结识婚后始终未能生育的石×甲、龙×夫妇，双方协议待陈×生产后，邢××即以2.5万元的价格将孩子出卖给该夫妇。2011年12月19日，邢××、刘××、周××送陈×到卫生院（××市××镇卫生院）生下一对双胞胎男孩后，刘××即通知李××到医院抱小孩。随后，石××、高××与李××、龙×赶到卫生院，将携带的2.5万元现金通过李××交给了刘××（周××也在场），邢××、刘××则将双胞胎男婴交给了石××和龙×，刘××、周××从中获利1000元，李××从中获利1000元。

次年12月，陈×又一次怀孕。邢××主动找到中间人邢×甲联系出卖事宜。之后，邢×甲的妹妹邢×乙联系到了在一起打工的朋友孔××、党××夫妇，约定若陈×产下男孩，孔××、党××夫妇即以1万元的价金收买。次年1月，邢××将陈×产下的男婴交由孔××的父亲，并取得对价 1 万元。

另查明，石××与高××系夫妻关系，石×甲是石××的弟弟。

公诉机关以邢××、刘××、李××、周××、石××、高××、邢×甲、邢×乙犯拐卖儿童罪，提起公诉。

邢×乙的辩护人辩称：邢×乙认罪态度好，在本案中属于居间介绍作用，从中没有获取利益，拐卖的男婴没有受到其他伤害行为，应当减轻处罚。

高××的辩护人辩称：高××是由为自己妻弟介绍收养小孩转化为出资买卖小孩，其在拐卖儿童案件中起次要作用，作用较轻，且具有自首情节，可以免予刑事处罚。

判决主文

一审法院判决：被告人邢××犯拐卖儿童罪，判处有期徒刑十年，并处罚金人民币 1 万元；被告人刘××犯拐卖儿童罪，判处有期徒刑五年，并处罚金人民币 8000 元；被告人李××犯拐卖儿童罪，判处有期徒刑三年，缓刑五年，并处罚金人民币 7000 元；被告人周××犯拐卖儿童罪，判处有期徒刑二年六个月，缓刑三年，并处罚金人民币 6000 元；被告人邢×甲犯拐卖儿童罪，判处有期徒刑二年，缓刑三年，并处罚金人民币 5000 元；被告人邢×乙犯拐卖儿童罪，判处有期徒刑二年，缓刑三年，并处罚金人民币 5000 元；被告人石××犯拐卖儿童罪，免予刑事处罚；被告人高××犯拐卖儿童罪，免予刑事处罚。

宣判后，被告人邢××、刘××、李××、周××、石××、高××、邢×甲、邢×乙均未提起上诉，公诉机关亦未提出抗诉，判决已发生法律效力。

裁判要旨

拐卖儿童罪的犯罪对象包括亲生子女，判断父母出卖亲生子女的行为是否构成拐卖儿童罪要严格区分借送养之名出卖亲生子女与民间送养行为的界限。行为人在妻子怀孕期间便积极联系收买人，并于妻子生产后将亲生子女以较高价金出卖给他人的，不属于因特殊困难无力抚养子女而将子女送交他人收养的情形，而是以非法获利为目的出卖亲生子女，应以拐卖儿童罪定罪处罚。

重点提示

拐卖儿童罪是指以出卖为目的，实施拐骗、绑架、收买、贩卖、接送或者中转儿童等行为。司法实践中，认定以非法获利为目的出卖亲生子女的行为是否构成拐卖儿童罪，应当注意以下几点：（1）拐卖儿童罪的犯罪对象。拐卖儿童罪的犯罪对象为儿童，即不满14周岁的男童或女童。依据《收养法》第31条第3款的规定，出卖亲生子女的，由公安部门没收非法所得，并处以罚款；构成犯罪的，依法追究刑事责任。可见，被亲生父母出卖的子女同样可以成为拐卖儿童罪的犯罪对象。但当犯罪对象为亲生子女时，要判断亲生父母的行为是否构成犯罪。（2）借送养之名出卖亲生子女与民间送养行为的区分。依据最高人民法院、最高人民检察院、公安部、司法部印发的《关于依法惩治拐卖妇女儿童犯罪的意见》的通知第17条的规定，区分两者的关键在于行为人是否具有非法获利的目的。而对行为人是否具有非法获利的目的，应通过审查将子女"送"人的背景和原因、有无收取钱财及收取钱财的多少、对方是否具有抚养目的及有无抚养能力等事实综合判断。通常情况下，认定属于出卖亲生子女，以拐卖儿童罪论处的情形包括：① 将生育作为非法获利手段，生育后即出卖子女；② 明知对方不具有抚养目的，或者根本不考虑对方是否具有抚养目的，为收取钱财将子女"送"给他人；③ 为收取明显不属于"营养费""感谢费"的巨额钱财将子女"送"给他人；④ 其他足以反映行为人具有非法获利目的的"送养"行为。（3）判断是否以非法获利为目的出卖亲生子女。不是出于非法获利目的，而是迫于生活困难或者受重男轻女思想影响，私自将没有独立生活能力的子女送给他人抚养，包括收取少量"营养费""感谢费"的，属于民间送养行为，不能以拐卖儿童罪论处。而对于私自送养导致子女身心健康受到严重损害，或者具有其他恶劣情节，符合遗弃罪特征的，应以遗弃罪论处；情节显著轻微危害不大的，可由公安机关予以行政处罚。但以非法获利为目的，出卖亲生子女的，则应以拐卖儿童罪论处。

4. 以收养为名安排孕妇待产后出卖婴儿行为的定性

案例来源

王××拐卖儿童、敲诈勒索，邵××、周××拐卖儿童案

发布单位：最高人民法院通报：八起惩治拐卖妇女儿童犯罪典型案例（2015年2月27日）

审判法院：山东省临沂市河东区人民法院

案　　号：（2014）临刑初字第64号

基本案情

2010年11月，王××联系一名孕妇在××县妇幼保健院待产，孕妇生产后出院的当日，王××、邵××租用周××的面包车将产妇送到汽车站后，在王××打算卖掉刚出生的婴儿时，周××称其亲属蒋××欲收养孩子，并联系了蒋××。同日，王××收取蒋××支付的4.5万元后将男婴交给了蒋××，周××从中分得0.7万元的好处费。

2013年12月，王××以收养孩子的名义通过网络联系了孕妇朱××、杜××。次年1月，王××、邵××分别安排朱××、杜××到××县待产，并联系了欲收养孩子的马××、司××，约定由马××垫付朱××的住院费、手术费等费用，并向王××支付3.5万元的营养费；司××则需要支付3.35万元购买杜××生产的男婴。同月，在朱××、杜××生产后，××县公安局刑警大队传唤马××接受询问，并在王××、邵××与司××交易过程中，将王××、邵××当场抓获。

另查明，王××在2007年与史××在其经营的店内因琐事发生争吵、殴斗后，自行持械将店内的柜台砸碎，并因打架受伤住院。此后，王××以柜台、手机损坏为由向史××索要了6000元。

公诉机关以王××犯拐卖儿童罪、敲诈勒索罪，邵××、周××犯拐卖儿童罪，提起公诉。

王××辩称：对公诉机关指控的拐卖儿童罪无异议，但对公诉机关指控的敲诈勒索罪有异议，当时本人已经报警，事后并未见过史××，不存在威胁问题，且是史××主动联系本人要求调解。

针对公诉机关指控的拐卖儿童罪，王××的辩护人辩称：首先，王××联系的孕妇均系未婚先育，无经济能力且无抚养即将生产婴儿的愿望，王××为其垫付生产的相关费用，并不仅仅是为了出卖婴儿牟利，亦有扶危济困助人解难的主观意识。其次，王××并无诱骗或强迫孕妇的行为，出售婴儿系孕妇自愿，且除去垫付的医疗费外，大部分钱款均交给了孕妇本人，王××仅起到联系作用。最后，公诉机关指控的王××联系马××拐卖儿童的犯罪系未遂，且案发后王××认罪态度较好，应从轻或减轻处罚。

针对公诉机关指控的拐卖儿童罪，王××的辩护人辩称：首先，主观上，王××并没有非法占有他人财物的故意，也没有非法强索他人财物的故意，无实施敲诈勒索的动机和目的；客观上，王××确与史××在手机店发生冲突，但王××未采取任何威胁或要挟行为，事后也是史××主动要求解决纠纷，王××仅是接受史××的调解行为。其次，王××与史××的纠纷已超过了追诉时效，王××犯敲诈勒索罪的罪名不成立。

邵××的辩护人辩称：首先，邵××自愿认罪，构成自首，且归案后供述周××，为公安机关提供重要破案线索，有悔罪表现。其次，邵××在犯罪中起到的作用较小，系从犯，并在第三起买卖儿童中被公安机关及时发现，系犯罪未遂。最后，邵××行为的社会危害性相对较小，不存在拐、骗、贩等行为，建议对其从轻或减轻处罚并适用缓刑。

周××的辩护人辩称：首先，本案中公诉机关并未找到出售婴儿母亲的下落，无法核实婴儿的身份，且对王××是以何种方式获得婴儿无法查清，因此，在对王××和周××犯罪行为的社会危害性和主观恶性进行评价时应当作有利于周××评断，即周××的主观恶性较小，社会危害性较小。其次，周××在案发后主动坦白，认罪悔罪，并提供了王××的犯罪线索，且系初犯、偶犯，无犯罪前科。综上，对周××应从轻或免除处罚。

判决主文

一审法院判决：被告人王××犯拐卖儿童罪，判处有期徒刑十年，并处罚金人民币2万元；犯敲诈勒索罪，判处有期徒刑六个月，并处罚金人民币6000元，决定合并执行有期徒刑十年三个月，并处罚金人民币26 000元；被告人邵××犯拐卖儿童罪，判处有期徒刑六年，并处罚金人民币1万元；被告人周××犯拐卖儿童罪，判处有期徒刑三年，缓刑五年，并处罚金人民币1万元；涉案赃款予以追缴，上缴国库。

宣判后，被告人王××、邵××、周××均未提起上诉，公诉机关亦未提出抗诉，判决已发生法律效力。

裁判要旨

以收养为名安排孕妇待产后出卖婴儿的行为，是假借收养名义掩饰出卖儿童的犯罪行为，不属于收养。行为人主观上以贩卖牟利为目的"收养"子女，客观上实施了安排孕妇待产后出卖婴儿的犯罪行为，应以拐卖儿童罪定罪处罚。

重点提示

司法实践中，认定以收养为名安排孕妇待产后出卖婴儿的行为构成何种犯罪时，应当注意以下几点：（1）以收养为名安排孕妇待产后出卖婴儿不属于收养。收养是指将他人子女收为自己子女。法律上，收养视同婚生子女的一种身份契约关系。由于收养会将本无真实血缘的联络人之间拟制为亲子关系，因此收养者与被收养者之间又称为法定血亲或拟制血亲。但以收养为名安排孕妇待产后出卖婴儿的，行为人是以出卖为目的，并无收养的实际行为，亦未建立亲子关系。依据《收养法》第20条"严禁买卖儿童或者借收养名义买卖儿童"的规定可知，该行为不属于收养。（2）犯罪手段对拐卖儿童罪认定的影响。拐卖儿童罪在主观方面表现为直接故意，且主观上具有出卖目的，客观方面表现为拐骗、绑架、收买、贩卖、接送、中转妇女、儿童或者偷盗婴幼儿的行为。

根据《最高人民法院、最高人民检察院、公安部、民政部、司法部、全国妇联关于打击拐卖妇女儿童犯罪有关问题的通知》的规定，凡是拐卖妇女、儿童的，不论是哪个环节，只要是以出卖为目的，有拐骗、绑架、收买、贩卖、接送、中转、窝藏妇女、儿童的行为之一的，不论拐卖人数多少，是否获利，均应以拐卖妇女、儿童罪追究刑事责任。可见，成立拐卖儿童罪要求以出卖为目的实施相应的手段行为，是何种手段行为以及出卖目的是否实现不影响拐卖儿童罪的认定。（3）以收养为名安排孕妇待产后出卖婴儿的行为构成拐卖儿童罪。最高人民法院关于印发《全国法院维护农村稳定刑事审判工作座谈会纪要》的通知中对于拐卖妇女、儿童犯罪案件规定，以贩卖牟利为目的"收养"子女的，应以拐卖儿童罪处理。因此，行为人以收养为名作为其出卖婴儿犯罪行为的掩饰，主观上以贩卖牟利为目的，有拐卖儿童的主观故意，客观上实施了安排孕妇待产并出卖婴儿的行为，应以拐卖儿童罪追究其刑事责任。

5. 居间介绍收养儿童与以非法获利为目的拐卖儿童的区分

案例来源

孙××、卢××拐卖儿童案

发布单位：最高人民法院刑事审判第一、二、三、四、五庭《刑事审判参考》2013年第6集（总第95集）

审判法院：河南省郑州市中原区人民法院

判决日期：2012年12月7日

案　　号：（2012）中少刑初字第30号

基本案情

卢××与其配偶孙××均在××省××县××乡卫生院担任医生。居住在郑州的张××与赵××系夫妻，由于二者仅育有一子，故希望再抱养一名女孩。此后，赵××将欲抱养一名女孩的事情告知朋友贺××，贺××遂向其老师闫××求助。闫××同意后，又向郑××提及此事。郑××随后与在妇产科工作的孙××取得联系，孙××同意帮忙。2012年3月29日，朱××与孟××的第四个女儿出生，但夫妻二人决定弃养该名女婴，遂与孙××联系。此后，孙××通过贺××与郑××的多层关系，与张××、赵××取得联系，张××、赵××知晓后同意抱养该名女婴。当月月末，孙××与卢××按照事先约定前往朱××家中，以20 000元将女婴买走。同日下午，孙××、卢××与赵××、张××见面，并准备前往××县人民医院对女婴的身体健康情况进行检查。但由于当时××县人民医院已经下班，四人遂在舞阳县人民医院为女婴进行了健康检查。结束检查后，赵××、张××将30 000元交予自称是女婴舅舅的卢××，又将700元"辛苦费"交予自称是接生医生的孙××。其后，孙××、卢××被公安机关抓获。

案发后，女婴被解救，在××市儿童福利院抚养；卢××和孙××的亲属退还了10 700元的违法所得。

公诉机关以孙××、卢××犯拐卖儿童罪，提起公诉。

卢××、孙××辩称：对于公诉机关指控的事实和罪名，没有异议。

卢××、孙××的辩护人辩称：孙××、卢××仅是居间介绍赵××、张××从朱××、孟××处买卖女婴，属于从犯，且在归案后具有较好的认罪态度，建议减轻处罚并适用缓刑。

判决主文

一审法院判决：被告人孙××犯拐卖儿童罪，判处有期徒刑五年，并处罚金5000元人民币；被告人卢××犯拐卖儿童罪，判处有期徒刑三年，缓刑四年，并处罚金3000元人民币。

宣判后，被告人孙××、卢××均未提起上诉，公诉机关亦未提出抗诉，判决已发生法律效力。

裁判要旨

正常的居间介绍收养儿童行为属于一般民事行为，不构成犯罪。但明知对方拐卖儿童而为其提供居间介绍收养儿童服务的，以拐卖儿童罪共犯论处。居间介绍收养儿童的行为人直接参与交易并从中获利,其实施的是具有相对独立性的拐卖儿童的行为,即使送养方与收养方均不构成犯罪,介绍者也构成拐卖儿童罪。

重点提示

司法实践中,区分居间介绍收养儿童和以非法获利为目的拐卖儿童行为的界限时,应当注意以下几点:(1)正常的居间介绍收养儿童的行为不构成犯罪。居间介绍收养儿童,是指介绍人在送养方与收养方之间积极运作,促成此事。正常的居间介绍收养儿童的行为需要出于双方自愿,特别是送养方必须是出于自愿,收养关系成立,介绍人只是起牵线搭桥作用。在民间私自送养收养儿童的过程中,居间介绍者通常协调双方的沟通交流并收取少量介绍费,对此,应认定为一般民事行为,不以犯罪论处。根据《最高人民法院关于印发〈全国法院维护农村稳定刑事审判工作座谈会纪要〉通知》的规定,对于确属介绍收养,并经被收养人父母同意的,尽管介绍的人数较多,从中收取财物较多,也不应作犯罪处理。(2)明知对方拐卖儿童而提供居间介绍服务的,以拐卖儿童罪的共犯论处。依据《最高人民法院、最高人民检察院、公安部、司法部关于依法惩治拐卖妇女儿童犯罪的意见》第 21 条的规定,明知他人系拐卖儿童的"人贩子",仍然利用从事诊疗、福利救助等工作的便利或者了解被拐卖方情况的条件,居间介绍的,以拐卖儿童罪的共犯论处。对于仅进行居间介绍,起辅助或者次要作用,没有获利或者获利较少的,一般可认定为从犯。(3)居间介绍收养儿童的行为人直接参与交易并从中获利,单独成立拐卖儿童罪。居间介绍者在介绍过程中,实施多次联系积极促成"收养"关系,甚至代买代卖,从中收取买卖儿童的直接利益的,其实施的拐卖儿童的行为具有相对独立性,应当单独评价,不受送养方、收养方行为定性的影响,即使送养方与收养方均不构成犯罪,介绍者也构成拐卖儿童罪。

6. 为无民事行为能力妇女介绍对象收取费用行为的定性

案例来源

刘××拐卖妇女案

发布单位：最高人民法院刑事审判第一、二、三、四、五庭《刑事审判参考》2012年第4集（总第87集）

审判法院：湖南省邵阳市中级人民法院

判决日期：2012年3月22日

案　　号：（2012）邵中刑一终字第15号

基本案情

2010年农历11月，村民王××在家附近发现一名智障妇女（经鉴定，患有重度精神发育迟滞，系无民事行为能力人）后将其收留，并想为该妇女介绍对象。刘××通过村民周××得知了此事，并告知周××另一村民肖××有一名不太聪明的儿子尚未结婚。之后，刘××与肖××约定去王××的村子相看王××收留的智障妇女。肖××见过该名妇女后，愿意出钱买下她作儿媳，并当场给刘××、王××、周××2000元、1600元、21 000元的好处费。后因该妇女不能做家务，肖××遂将该妇女送回刘××的家中，并要求退钱。随后，刘××欲再将该名妇女介绍给其他人，以便返还肖××的钱。而后，刘××委托周××为无名妇女做媒，周××在得知村民周×飞智力有点问题的儿子尚未结婚，便带着周×飞赶到刘××家，周×飞看了无名妇女后，经讨价还价以10 628元的价格将其买下。刘××分得10 028元，周××分得600元。随后，周×飞家人担心该妇女系被拐卖，因此送回给刘××，并要求退钱，因遭到刘××拒绝而报警。公安人员接到报案后，遂前往刘××家中将其抓获。

公诉机关以刘××犯拐卖妇女罪，提起公诉。

一审法院判决后，被告人刘××不服，提起上诉称：本人只具有介绍婚姻索取财物的目的，并无出卖目的，且客观上没有实施拐卖妇女的行为，不符合拐卖妇女罪的构成特征，不构成拐卖妇女罪。

判决主文

一审法院判决：被告人刘××犯拐卖妇女罪，判处有期徒刑五年，并处罚金1万元。

二审法院裁定：驳回上诉，维持原判。

裁判要旨

介绍婚姻必须考虑妇女意志，缔结的是双方自愿的合法婚姻关系。为无民事行为能力妇女介绍对象收取费用的行为，主观上是以出卖妇女非法获利为目的，客观上将妇女作为商品换取对价，侵犯了无民事行为能力人的人身自由，使其处于被非法处置的地位，该行为不属于介绍婚姻的行为，而应以拐卖妇女罪定罪处罚。

重点提示

司法实践中，认定为无民事行为能力的妇女介绍对象收取费用的行为是否构成拐卖妇女罪时，应当注意以下几点：（1）为无民事行为能力妇女介绍对象收取费用的行为不属于介绍婚姻的行为。介绍婚姻的行为是一种居间联系促成男女双方缔结合法婚姻关系的民事行为，介绍者起牵线搭桥作用并通常收取一定的费用，但介绍婚姻索取财物的行为不触犯刑法。因为介绍者必须考虑男女双方是否自愿缔结婚姻，是否违反一方尤其是女方的意愿，而不是将妇女作为买卖的对象，毫不顾忌妇女的自由意志。因此，为无民事行为能力妇女介绍对象并收取费用的行为，因该妇女系无民事行为能力人，无法考虑其意愿，故该行为不成立介绍婚姻的行为。（2）介绍婚姻的民事行为与拐卖妇女罪的界分。在主观目的上，拐卖妇女的犯罪分子是以出卖被拐卖的妇女谋取非法利益为目的，不将被拐卖的妇女是否同意缔结婚姻作为考虑因素；而介绍婚姻的民事行为则必须考虑男女双方是否自愿。在客观行为上，拐卖妇女犯罪客观上是将妇女作为商品进行买卖，行为人通常实施非法的人身控制，剥夺被拐卖妇女自主决定婚姻的意志自由和行为自由。而介绍婚姻的民事行为仅仅是居间联系，不存在对妇女的人身控制问题，更不存在将妇女作为货物出卖的问题。（3）对于为无民事行为能力妇女介绍对象并收取费用的行为，应当以拐卖妇女罪追究刑事责任。行为人明知妇女为无民事行为能力人，仍为其介绍对象并收取费用，主观上具有出卖妇女获取非法利益的故意，客观上实施了名为介绍对象实为出卖的犯罪行为，侵犯了无民事行为能力人的人身自由，使其处于被非法处置的地位，应认定为拐卖妇女罪。

7. 收买婴幼儿后转卖行为的定性

案例来源

李××、许××、万××、潘××、高××拐卖儿童案

发布单位：最高人民法院公布：三起拐卖儿童犯罪典型案例（2012年5月30日）

审判法院：××人民法院

基本案情

为谋取利益，李××四处联系并从外地人贩子手中大肆收买婴幼儿。收购到一定的数量后，李××便将收买的婴幼儿贩卖给许××。许××为了获取更高额的非法收入，将婴幼儿加价转手贩卖给万××，万××则通过潘××、高××、马××、李×荣、孙××（均系同案被告人，已判刑）等人，将婴幼儿贩卖给××市峄城区、市中区、薛城区等地的居民收养，牟取利益。其中，李××、许××、万××参与作案37起，拐卖儿童38人；潘××参与作案9起，拐卖儿童9人；高××参与作案6起，拐卖儿童6人。经过多次辗转收买、贩卖，被拐来的儿童来源不明，公安机关侦破该案后，均已将被拐卖的儿童解救。

公诉机关以李××、许××、万××、潘××、高××犯拐卖儿童罪，提起公诉。

判决主文

一审法院判决：被告人李××、许××、万××犯拐卖儿童罪，分别判处死刑，缓期二年执行，剥夺政治权利终身，并处没收个人全部财产；被告人潘××、高××犯拐卖儿童罪，分别判处有期徒刑十五年、十三年，并处罚金。

宣判后，被告人李××、许××、万××、潘××、高××均未提起上诉，公诉机关亦未提出抗诉，判决已发生法律效力。

裁判要旨

行为人以出卖为目的，自他人处收买婴幼儿后将婴幼儿转卖的行为，主观上具有拐卖儿童的故意，客观上实施了贩卖婴幼儿的行为，且该行为侵害了婴幼儿的身体自由权和人格尊严，具有社会危害性，符合拐卖儿童罪的构成要件，应以拐卖儿童罪定罪处罚。

重点提示

司法实践中，认定收买婴幼儿后转卖的行为是否构成拐卖儿童罪时，应当注意以下两点：（1）收买被拐卖的儿童罪和拐卖儿童罪的界限。拐卖儿童罪与收买被拐卖的儿童罪分别规定在《刑法》第240条和第241条中，与拐卖儿童罪相比，在主观上，收买被拐卖的儿童罪要求行为人不具有出卖的目的，而是意图与被害人建立婚姻家庭关系或其他相对稳定的社会关系。收买儿童的行为，只要不是为了出卖，无论行为人出于什么动机，都不影响收买被拐卖的儿童罪的成立。例如，收买儿童是为了传宗接代，为了对其进行奴役。而拐卖儿童罪中的收买，是为了出卖而收买，"收买"只是拐卖儿童犯罪的一个中间环节，犯罪分子收买被拐儿童后，便将儿童又转手倒卖与他人，从中谋取不义之财。在客观上，收买被拐卖的儿童罪要求行为人没有将收买的儿童出卖的行为。依据《刑法》第241条第5款的规定，收买被拐卖的儿童又出卖的，依照拐卖儿童罪定罪处罚。因此，即便不是为了出卖而收买，但是收买后又出卖的，也应按照拐卖儿童罪定罪处罚。（2）以出卖为目的收买婴儿后转卖的，构成拐卖儿童罪。首先，行为人主观上具有出卖目的，是为了卖出而收买。其次，行为人在客观上实施了买卖儿童的犯罪行为，侵害了婴幼儿的身体自由权和人格尊严，具有社会危害性，应以拐卖儿童罪追究其刑事责任。

二、拐卖妇女、儿童罪的量刑（3例）

1. 关于多次居间介绍且强抢儿童贩卖的量刑问题

案例来源

孙××拐卖儿童案

发布单位：最高人民法院通报：八起惩治拐卖妇女儿童犯罪典型案例（2015年2月27日）

审判法院：山东省高级人民法院

判决日期：2014年6月24日

案　　号：（2014）鲁刑一终字第48号

基本案情

孙××伙同张××、田××等17人（均已判刑）于2004年10月至2012年1月期间，以出卖为目的，以居间介绍或强抢等方式，将14名儿童贩卖给他人。其中，孙××强抢并贩卖儿童7名，该7名儿童中有6名系从张××、田××等人处抢得，另一名系从儿童亲生父母处强抢的。在贩卖的14名儿童中，有7名儿童系孙××通过居间介绍的方式进行贩卖。案发后，孙××主动向公安机关供述尚未掌握的部分罪行，并协助公安机关将同案犯罪人抓获。

公诉机关以孙××犯拐卖儿童罪，提起公诉。

一审法院判决后，被告人孙××不服，提起上诉。

判决主文

一审法院判决：被告人孙××犯拐卖儿童罪，判处无期徒刑，剥夺政治权利终身，并处没收个人全部财产。

二审法院裁定：驳回上诉，维持原判。

裁判要旨

多次居间介绍且强抢儿童贩卖3人以上的，其行为已符合拐卖儿童罪升格刑的基本构成，量刑时，应结合拐卖行为的具体情节综合确定。行为人伙同他人形成人数众多的作案团伙，相互之间介绍、交叉作案，致拐卖儿童案件频发，严重影响社会稳定的，具有严重的社会危害性。同时，强抢儿童并贩卖的，犯意坚决，手段残忍，主观恶性和人身危险性较大，应当从重处罚。

重点提示

司法实践中，对多次居间介绍且强抢儿童进行贩卖的犯罪行为进行量刑时，应当注意以下几点：（1）拐卖儿童罪的法定刑。依据《刑法》第240条的规定，拐卖儿童罪的法定刑有三档，分别为基本刑"五年以上十年以下有期徒刑，并处罚金"、升格刑"十年以上有期徒刑或者无期徒刑，并处罚金或者没收财产"和"死刑，并处没收财产"。据此，行为人实施拐卖儿童行为的情节和情形的轻重影响对行为人应适用的法定刑，行为人具备升格刑情形且情节严重的，对其应从重处罚。（2）拐卖儿童罪升格刑的适用情形。依据《刑法》第240条的规定，拐卖儿童罪法定升格刑的情形包括：拐卖儿童集团的首要分子；拐卖儿童三人以上的；以出卖为目的，使用暴力、胁迫或者麻醉方法绑架儿童的；以出卖为目的，偷盗婴幼儿的；造成被拐卖的儿童或者其亲属重伤、死亡或者其他严重后果的；将儿童卖往境外的。其中，认定拐卖儿童三人以上既包括一次拐卖儿童三人以上，也包括多次拐卖儿童三人以上；行为人既可以是实施拐骗等六种行为之一而对象为三人以上，也可以是两种以上行为而对象总计为三人以上，如拐骗一人，中转过另外二人。（3）多次居间介绍且强抢儿童贩卖的量刑。首先,多次居间介绍贩卖儿童的行为人,符合拐卖儿童三人以上条件,其行为已达到升格刑的基本构成标准。其次,行为人纠集同伙,形成团伙,人数众多,并互相介绍交叉实施拐卖行为,犯罪行为具有严重的社会危害性,且强抢儿童表明行为人犯意坚决,手段残忍,主观恶性和人身危险性较大,严重危害社会秩序的稳定,带来严重的社会影响,属于情节特别严重,应当从重处罚。

2. 因家境困难出卖亲生子的量刑问题

案例来源

武××、关××拐卖儿童案

发布单位:最高人民法院公布:三起拐卖儿童犯罪典型案例(2012年5月30日)

审判法院:最高人民法院

基本案情

武××与关××系夫妻关系,关××于2009年2月8日生育一男孩,但该男孩经常生病,二人家庭生活困难。因上述各种困难,武××、关××决定将孩子送养。经多处探寻消息,寻得××省××市××红十字医院的护士乔×,令其帮忙联系。随后,乔×将此事告知张××,张××又将此事告知段××(同案被告人,已判刑),段××即向关××询问了该男孩的情况。嗣后,经上述中间人介绍,段××与关××电话联系后约定给付关××2.6万元。随后,段××将此情况告知景××(同案被告人,已判刑),景××与赵××(同案被告人,已判刑)联系并了解孩子情况后,赵××又通过郭××(同案被告人,已判刑)介绍买家。同年,在赵××家中,武××、关××以2.6万元的价格将出生仅四个月的孩子卖与蔡××(在逃)。因为促成了此次买卖,赵××、景××、段××、郭××分别获利1400元、600元、500元、1500元。之后,赵××、郭××、王××(同案被告人,已判刑）与蔡××一同将婴儿送至××省台儿庄。武××的父亲对此事并不知情，待其知晓此事后，即向公安机关报警称孙子被武××夫妇贩卖。同年，公安机关将被拐卖的婴儿成功解救。

公诉机关以武××、关××犯拐卖儿童罪，提起公诉。

武××、关××辩称：其因家庭生活困难将孩子送与条件优越的人家抚养，所收取的人民币2.6万元系营养费，并非出卖价，其行为不属于出卖亲生子女。

一审法院判决后，被告人武××、关××均未提起上诉，公诉机关亦未提出抗诉，一审法院将本案层报最高人民法院核准。

判决主文

一审法院判决：以拐卖儿童罪分别判处被告人武××、关××有期徒刑三年，缓刑五年，并处罚金人民币3万元。

最高人民法院裁定：核准一审法院对被告人武××、关××在法定刑以下判处刑罚的刑事判决。

裁判要旨

判定因子女经常患病且家境困难无力抚养而出卖亲生子的行为是否构成犯罪，应看其是否具有非法获利目的，以及是否仅收取少量钱财。虽家境困难但收取明显不属于营养费的钱财的，应认定该行为不符合送养亲生子的条件，而属于出卖亲生子，以拐卖儿童罪定罪处罚。但鉴于行为人系因家庭困难而将亲生子出卖于他人，主观恶性较小，且未造成严重的社会危害后果，故可在法定刑以下从轻处罚。

重点提示

司法实践中，对因家庭经济困难而出卖亲生子女的犯罪行为进行定罪量刑时，应当注意以下两点：（1）因家境困难出卖亲生子女不承担刑事责任的情形。根据《最高人民法院、最高人民检察院、公安部、司法部印发〈关于依法惩治拐卖妇女儿童犯罪的意见〉的通知》第17条的规定，不是出于非法获利目的,而是迫于生活困难,或者受重男轻女思想影响,私自将没有独立生活能力的子女送给他人抚养,包括收取少量"营养费""感谢费"的,属于民间送养行为,不能以拐卖儿童罪论处。因此,因家境困难而送养亲生子女,没有收取或者仅收取少量钱财的,不构成犯罪,行为人不承担刑事责任。(2)因家境困难出卖亲生子女的具体量刑。行为人虽因家境困难而出卖亲生子女,但其后收取明显不属于营养费的钱财的,应当认定其行为不符合将亲生子女送养的条件,而属于以非法获利为目的出卖亲生子女的,应当以拐卖儿童罪论处。《刑法》第61条规定:"对于犯罪分子决定刑罚的时候,应当根据犯罪的事实、犯罪的性质、情节和对于社会的危害程度,依照本法的有关规定判处。"当行为人因家境困难而出卖亲生子时,主观恶性较小,人民法院在审理案件时,在量刑上应充分考虑到对子女成长的影响,如果父母有悔罪表现,或者犯罪情节轻微且未造成严重的社会危害后果,人民法院可酌情对行为人从轻处罚,在层报最高人民法院核准后可在法定刑以下量刑。

3. 关于拐卖儿童后又主动送回的量刑问题

案例来源

肖×德、肖×富等拐卖儿童案

发布单位:《最高人民法院公报》2011 年第 6 期(总第 176 期)

审判法院:广东省高级人民法院

判决日期:2010 年 6 月 18 日

案　　号:(2010)粤高法刑一终字第 157 号

基本案情

2008 年 10 月,肖×德、肖×富、严××经预谋后,决定拐卖儿童并转手赚钱。随后,肖×德、肖×富(载着严××)各驾驶一辆摩托车到案发地点寻找拐卖对象。之后,肖×富发现黄××适合下手,通知肖×德后由肖×德引开黄××母亲的注意力,严××趁机将黄××(已被解救)抱走。

随后由肖×德联系买主，并以人民币 2.6 万元将黄××卖掉。除支付 1000 元当作车费给周××外，其余赃款由肖×德、肖×富、严××平分。

次年 2 月，肖×德、肖×富、周××、谢××与刘××（另案处理）预谋贩卖儿童，约定由肖×德与肖×富引开亲属的注意，谢××负责开车，周××则趁机抱走已经寻找到的拐卖对象温××（已被解救）。之后，由肖×德联系买家，并以人民币 2.6 万元的价格将温××卖掉，赃款肖×德、肖×富、周××、谢××与刘××平分。同年 4 月，肖×德、肖×富、周××、谢××采取同样的手段，由周××、肖×德引开亲属的注意力，肖×富趁机抱走唐××，并在肖×德联系好买家后以人民币 2.7 万元的价格将唐××卖给他人，所得赃款平分。此后，由于买家怀疑唐××是拐来的，将唐××送回并要求退钱。肖×德、肖×富、周××、谢××同意后由肖×德退回人民币 2 万元。之后，肖×德、肖×富、周××、谢××迫于压力，将唐××送回案发地点附近，唐××家属从公安机关将其领回。

公诉机关以肖×德、肖×富、周××、谢××、严××犯拐卖妇女、儿童罪，提起公诉。

一审法院判决后，被告人肖×德不服，提起上诉称：首先，在共同犯罪中，本人并没有实施分工、策划行为，第一次是由肖×富和周××策划的，第二次是由周××策划的，第三次是由肖×富策划的；其次，贩卖儿童所得的赃款均是平分，本人并没有多分，故对本人应从轻处罚。

判决主文

一审法院判决：被告人肖×德犯拐卖儿童罪，判处无期徒刑，剥夺政治权利终身，并处没收个人全部财产；被告人肖×富犯拐卖儿童罪，判处有期徒刑十三年，剥夺政治权利三年，并处罚金人民币 3 万元；被告人谢××犯拐卖儿童罪，判处有期徒刑八年，并处罚金人民币 2 万元；被告人周××犯拐卖儿童罪，判处有期徒刑六年，并处罚金人民币 2 万元；被告人严××犯拐卖儿童罪，判处有期徒刑六年，并处罚金人民币 1 万元；同时判令将缴获的作案工具手机三部、小灵通一部、充电器一个、吉利牌轿车一辆（粤

PU×××9）以及现金人民币 451 元，予以没收，上缴国库。

二审法院裁定：驳回上诉，维持原判。

裁判要旨

在拐卖儿童的共同犯罪中，行为人在实施拐卖行为后即为犯罪既遂。其后主动将被拐卖的儿童送回的行为，只能认定为犯罪后的补救措施，可认定为有悔罪表现，在量刑时予以考虑。

重点提示

司法实践中，对实施拐卖儿童的犯罪行为后主动将被拐卖的儿童送回的行为进行定罪量刑时，应当注意以下几点：（1）对拐卖儿童后主动送回行为的定性。故意犯罪在其发生、发展和完成的各个阶段，可能会有因主客观原因而停止下来的各种犯罪形态，包括完成形态和未完成形态。前者是指犯罪既遂，后者是指犯罪预备、犯罪未遂和犯罪中止，一个犯罪只可能存在一种犯罪形态。拐卖儿童罪是行为犯，只要行为人实施了拐卖儿童的犯罪行为，即构成犯罪既遂，即便其主动将被拐卖的儿童送回，也不可能因此成立犯罪中止。因此，拐卖儿童后主动送回的行为，仍构成拐卖儿童罪。（2）主动将被拐卖的儿童送回的行为，属于有悔罪表现。悔罪表现，是指犯罪人在刑事侦查、起诉和审判过程中，真诚悔罪的种种行为。主要包括：坦白自己的犯罪、表示悔改、向被害人道歉、赔偿被害人损失、积极退赃、认罪服法等。在我国《刑法》中，悔罪表现是量刑的一个重要酌定情节，也是适用缓刑的一个重要条件。行为人在拐卖儿童后，主动将被拐卖的儿童送回的，属于是在犯罪后积极采取补救措施，应认定为有悔罪表现。（3）对拐卖儿童后主动送回行为的量刑。依据《最高人民法院关于常见犯罪的量刑指导意见》的规定，对犯罪行为进行量刑时要充分考虑各种法定和酌定量刑情节，根据案件的全部犯罪事实以及量刑情节的不同情形，依法确定量刑情节的适用及其调节比例。行为人主动送回被拐卖儿童的行为属于有悔罪表现，在量刑时应作为重要的酌定量刑情节予以考虑，在法律允许的范围内，适当减轻对行为人的刑罚。

第十一章　收买被拐卖的妇女、儿童罪（3例）

1. 收买被拐卖的妇女后又强迫其卖淫的定罪量刑问题

案例来源

龚×吴收买被拐卖的妇女、儿童，强迫卖淫案

发布单位：最高人民法院刑事审判第一、二、三、四、五庭《刑事审判参考》2014年第3集（总第98集）

审判法院：天津市第一中级人民法院

基本案情

2009年4月，龚×吴在××省××市通过阿飞（另案处理）以7000元的价格收买了河南籍女子苏×（时年18岁）并将其带到汪××、龚×弟夫妇（同案被告人，均已判刑）暂住处加以控制。之后，龚×吴又回到××市经人以6500元的价格收买了广东籍女子刘×（时年13岁），亦将其带到前述地点加以控制。在此期间，龚×吴多次将苏×带到与妻子谷××（同案被告人，已判刑）共同经营的洗头房内强迫其卖淫，为防止苏×逃跑，龚×吴与妻子以强行给苏×拍摄的裸体照片放到网上或寄到苏×家中相威胁。为防止刘×逃跑，龚×吴让刘×观看苏×的裸体照片，并威胁刘×，强迫刘×进行卖淫。次月，龚×吴与汪××在××县租赁房屋，又强迫苏×、刘×在该门市房内多次卖淫。

公诉机关以龚×吴犯拐卖妇女、儿童罪，强迫卖淫罪，提起公诉。

一审法院判决后，被告人龚×吴不服，以一审法院判决量刑过重为由，提起上诉。

判决主文

一审法院判决：被告人龚×吴犯收买被拐卖的妇女、儿童罪，判处有期徒刑二年；犯强迫卖淫罪，判处有期徒刑十五年，并处罚金人民币1万元，剥夺政治权利四年；决定执行有期徒刑十六年，并处罚金人民币1万元，剥夺政治权利四年。

二审法院裁定：驳回上诉，维持原判。

裁判要旨

行为人收买被拐卖的妇女后又强迫其卖淫的，主观上具有故意，客观上实施了收买及强迫被拐卖妇女卖淫的犯罪行为，同时符合收买被拐卖的妇女、儿童罪和强迫卖淫罪。虽然两罪之间存在手段与目的的牵连关系，但不应认定为一罪，而应数罪并罚并在量刑时从严处罚。

重点提示

司法实践中，对收买被拐卖的妇女后又强迫其卖淫的犯罪行为进行定罪量刑时，应当注意以下几点：（1）收买被拐卖的妇女后又强迫其卖淫的行为，同时符合收买被拐卖的妇女罪和强迫卖淫罪的构成要件。首先，收买被拐卖的妇女、儿童罪，是指不以出卖为目的，收买被拐卖的妇女、儿童的行为。行为人明知是被拐卖的妇女仍予以收买，主观上具有故意，将人作为商品购买，侵犯了被害妇女的人格尊严权和身体自由权。其次，强迫卖淫罪，是指以暴力、胁迫或者其他手段，迫使他人卖淫的行为。收买被拐卖妇女后实施人身控制，强迫其卖淫的，符合强迫卖淫罪的构成要件。（2）收买被拐卖的妇女后又强迫其卖淫的定罪。依据《最高人民法院关于审理拐卖妇女儿童犯罪案件具体应用法律若干问题的解释》第6条规定，"收买被拐卖的妇女、儿童后又组织、强迫卖淫或者组织乞讨、进行违反治安管理活动等构成其他犯罪的，依照数罪并罚的规定处罚"。虽然收买被拐妇女与强迫其卖淫之间，存在手段与目的的牵连关系，但该行为分别侵犯了妇女独立的人格尊严和不受非法买卖的权利，以及妇女的性自主权和社会良好风尚,已经构成数罪,在相关法律及司法解释性文件对此有相应规定的情况下,应当对行为人所犯数罪予以并罚。(3)收买被拐卖的妇女后又强迫其卖淫的量刑。根据《最高人民法院、最高人民检察院、公安部、司法部印发〈关于依法惩治拐卖妇女儿童犯罪的意见〉的通知》第30条的规定,犯收买被拐卖的妇女、儿童罪,对被收买妇女、儿童实施违法犯罪活动或者将其作为牟利工具的,处罚时应当依法体现从严。《刑法》第241条规定,收买被拐卖的妇女罪刑期为"三年以下有期徒刑、拘役或者管制"。第358条规定,组织、强迫他人卖淫的,刑期从五年起算,情节严重的,处十年以上有期徒刑或者无期徒刑,并处罚金或者没收财产。综上,对收买被拐卖的妇女后又强迫其卖淫的行为,应以收买被拐卖的妇女、儿童罪和强迫卖淫罪实行数罪并罚,同时综合具体的犯罪行为和加重处罚情节,确定具体刑期,并在具体量刑时依法从严惩处。

2. 收买被拐卖的儿童罪中"明知"的认定

案例来源

孙××收买被拐卖的儿童,李×拐卖儿童案

发布单位:最高人民法院通报:八起惩治拐卖妇女儿童犯罪典型案(2015年2月27日)

审判法院:河南省开封市祥符区人民法院

基本案情

2013年5月21日晚8时许,左××携不满2周岁的孙子陈××及孙女在××省××市××区的世纪广场上玩耍。李×趁左××未留意时将陈××偷走,并在网上冒充陈××之母发帖,称其愿以5万元的价钱送陈××给他人收养。孙××注意到上述网贴后,即与李×取得联系。同月23日,孙××与李×会面商议具体收养事宜。会面后,孙××并未核实李×与陈××之间是否为母子关系,而是通过商议以4万元的价格取得陈××的"收养权"。交易成功后，陈××被孙××送至其在李×市曹县的家中。之后经公安机关查获，陈××被解救回家。

公诉机关以李×犯拐卖儿童罪，孙××犯收买被拐卖的儿童罪，提起公诉。

判决主文

一审法院判决：被告人李×犯拐卖儿童罪，判处有期徒刑十年，并处罚金人民币2万元；被告人孙××犯收买被拐卖的儿童罪，判处有期徒刑七个月。

宣判后，被告人李×、孙××均未提起上诉，公诉机关亦未提出抗诉，判决已发生法律效力。

裁判要旨

实务中，收买被拐卖的儿童罪中"明知"的认定，应以收买人是否履行了审慎的注意义务为依据。收买人作为具有一定社会经验和社会阅历的成年人，在应认识到其所收买的儿童可能是被拐卖的情况下，未对出卖人与儿童之间的亲属关系进行核实，属于未尽到审慎的注意义务，应认定其明知系被拐卖的儿童而予以收买，构成收买被拐卖的儿童罪。

重点提示

根据《刑法》第241条的规定，收买被拐卖的妇女、儿童罪，是指不以出卖为目的，收买被拐卖妇女、儿童的行为。司法实践中，认定收买被拐卖的儿童罪中的"明知"时，应当注意以下两点：（1）成立收买被拐卖的儿童罪在主观方面只能是故意，即收买人对于其所收买的儿童是被拐卖的必须"明知"。"明知"，是指知道或者应当知道其收买的对象系被他人拐卖的儿童。成立收买被拐卖的儿童罪要求收买人明知自己所收买的儿童是被他人拐卖的儿童，却仍决意收买。收买儿童的行为只要不是为了出卖，不管收买人出于什么动机，均不影响本罪的成立。（2）收买人是否明知的判断标准。实务中，判断收买人是否明知其所收买的儿童系拐卖而来，应以收买人是否履行了审慎的注意义务为依据。审慎的注意义务要求收买人从一个具有正常社会阅历、经验的成年人的角度出发，对他人拟送养或出卖的儿童可能是被拐卖而来有所认识，并采取询问、调查等核实手段。若收买人未能尽到上述审慎的注意义务，则应推定收买人知道或者应当知道其收买的儿童为被拐卖的儿童，即其在主观上系"明知"，其收买行为符合收买被拐卖的儿童罪的构成要件，应以收买被拐卖的儿童罪追究其刑事责任。

3. 收买被拐卖的儿童后未虐待且未阻止解救的量刑问题

案例来源

彭××、孟×× 收买被拐卖的儿童案

发布单位：最高人民法院公布：三起拐卖儿童犯罪典型案例（2012年5月30日）

审判法院：××人民法院

基本案情

王××、胡××、刘×、庞××、陈×国、刘××、陈×刚（均已判刑）等人以不同的形式、不同的人数、不同的搭档进行组织结伙，在××省××市市区、××县等地多次作案，共贩卖18名儿童，牟取非法利益。在此过程中，彭××、孟××经左××介绍，并在陈×国的帮助下，从王××处以人民币44 000元收买一名男婴，并对该男婴进行正常的抚养及教育，未实施摧残、虐待等行为。公安机关侦破案件解救该被拐卖的男婴时，彭××、孟××未进行阻碍，现该被拐男婴已被解救。

公诉机关以彭××、孟××犯收买被拐卖的儿童罪，提起公诉。

判决主文

一审法院判决：被告人彭××、孟××犯收买被拐卖儿童罪，分别判处有期徒刑一年，缓刑二年。

宣判后，被告人彭××、孟××均未提起上诉，公诉机关亦未提出抗诉，判决已发生法律效力。

裁判要旨

行为人经人介绍收买被拐卖的儿童后正常抚养教育，且未阻止解救。尽管其收买儿童后未虐待且未阻止解救，但收买的行为仍构成收买被拐卖的儿童罪。但其未虐待且未阻止解救的行为符合从轻处罚的规定，应在法定刑基础上依法从轻处罚，以体现宽严相济的刑事政策。

重点提示

司法实践中，对收买被拐卖的儿童后未虐待且未阻止解救的犯罪行为进行定罪量刑时，应当注意以下几点：（1）不以出卖为目的收买被拐卖的儿童构成收买被拐卖的儿童罪。收买被拐卖的儿童后，即便未虐待且未阻止解救，但仅收买行为也应承担刑事责任。拐卖妇女、儿童类犯罪严重侵犯被拐卖妇女、儿童的人身权利，导致骨肉分离甚至家破人亡的损害后果，社会危害巨大。收买被拐卖的儿童行为，客观上诱发、助长拐卖类犯罪，实务中应注重铲除"买方市场"，从源头上遏制拐卖犯罪。对于收买被拐卖的妇女、儿童的，依法应当追究刑事责任的，坚决依法追究。（2）收买被拐卖的儿童罪的处罚。首先，《刑法》第241条第1款规定了收买被拐卖的妇女、儿童罪的法定刑，即"处三年以下有期徒刑、拘役或者管制"。其次，要注重宽严相济的刑事政策和罪责刑相适应的刑法基本原则，对于具有从宽处罚情节的，要在综合考虑犯罪事实、性质、情节和危害程度的基础上，依法从宽，体现政策，以分化瓦解犯罪，鼓励犯罪人悔过自新。（3）收买被拐卖的儿童后未虐待且未阻止解救可从轻处罚。依据《刑法》第241条第6款的规定，"收买被拐卖的妇女、儿童，对被买儿童没有虐待行为，不阻碍对其进行解救的，可以从轻处罚；按照被买妇女的意愿，不阻碍其返回原居住地的，可以从轻或者减轻处罚"。这里的不阻碍对被买儿童解救，是指当被害人的家属或有关组织或部门得知被买儿童下落，前去领回被买儿童时，行为人没有实施强行阻拦的行为。行为人收买被拐卖的儿童后，未对儿童实施虐待行为，亦未阻止解救的行为符合从轻处罚的规定，应在法定刑基础上依法从轻处罚。

第十二章　诬告陷害罪（2例）

1. 诬告陷害罪自诉案件的审查与处理

案例来源

肖××诉赖××诬告陷害案

发布单位：最高人民法院《人民司法·案例》2018年第8期（总第811期）

审判法院：广东省深圳市中级人民法院

判决日期：2016年8月5日

案　　号：（2016）粤03刑终1498号

基本案情

2014年6月，肖××与赖××因纠纷发生肢体冲突，随后赖××独自到医院检查，结果为"鼻骨中段骨折错位，周围未见骨碎片游离，邻近软组织肿胀。鼻额缝显示清晰"。之后，赖××前往该医院的法医临床司法鉴定所进行伤情鉴定，鉴定由该所的王×及没有鉴定资质的××市物证检验鉴定中心聘用人员陈××共同进行。随后，赖××前往派出所报案。赖××得知其伤情不构成轻伤、无法追究肖××的刑事责任，遂串通法医重新进行了检查，并在未经临床诊断医生确认的情况下，将伪造的诊断报告书作为检材依据写入之前进行检验的鉴定文书并出具了结果为"轻伤二级"的鉴定意见。公诉机关遂以肖××犯故意伤害罪，提起公诉。该案以故意伤害罪审查起诉期间，赖××拒绝重新进行伤情鉴定，最后法院以"事实不清、证据不足"为由判决肖××无罪。

肖××遂以赖××与法医串通捏造伤情鉴定的事实，诬告其行为构成故意伤害罪为由，提起自诉，请求判令赖××的行为构成诬告陷害罪。

一审法院作出裁定后，自诉人肖××不服，提起上诉称：鉴定人员主动为被上诉人赖××收集伤情报告检材并故意将6月17日违规收集的检材放入6月16日的鉴定意见中，是违反程序的行为，且鉴定人员与被上诉人赖××串通捏造了该伤情报告。因此，请求撤销一审法院裁定，指令一审法院立案审理。

判决主文

一审法院裁定：对自诉人肖××的控诉，不予受理。
二审法院裁定：驳回上诉，维持原裁定。

裁判要旨

因事实不清、证据不足认定被控告人无罪的案件，如果缺乏积极的证据证明控告人即被害人有捏造事实的行为，被害人不构成诬告陷害罪。自诉人指控他人犯诬告陷害罪，法院仅根据自诉人提交的证据作出审查，证据形式上必须满足确实、充分的要求，否则法院不予受理或驳回起诉。法院审查的证据材料应当与公安、检察机关作出不予追究处理的材料基本相同，避免法院根据不同的证据作出不同于公安、检察机关的处理结果。

重点提示

诬告陷害罪系自诉案件的一种，根据我国《刑事诉讼法》的有关规定，人民法院对自诉案件进行审查后，犯罪事实清楚，有足够证据的案件，应当依法受理并开庭审判。缺乏罪证的自诉案件，如果自诉人提不出补充证据，应当说服自诉人撤回自诉，或者裁定驳回。据此，在司法实践中，审查并处理诬告陷害罪的自诉案件时，应当注意以下几点：（1）诬告陷害罪自诉案件的立案审查。诬告陷害罪属于侵犯人身权利犯罪，我国《刑事诉讼法》规定，对于被害人有证据证明对被告人侵犯自己人身、财产权利的行为应当依法追究刑事责任,而公安机关或者人民检察院不予追究被告人刑事责任的案件属于自诉案件。因此,人民法院在立案审查的过程中,应当对是否有证据证明存在犯罪行为进行重点审查。对于事实不清、证据不足的侵犯人身权利的自诉案件,应当裁定不予受理或驳回起诉。(2)诬告陷害行为的认定标准。诬告陷害罪,是指捏造事实,作虚假告发,意图陷害他人,使他人受刑事追究的行为。本罪在主观方面表现为直接故意,即明知自己在捏造事实,一旦向有关机关或单位告发就会产生被告发人遭受刑事追究的危害后果,仍决意为之,并希望这一危害结果发生,犯罪动机不影响犯罪成立。本罪客观方面必须存在捏造犯罪事实的行为,并主动向国家机关或有关单位告发,在公安、司法机关调查阶段捏造事实、作虚假陈述的,不构成本罪。此外,控告人出于使被控告人受到刑事追究的意愿,在控告过程中可能会存在夸大事实的行为,要注意其与捏造事实行为的区分。捏造事实是一种弄虚作假的行为,与夸大陈述有本质上的区别,控告人无中生有的告发则不存在夸大的情形,仅能认定为捏造事实。(3)被控告人无罪对诬告陷害行为认定的影响。被害人控告他人犯罪,经刑事诉讼程序最终认定被控告人无罪的,并不必然证明控告人具有诬告陷害的行为。若认定被控告人无罪直接影响诬告陷害行为的成立,将严重打击公民控告或举报犯罪行为的积极性,也不利于打击犯罪行为、维护社会稳定。对于确认刑事犯罪,需要事实清楚、证据明确,控告人则很难在控告前掌握足够的证据确认被控告人犯罪,则在进行控告时很可能存在误报的行为。若将此认定为诬告陷害,也不利于控告权的行使。因此,被控告人无罪仅可作为判断控告人是否存在诬告陷害行为的参考,但不能据此直接认定控告人具有捏造事实的行为以及诬告陷害的故意,以此追究其诬告陷害的刑事责任。

2. 捏造司法工作人员犯罪事实的定性与处理

案例来源

宋 × 诬告陷害案

发布单位:最高人民法院发布:司法人员依法履职保障十大典型案例

（2017 年 2 月 7 日）

审判法院：河南省郑州市中级人民法院

判决日期：2015 年 2 月 12 日

案　　号：（2015）郑刑二终字第 40 号

基本案情

2008 年 8 月，宋 × 与李 × 强发生交通事故受伤后，于次年提起民事诉讼。2012 年，受案人民法院审理后判决李 × 强应支付宋 × 各项损失 90 126.42 元，但判决生效后，李 × 强未履行判决的赔偿义务。2013 年 4 月，宋 × 向受案人民法院执行局申请执行，李 × × 担任该案的书记员。因李 × 强始终未到案，并且名下无可供执行的财产，且宋 × 多次进行信访，故在执行中李 × × 先后申请救助资金 50 000 元发放给宋 ×，并由李 × 强父亲李 × 军交纳执行款 38 000 元及逾期利息 8000 余元，该案审理期间还发放给宋 × 救助基金 10 000 元。至 2014 年 4 月 30 日，宋 × 所领取的案件款已经实现判决确定的全部债权，宋 × 对该执行案件出具了结案证明。

自 2014 年 6 月 3 日开始，宋 × 数次向市区两级纪委、政法委、检察院、新华社等单位领导发送举报信息，在举报信息中声称受案人民法院的工作人员孙 × ×、李 × × 克扣、截留其执行款 45 000 元。2014 年 6 月 5 日，区纪委接到市纪委转来署名的短信举报，经区纪委领导批示后，案件检查室成立调查组，对反映的问题进行了调查核实，未发现孙 × ×、李 × × 具有克扣、截留执行款 45 000 元的问题。

公诉机关以宋 × 犯诬告陷害罪，提起公诉。

宋 × 辩称：本人未得够执行款，所反映的情况均有依据，不存在捏造事实、虚假举报的行为，不构成犯罪。

宋 × 的辩护人辩称：宋 × 不具有使对方受刑事追究的意图，其行为不是诬告而是错告，且未造成严重后果，不构成诬告陷害罪。

一审法院判决后，被告人宋 × 不服，提起上诉称：本人未曾捏造事实，亦未诬告陷害被害人，不构成诬告陷害罪。

判决主文

一审法院判决：被告人宋×犯诬告陷害罪，判处有期徒刑一年六个月。

二审法院裁定：驳回上诉，维持原判。

裁判要旨

在执行案件办结后，捏造法院工作人员克扣、截留其执行款的事实，并多次向有关单位和媒体发送举报信息，欲使被害人受刑事追究的，主观上具有诬告陷害的意图而非错告，应以诬告陷害罪定罪处罚。

重点提示

司法实践中，对在执行案件结案后，捏造事实称法院工作人员截留执行款，并向纪委等部门举报的行为进行定罪处罚时，应当注意以下几点：（1）该行为构成诬告陷害罪。诬告陷害罪，是指捏造事实，作虚假告发，意图陷害他人，使他人受刑事追究的行为。本罪在主观上表现为直接故意，即明知自己在捏造事实，仍向有关单位告发，并希望被告发人受到刑事追究。本罪在客观方面要求行为人有捏造犯罪事实并向国家机关或有关单位告发的行为，且控告对象系特定人员。行为人在不存在执行款被截留的情况下称其执行款被截留，系捏造法院工作人员的犯罪事实的行为，且其向相关部门进行了举报，符合诬告陷害罪的客观要件。同时，行为人捏造事实的行为说明其主观意图在于使被控告人受到刑事追究，符合诬告陷害罪的主观要件。根据主客观相一致原则，对于该行为应当以诬告陷害罪进行论处。（2）诬告陷害与错告行为的区分。根据我国《刑法》第243条第3款的规定可知，不是有意诬陷，而是错告，或者检举失实的，不应认定为诬告陷害罪。所谓错告，是指错误地指控他人有犯罪事实的告发行为。所谓检举失实，是指揭发他人罪行，但揭发的事实与实际情况完全不符或部分不符的行为。错告与诬告最根本的区别在于：错告的行为人是由于情况不明、认识片面而导致控告或检举发生差错，并没有故意捏造事实的行为；而诬告的行为人系捏造事实，存在使被控告人接受刑事追究的意图，具有诬陷的故意。实务中,司法机关对于诬告与错告必须严加区分,以保证司法的公正与严谨。(3)诬告陷害司法工作人员的处理。司法机关是行使司法权的国家机关,司法机关的工作人员是国家司法权力的具体执行者,其在司法活动中实施的行为与国家法律、法规的正确密切相关。司法工作人员的声誉是我国司法机关形象的重要表现。对于司法机关人员的行为存在不满,可以采取上诉、申请再审、信访等合法手段,但采取捏造事实的手段对司法工作人员进行诬陷,是对我国司法公正性的质疑和挑战。因此,对于诬告陷害司法工作人员的行为,必须从严处理。这不仅是保障司法工作人员的个人权利,也是对国家司法权威的保障。

第十三章　强迫劳动罪（2例）

1. 以限制人身自由的方式强迫未成年人劳动的定罪量刑问题

案例来源

范×、李××、罗×× 强迫劳动案

发布单位：最高人民法院公布：八起侵害未成年人合法权益典型案例（2015年8月31日）

审判法院：广东省广州市越秀区人民法院

案　　号：（2014）穗越法刑初字第166号

基本案情

2011年10月，范×从何×处租住一套房屋用于住宿，何×居住于同一栋楼的四楼。次年2月，范×与其妻子李××在未经过工商登记，也未领取营业执照的情况下，利用其租住的场所作手表加工场。2013年春节后，钟×（16周岁）因缺钱前往广州市救助站求助时，经一名男子介绍到范×处从事手表装配，范×与李××夫妇给予该男子300元作为介绍学徒的中介费。钟×到达后见情况不对，谎称联系哥哥拿钱买衣服欲离开，范×听后立即掐住其脖子，以性命威胁其好好干。钟×出于恐惧，遂留下工作，与范×夫妇一同居住在该处，范×夫妇一间，钟×一间。在工作期间，钟×多次遭到范×和李××的骂言和殴打，并不准许其外出和打电话。同年5月，与范×和李××夫妇结识的罗××至该场所工作。同年7月，罗××开门，钟×帮忙下楼搬货时趁机逃跑，罗××找到钟×后，因钟×不肯跟其回去，遂通知范×，范×将钟×带回并用棍子殴打钟×，还用刀刺其左手臂，留下了两道伤痕。次月，与范×夫妇结识的丁×（另案处理）至该场所工作，其与罗××均是拿计件工资，同钟×居住在一个屋子内。之后，苏××（13周岁）经他人介绍至该场所工作，讲好做装表工，每月工资1200元，在工作期间，苏××未曾被允许出门和打电话。

2013年10月，周×（15周岁）经人介绍至范×处加工手表，并与钟×、苏××、丁×、罗××共同住在一个屋子内，每天加工手表，范×负责手表加工的整个经营，李××负责煮饭，罗××和丁×每月即可领取工资。而钟×、苏××、周×从未有过工资，在此期间，该场所的大门平时上锁，钥匙只有范×夫妇拥有，钟×、苏××、周×一般每天需工作14个小时，忙的时候还要加班2小时，罗××负责看管三人，除了钟×被抓出门一次，均未出加工场的大门，且均无电话。钟×与周×因干活比较慢，未达到范×的要求，多次遭到拳打脚踢。同时，李××和罗××经常用语言恐吓并强迫其工作。同月，钟×、苏××、周×看到丁×的手机遗留在床上，而当时范×和李××还在睡觉，遂用丁×的手机报警求救。当日下午，房东何×带警察到该加工场，将所有人带回派出所调查。经司法鉴定，钟×与周×的身体受伤程度构成轻微伤。

公诉机关以范×、李××、罗××犯强迫劳动罪，提起公诉。

范×、李××对公诉机关指控的事实均无异议。

范×的辩护人辩称：范×系初犯、偶犯，且到案后如实供述了犯罪事实，具有悔罪表现，犯罪情节较轻，社会危害性不大，建议对其从轻或减轻处罚。

李××的辩护人辩称：李××到案后如实供述了犯罪事实，有悔罪表现，且在共同犯罪中起辅助作用，属于从犯、初犯，主观恶性较小，请求对其从轻或减轻处罚。

罗××辩称：本人仅是临时工，并没有帮助范×、李××看管钟×、苏××、周×，公诉机关的指控不属实。

判决主文

一审法院判决：被告人范×犯强迫劳动罪，判处有期徒刑三年，并处罚金人民币 10 000 元；被告人李××犯强迫劳动罪，判处有期徒刑十个月，并处罚金人民币 5000 元；被告人罗××犯强迫劳动罪，判处有期徒刑七个月，并处罚金人民币 1000 元；作案工具钥匙一串依法予以没收（由扣押机关执行）。

宣判后，被告人范×、李××、罗××均未提起上诉，公诉机关亦未提出抗诉，判决已发生法律效力。

裁判要旨

以限制人身自由的方式强迫未成年人提供无偿劳动的行为，主观上出于故意，客观上实施了限制他人人身自由的行为，侵犯了未成年人的人身自由，构成强迫劳动罪。同时，由于未成年人生理及心智发育尚未成熟，出于对未成年人的保护，对强迫未成年人劳动的行为，应当依法从重处罚。

重点提示

司法实践中，对以限制人身自由的方式强迫未成年人提供无偿劳动的行为进行定罪量刑时，应当注意以下几点：（1）强迫劳动罪的构罪要件。所谓强迫劳动罪，是指以暴力、威胁或者限制人身自由的方法强迫他人劳动的行为。从犯罪构成方面来讲，本罪侵犯的客体是劳动者的人身自由以及我国的劳动管理制度；主观方面必须出于直接故意，即明知自己的行为违反劳动管理法规，且会产生限制他人人身自由的危害后果，仍强迫他人劳动；本罪在客观方面表现为违反劳动管理法规，以暴力、威胁或者限制人身自由的方法强迫他人劳动，情节严重的行为。其中，情节严重的情形主要包括：长时间无偿强迫他人劳动，强迫多人无偿劳动，因强迫劳动发生重大劳动安全事故，以及采用暴力、胁迫、侮辱等手段非法限制他人人身自由强迫劳动等。（2）以限制人身自由的方式强迫未成年人无偿劳动的，构成强迫劳动罪。根据上述分析可知，首先，限制未成年人的自由并强迫其无偿劳动的，侵犯了未成年人的人身自由，也侵犯了我国的劳动管理制度，符合强迫劳动罪的客体要件；其次，行为人实施的限制未成年人人身自由的行为满足强迫劳动罪在客观方面的表现形式；最后，行为人明知其行为会产生危害后果仍为之，主观上具有强迫劳动的犯罪故意。因此，对该行为应以强迫劳动罪定罪处罚。（3）对强迫未成年人无偿劳动行为的量刑。我国《刑法》第244条规定，犯强迫劳动罪，情节严重的，应当在三年以上量刑。其中，关于情节严重的认定，最高人民法院在《〈刑法修正案（八）〉条文及配套司法解释理解与适用》中提到，强迫未成年人劳动属于本罪中"情节严重"的情形，且无论人数的多少。因此，鉴于未成年人心理及心智的发育尚未成熟，需要法律的特殊保护，对于强迫未成年人劳动的行为人应当认定为情节严重并从重处罚。

2. 强迫劳动罪与非罪的区分

案例来源

朱×、何××、余××强迫劳动案

发布单位：最高人民法院刑事审判第一、二、三、四、五庭《刑事审判参考》2013年第3集（总第92集）

审判法院：云南省元谋县人民法院

基本案情

2011年10月，朱×承包墙体材料公司（××县××新型墙体材料有限公司）砖块的进、出窑、装车工作后，通过四处搜寻，协同余××、何××诱骗刘××等人至墙体材料公司从事砖块进窑、出窑、装车的重体力劳动。之后经过协商，朱×、余××、何××做好了分工，三人约定由朱×组织，余××、何××负责看管，强制刘××等人从早上六七点工作到晚上二十三点，且每天仅提供两顿饭菜。同时，在刘××等人工作期间，朱×、余××、何××还对工作进行的不好或工作进行较慢的人进行辱骂、殴打、威胁。夜晚，余××和何××则将刘××等人反锁在三间房里，任由其在住处大小便。

同月26日，社保局（××县人力资源和社会保障局）检查墙体材料公司用工情况时，责令整改，并要求其按时发放工人工资、清退违反规定的用工人员。朱×、余××、何××接到整改通知后，不仅没有停止用工，反而将违规用工人数增加至17人。虽经社保局督促，墙体材料公司于次月为工人发放了共计8160元的工资，但当晚工资即被朱×收回。其后，经司法鉴定，朱×、余××、何××诱骗的17名工人中，除其中三人精神状态正常外，其余14名工人中，有12人为限制民事行为能力人，二人为无民事行为能力人。

公诉机关以朱×、何××、余××犯强迫劳动罪，提起公诉。

判决主文

一审法院判决：被告人朱×犯强迫劳动罪，判处有期徒刑五年，并处罚金人民币1万元；被告人余××犯强迫劳动罪，判处有期徒刑三年六个月，并处罚金人民币6000元；被告人何××犯强迫劳动罪，判处有期徒刑三年六个月，并处罚金人民币6000元。

宣判后，被告人朱×、何××、余××均未提起上诉，公诉机关亦未提出抗诉，判决已发生法律效力。

裁判要旨

判断强迫劳动的行为构成犯罪还是一般违法行为时应当以强迫劳动的人数、持续的时间、强迫的手段、获利的数额以及是否存在强迫未成年人、残疾人、精神智力障碍等特殊人员劳动等情况作为认定标准，行为人强迫精神病患者劳动的行为符合强迫劳动罪的构成要件，且应认定为情节严重，故应对其以强迫劳动罪的加重情节对其从重处罚。

重点提示

强迫劳动罪，是指以暴力、威胁或者限制人身自由的方法强迫他人劳动的行为。司法实践中，认定以限制人身自由的方式强迫有精神疾病的限制民事行为能力人和无民事行为能力人提供劳动的行为,是否构成强迫劳动罪时,应当注意以下几点:(1)强迫劳动罪与一般违法行为的区分。关于强迫劳动的行为,除《刑法》中将其认定为犯罪以外,我国《劳动法》和《治安处罚法》在《刑法》作出规定以前就将其作为一般违法行为给予行政处罚。对于该行为是构成强迫劳动罪还是一般违法行为的问题,虽然《刑法修正案(八)》取消了1997年刑法中规定的满足情节严重的情形才构成强迫职工劳动罪的规定,但根据刑法的谦抑性原则,仍不应认为行为人只要实施了强迫劳动的行为,就将其认定为强迫劳动罪。我国《刑法》亦对犯罪作出了规定,即情节显著轻微、危害不大的行为,不认为是犯罪,因此,对于该行为应当从行为人强迫劳动的人数、持续的时间、强迫的手段、获利的数额以及是否存在强迫未成年人、残疾人、精神智力障碍等特殊人群劳动等方面,作为认定该行为是否构成刑事犯罪的标准。对于偶尔强迫他人劳动、持续时间短、强迫人数少的行为可不追究刑事责任,而仅将其认定为一般违法行为给予行政处罚。(2)限制人身自由强迫精神病人超时超重劳动的行为定性。首先,强迫劳动罪在客观方面表现为违反劳动管理法规,以暴力、威胁或者限制人身自由的方法强迫他人劳动,情节严重的行为,行为人限制精神病人的人身自由,并强迫其劳动,符合强迫劳动罪在客观方面的表现形式;其次,行为人主观上明知该行为违反国家劳动管理制度,且侵害了他人的人身自由,仍故意为之,可认定其主观上存在犯罪的故意;最后,该行为侵犯了精神病人的人身自由权,也对国家劳动管理制度造成了损害,符合强迫劳动罪的客体要件。因此,对于以限制人身自由的方式强迫精神病人劳动的行为,应当以强迫劳动罪定罪处罚。(3)强迫劳动罪情节严重的理解及认定。关于强迫劳动罪"情节严重"的认定标准,我国相关法律及司法解释并未作出明确规定,但通过审判实务中积累的经验,对强迫劳动罪的情节严重主要可通过以下因素进行认定:被强迫劳动者的人数;强迫他人劳动的持续时间;被强迫劳动者是否属于未成年人、残疾人、精神智力患者等限制民事行为能力人的;强迫他人劳动是否造成被害人伤亡等严重后果的;在强迫他人无偿劳动中获利的数额;是否因强迫劳动接受过处理而后又强迫他人劳动等。综上,强迫精神病人劳动的行为,符合情节严重的特征,应当依法从重处罚。

第十四章　非法侵入住宅罪（1例）

非法侵入住宅罪的认定标准

案例来源

李×玉非法侵入住宅案

发布单位：国家法官学院《中国审判案例要览》（2013年刑事审判案例卷）

审判法院：福建省泉州市中级人民法院

判决日期：2012年11月19日

案　　号：（2012）泉刑终字第889号

基本案情

李×玉与王×英之间存在经济纠纷，2011年10月，李×玉以解决经济纠纷为由，带领其二哥李×筑（在逃）、表哥施××、嫂子张××（另案处理）等20余人前往王×英宝珊花园的住所。到达后，李×玉等人不顾宝珊花园物业管理公司保安人员的阻拦，强行驾车闯入宝珊花园，到达王×英所住的别墅门口后，强行进入院子并多人轮流用脚踹门。此时，王×英并不在家，家中只有王×英的外甥女王×捷和保姆郭××。李×玉等20余人强行进入王×英家后与王×捷发生争执并将其头部打伤，此后又将闻讯赶来的王×英的姐姐王×黎殴打至轻微伤。与此同时，李×玉等人又打砸王×英屋内物品致一个仿铜钱币的装饰物的木三脚架被损毁、一部儿童车的帆布被损坏。至接警后的公安人员赶到后，李×玉等人才离开。此后，因王×英报案，李×玉被传唤到案。

公诉机关以李×玉犯非法侵入住宅罪，提起公诉。

李×玉辩称：本人仅有与李×筑一同到王×英家中的行为，并未用脚踹门，也未殴打王×捷，不构成犯罪。

李×玉的辩护人辩称：公诉机关并未提供证据证明李×玉有组织、纠集他人非法侵入王×英住宅的行为，亦未提供证据证明李×玉有殴打王×捷及损坏物品的行为，故其指控不成立。李×玉的行为并未达到刑事入罪标准，且本案的发生是因双方之间存在经济纠纷。因此，应宣告李×玉无罪。

一审法院判决后，被告人李×玉不服，提起上诉，请求改判其无罪。

判决主文

一审法院判决：被告人李×玉犯非法侵入住宅罪，判处有期徒刑一年。

二审法院裁定：驳回上诉，维持原判。

裁判要旨

行为人因经济纠纷带领亲友非法闯入受害人家中，与受害人亲属发生争执，造成受害人亲属人身伤害及家中物品损坏的。行为人主观上明知是受害人的住宅，客观上仍实施了伙同亲友采取暴力手段非法强行侵入住宅的犯罪行为，严重妨碍了受害人的居住安全与生活安宁，符合非法侵入住宅罪的构成要件，应以非法侵入住宅罪论处。

重点提示

《宪法》第39条规定，中华人民共和国公民的住宅不受侵犯。禁止非法搜查或者非法侵入公民的住宅。而非法侵入住宅罪则规定在《刑法》第245条中，是指违背住宅内成员的意愿或无法律依据，进入公民住宅，或进入公民住宅后经要求退出而拒不退出的行为。司法实践中，认定非法入侵住宅罪时，应当注意以下几点：（1）非法侵入住宅罪的客观要件。非法侵入住宅罪在客观方面表现为实施了非法侵入他人住宅的行为，侵犯的客体是他人住宅不受侵犯的权利。"非法"是指违背住宅内成员的意愿，或者没有法律根据。刑法理论上将"无正当理由侵入"解释为不法侵入，合法侵入他人住宅，就是违法性阻却事由。法律授权行为，紧急避险行为，存在阻却违法性，均不构成非法侵入住宅罪。"侵入"主要指未经住宅权人同意、许可进入他人住宅，以及不顾权利人的反对、劝阻，强行进入他人住宅。（2）非法侵入住宅罪在主观方面表现为直接故意。成立非法侵入住宅罪要求行为人明知自己的侵入或不退出行为会破坏他人的住宅安宁权，而积极侵入或消极不退出，间接故意或过失均不构成本罪。因此，误入他人住宅或一经发现立即退出，或者有正当理由必须进入他人住宅的，不构成非法侵入住宅罪。（3）区分本罪与非罪的关键在于情节是否严重。非法侵入住宅罪的构成应限于情节严重，即只有对严重妨碍了他人居住安全与生活安宁的非法侵入住宅行为，才能以犯罪论处。行为人在未经受害人允许的情况下，以解决经济纠纷等理由，实施伙同他人采取暴力手段非法强行侵入住宅的犯罪行为，严重影响了正常的家庭生活秩序，符合非法入侵住宅罪的构成要件，应依法以非法侵入住宅罪论处。

第十五章 侮辱罪、诽谤罪（2例）

1."人肉搜索"致人自杀死亡的行为性质及侮辱罪提起公诉的情形

案例来源

蔡××侮辱案

发布单位：最高人民法院刑事审判第一、二、三、四、五庭《刑事审判参考》2014年第6集（总第101集）

审判法院：广东省汕尾市中级人民法院

基本案情

蔡××系一家服装店的经营者。2013年12月，蔡××因怀疑徐×在其店内试穿衣服时偷走了一件衣服，遂在新浪微博上上传了徐×在其店内的视频，配有"穿花花衣服的是小偷"等字幕，声称徐×偷了其店里的衣服，要人肉搜索。两日后，徐×不堪受辱，跳水自杀。案发后，双方父母达成和解协议，蔡××父母一次性支付12万元赔偿金，徐×父母出具谅解书，请求司法机关对蔡××从轻处罚。

公诉机关以蔡××犯侮辱罪，提起公诉。

蔡××辩称：其对公诉机关指控的犯罪事实无异议。

蔡××的辩护人辩称：首先，公诉机关指控的侮辱罪系自诉案件，应由徐×及其家属提出，公诉机关提出公诉属于程序不当；其次，徐×自杀的行为与蔡××发布微博的行为之间不具有刑法上的因果关系，蔡××的行为不构成侮辱罪。

一审法院判决后，被告人蔡××不服，提起上诉称：本人发布微博的目的是寻人，且无证据证明被害人徐×的自杀与本人发布微博之间存在因果关系，故本人的行为不构成犯罪。一审法院认定本案可以提起公诉，属于适用法律错误。另外，一审判决量刑过重。综上，请求撤销一审法院判决，改判本人无罪。

判决主文

一审法院判决：被告人蔡××犯侮辱罪，判处有期徒刑一年。
二审法院裁定：驳回上诉，维持原判。

裁判要旨

发微博要求"人肉搜索"的行为侵犯他人名誉权，属于侮辱行为。行为人在新浪微博这一主流网络媒体上发布微博对被害人进行侮辱，引发网友对被害人的谩骂，使被害人的社会评价明显降低，最终导致被害人不堪受辱自杀身亡的严重后果，而该后果又引发社会广泛关注和讨论，严重危害了互联网的安全与管理秩序，属于严重危害社会秩序的情形，应当由检察机关提起公诉。

重点提示

司法实践中，认定"人肉搜索"导致他人自杀死亡的行为性质，以及侮辱罪中"严重危害社会秩序和国家利益"提起公诉的情形时，应当注意以下几点：（1）侮辱罪与诽谤罪的区分。根据我国《刑法》第246条的规定可知，侮辱罪是指使用暴力或者以其他方法，公然贬损他人人格，破坏他人名誉，情节严重的行为；诽谤罪是指故意捏造并散布虚构的事实，足以贬损他人人格，破坏他人名誉，情节严重的行为。两罪之间最主要的区别在于犯罪的客观方面，侮辱罪需要实施的是暴力方法，并公然对被害人进行嘲弄使被害人难堪；而诽谤罪则不能使用暴力方法，而是捏造有损他人名誉的虚假事实并加以散布。侮辱罪中实施的侮辱行为必须是在众人面前进行的；而诽谤行为则可以私下进行，只需要让第三人或公众知道，并通过该方式散布了其捏造的事实即可。

（2）"人肉搜索"致人自杀死亡行为性质的认定。"人肉搜索"是区别于机器搜索的一种信息搜索方式，其主要方式是以网络各大平台为媒介，通过匿名知情人士提供线索，收集关于特定的人或者事的信息，以查找人物身份或者事件真相。行为人在怀疑被害人具有偷盗行为的情况下，私自将被害人的信息公布于网络要求人肉搜索致其自杀死亡的，被害人是否具有犯罪行为，已因其死亡而无法查清，根据"存疑有利于被告人"的原则，应认定行为人的行为不构成捏造虚假事实的诽谤行为。但行为人将被害人的视频、图像等信息公布于网络上并要求"人肉搜索"的行为，其实质上是在公众面前对被害人的一种侮辱，会严重损害被害人的名誉权。因此，"人肉搜索"的行为应认定为侮辱行为而非诽谤行为。（3）侮辱罪由检察机关提起公诉的情形。侮辱罪是我国刑法规定的自诉案件之一，即被害人告诉的才处理。但我国刑法亦有规定，"告诉的才处理，但是严重危害社会秩序和国家利益的除外"。在侮辱罪中，侮辱行为严重危害社会秩序是指引起了被害人精神失常甚至自杀身亡等后果，被害人无法告诉或失去告诉能力的情况；危害国家利益则是指侮辱国家领导人、外国元首、外交使节等特定对象，既损害被害人个体的名誉，又危害国家利益的情况。而要求他人进行"人肉搜索"的行为本身危害了互联网正常的管理秩序，并造成了被害人自杀的严重后果，因此，属于由检察机关提起公诉的情形，可由检察机关提起公诉。

2. 利用网络散布捏造事实的行为的认定

案例来源

秦××诽谤、寻衅滋事案

发布单位：最高人民法院《人民司法·案例》2014年第18期（总第701期）

审判法院：北京市朝阳区人民法院

案　　号：（2013）朝刑初字第2584号

基本案情

2011年7月，甬温铁路××省××市相关路段发生特别重大铁路交通事故，在铁道部开展事故善后工作期间，秦××于次月使用新浪微博账户，发布不实微博，称原铁道部向"7·23"甬温线动车事故中的外籍遇难旅客支付3000万欧元高额赔偿金，该微博被转发11 000次，评论3300余次，原铁道部被迫于当夜辟谣。次年11月，秦××使用新浪微博账户，发布微博称中国残疾人联合会主席张××具有德国国籍，在经网友举报后被新浪公司判定该信息不实，张××亦于次日通过微博发布澄清声明。次月，秦××又使用同一新浪微博账户再次发布有关上述信息的博文，引发网民对张××的负面评价。

2013年2月，秦××知晓中国战略文化促进会常务副会长兼秘书长罗×系军人，便使用新浪微博账户，声称罗×之兄罗××在德国×××公司任职，并质疑罗×及其家人搞"利益交换"，该信息被转发2500余次，引发大量网民对罗×的负面评价。同年7月，秦××使用新浪微博账户，在信息网络上散布××媒体集团控股有限公司董事局主席杨×向希望工程虚假捐赠的不实信息，该信息被转发700余次，引发大量网民对杨×的负面评价。同年7月至8月间，秦××在信息网络上看到"兰×被老女人包养"的不实信息，遂使用新浪微博账户，多次在信息网络上散布"兰×被老女人周××包养"的虚假消息，累计被转发900余次，引发大量网民对兰×的负面评价。

公诉机关以秦××犯诽谤罪、寻衅滋事罪，提起公诉。

判决主文

一审法院判决：被告人秦××犯诽谤罪，判处有期徒刑二年；犯寻衅滋事罪，判处有期徒刑一年六个月，决定执行有期徒刑三年。

宣判后，被告人秦××未提起上诉，公诉机关亦未提出抗诉，判决已发生法律效力。

裁判要旨

区分利用信息网络实施的诽谤罪和寻衅滋事罪，主要在于两罪的犯罪构成不同。对于利用信息网络诽谤特定自然人、侵犯公民人格和名誉权的，应认定为诽谤罪。而网络寻衅滋事犯罪一般针对的是单位、不特定的多数人或者公共事件，扰乱的是社会公共秩序；该罪要求造成公共秩序严重混乱，不仅指虚假信息被大量转发、评论等造成的网络秩序混乱，同时也要求造成生产生活、工作、营业、教学等现实社会公共秩序的严重混乱。

重点提示

网络技术的发展使得利用网络的犯罪也越来越多，司法实践中，区分利用信息网络实施诽谤、寻衅滋事犯罪的行为性质时，应当注意以下几点：（1）主观明知是诽谤行为的认定标准。利用信息网络实施的"捏造事实诽谤他人"的行为可以分为三种类型，即捏造事实、篡改事实以及明知是捏造的事实仍在信息网络上散布的行为。对于第三种情况的认定，需要明确把握犯罪嫌疑人在主观上是否构成明知。"明知"包括"知道"或"应当知道"，即根据现有证据推定犯罪嫌疑人知道。进行推定的依据除现有的证据外，还有犯罪嫌疑人自身的身份、职业、表现等因素。（2）利用信息网络实施诽谤与寻衅滋事犯罪的区分。利用网络诽谤和一般的诽谤行为在刑法的规定中并无本质区别，都是故意捏造并散布虚构的事实，足以贬损他人人格，破坏他人名誉，情节严重的行为，仅有散布方式有所不同。但对于利用网络进行的寻衅滋事的犯罪行为，根据《最高人民法院、最高人民检察院关于办理利用信息网络实施诽谤等刑事案件适用法律若干问题的解释》第5条规定，利用信息网络辱骂、恐吓他人，情节恶劣，破坏社会秩序的，以及编造虚假信息，或者明知是编造的虚假信息，在信息网络上散布，或者组织、指使人员在信息网络上散布，起哄闹事，造成公共秩序严重混乱的，均以寻衅滋事罪定罪处罚。由此可知，利用网络实施的诽谤与寻衅滋事犯罪在行为方式上均可以采用编造虚假信息进行传播的手段，对二者进行区分时，应当从犯罪的构成要件入手。诽谤罪侵犯的客体是被害人的人格和名誉，寻衅滋事罪侵犯的客体则是社会秩序。因此，对于利用信息网络诽谤特定自然人的犯罪行为，应认定为诽谤罪；而对于利用网络所编造的虚假信息造成了社会恐慌、严重扰乱了生产生活、工作等公共秩序的犯罪行为，则应认定为寻衅滋事罪。（3）利用信息网络实施的诽谤罪由检察机关提起公诉的情形。诽谤罪是我国法定的自诉案件之一，即不告不理。但在犯罪嫌疑人的行为严重危害社会秩序和国家利益时，则应由检察机关提起公诉。我国相关司法解释规定，利用网络信息诽谤他人时，存在下列情形之一的，应当认定为"严重危害社会秩序和国家利益"：引发群体性事件的；引发公共秩序混乱的；引发民族、宗教冲突的；诽谤多人，造成恶劣社会影响的；损害国家形象，严重危害国家利益的；造成恶劣国际影响的；其他严重危害社会秩序和国家利益的情形。此外，同一诽谤信息实际被点击、浏览次数达到5000次以上，或者被转发次数达到500次以上的，属于情节严重的行为。在犯罪嫌疑人存在诽谤多人的情况下，未必每一次诽谤行为都能达到情节严重的量刑标准，但司法解释规定的诽谤他人并未要求被害人需为同一人。同时因网络诽谤案件取证困难，让每一名被害人自行取证提起自诉显然较为困难，只有利用检察机关提起公诉，才能有效打击这种犯罪行为，保护公民的人格和名誉。

第十六章 侵犯公民个人信息罪（8例）

一、公民个人信息的认定（2例）

1. 公开的工商企业登记信息的性质认定

案例来源

赵××等侵犯公民个人信息案

发布单位：最高人民法院《人民司法·案例》2018年第32期（总第835期）

审判法院：重庆市开州区人民法院

判决日期：2018年2月2日

案　　号：（2017）渝0154刑初342号

基本案情

　　××公司（重庆××商务信息咨询服务有限公司）的主营业务是房产信息咨询服务、房屋产权抵押贷款代办业务服务等。该公司经理赵××为提高公司业绩，通过购买、向熟人收受等途径，非法获取公民个人信息共计14万余条，涉及财产信息3万余条。其中包括赵××向2015年因业务结识的开州××公司（中国××有限公司重庆市开州区分公司）职工李×乙索要的，包含已经通过网络公开的工商企业登记信息在内的开州××公司客户信息共计1.8万余条。此外，××公司业务总监曾×通过购买、向熟人收受等途径，非法获取公民个人信息共计4万余条，涉及财产信息1万余条。其中包括其向在开州××公司任职的同学李×甲索要的开州××公司系统中的客户宽带信息共计1.9万余条，及其向"××形象"美发店老板龚××索要的店内会员资料共计0.8万余条，还有楼盘信息等个人信息共计0.8万余条。2017年4月，民警电话通知赵××、曾×到案接受调查并将二人抓获。当月，民警又将李×甲、李×乙、龚××捉拿归案。

另查明，李×乙及赵××被捉拿归案后，分别向警方揭发了他人的犯罪行为，后经查证均属实；李×甲被捉拿归案后，成功协助警方将一名在逃嫌疑犯抓捕归案。

公诉机关以赵××、曾×、李×甲、李×乙、龚××犯侵犯公民个人信息罪，提起公诉。

赵××及其辩护人辩称：赵××系自首、初犯、有认罪悔罪表现、有立功行为，其所获取信息仅用于公司经营，未造成严重后果，应从轻处罚。其次，公诉机关指控的犯罪信息数量应剔除无效信息部分。

曾×及其辩护人辩称：首先，曾×的行为是经单位负责人授意，所获取的信息也用于公司经营使用，应当认定为单位犯罪，而曾×并非单位负责人，不应承担法律责任。其次，公诉机关指控犯罪信息数量应剔除无效信息部分。最后，公诉机关指控的曾×获取的信息包含1万余条财产信息，以及曾×犯罪情节特别严重的部分证据不足。综上，曾×犯罪情节轻微、有自首情节，且系偶犯、初犯，应适用缓刑。

李×甲及其辩护人辩称：李×甲认罪态度良好，有悔罪表现、立功情节，且系初犯无前科，没有给其他人带来损失，应当从轻处罚。

李×乙及其辩护人辩称：公诉机关指控李×乙犯罪的信息数量有误，单纯的电话号码以及包含电话号码的已经通过网络公开的工商企业登记信息与个体工商户信息不应认定为公民个人信息，应予剔除。李×乙的行为发生在《关于办理侵犯公民个人信息刑事案件适用法律若干问题的解释》施行之前，不应认定为情节严重，且李×乙并非在履职、提供服务中获取信息，系初犯，犯罪情节轻微，有坦白、立功情节，应免予刑事处罚。

龚××辩称：公诉机关指控的信息数量应剔除重复信息及单纯的电话号码，希望从轻处罚。

判决主文

一审法院判决：被告人赵××犯侵犯公民个人信息罪，判处有期徒刑二年六个月，缓刑三年，并处罚金人民币 25 000 元；被告人曾×犯侵犯公民个人信息罪，判处有期徒刑二年，缓刑二年六个月，并处罚金人民币 15 000 元；被告人李×甲犯侵犯公民个人信息罪，单处罚金人民币 1 万元；被告人李×乙犯侵犯公民个人信息罪，单处罚金人民币 8000 元；被告人龚××犯侵犯公民个人信息罪，单处罚金人民币 5000 元。

宣判后，被告人赵××、曾×、李×甲、李×乙、龚××均未提起上诉，公诉机关亦未提出抗诉，判决已发生法律效力。

裁判要旨

个人信息权，具体可以归纳为可识别信息、活动情况和可能影响人身、财产安全的信息三大类。公开性并非公民个人信息的排除事由，行为人未经被收集者同意，将部分能够识别到特定自然人的网络公开的工商企业登记信息出售或提供给他人，即使其获取手段合法，亦属于提供公民个人信息行为。

重点提示

侵犯公民个人信息罪，是指违反国家有关规定，向他人出售或者提供公民个人信息，或通过窃取或者以其他方法非法获取公民个人信息，情节严重的行为。司法实践中，公民个人信息的范围认定常成为争议焦点，认定公开的工商企业登记信息是否属于公民个人信息时，应当注意以下几点：（1）公民个人信息的认定标准。虽然我国《刑法》并未明确规定公民个人信息的具体内涵以及界定标准，但根据《最高人民法院、最高人民检察院关于办理侵犯公民个人信息刑事案件适用法律若干问题的解释》第 1 条的规定可知，公民个人信息，是指以电子或者其他方式记录的能够单独或者与其他信息结合识别特定自然人身份，或者反映特定自然人活动情况的各种信息，包括姓名、身份证件号码、通信通讯联系方式、住址、账号密码、财产状况、行踪轨迹等。因此，界定是否属于"公民个人信息"的标准,就在于是否具有反映特定自然人的各种信息的特征。(2)公开的工商企业登记信息的性质认定。如前所述,界定信息是否属于公民个人信息,应当以能否反映特定自然人的各种信息特征为标准。任何工商企业在注册时都需要在工商局留下登记信息,其中包括法定代表人的姓名、联系电话、公司住所地等内容,根据以上内容完全可以实现识别某一特定自然人的目的。此外,我国相关法律及司法解释对于公民个人信息的描述并未要求其必须具有"隐私性",因此,即使工商企业登记信息可以通过网络公开查询,也不意味着该信息就不再具有识别特定自然人的功能,即"公开"不能作为公民个人信息的排除事由,公开的工商企业登记信息仍具有公民个人信息的基本特征,可以作为侵犯公民个人信息罪的犯罪对象。(3)合法获取工商企业登记信息提供给他人的行为定性。《最高人民法院、最高人民检察院关于办理侵犯公民个人信息刑事案件适用法律若干问题的解释》第3条规定,未经被收集者同意,将合法收集的公民个人信息向他人提供的,属于"提供公民个人信息",但是经过处理无法识别特定个人且不能复原的除外。工商企业登记信息在网络上的公开,是通过国家企业信用信息公示系统实现的,其目的是使民众可以查询到企业信息是否真实有效,系统在公开之前是经过企业法定代表人同意的,但同意的范围仅在于在该系统内公开,而不包括将该信息提供给他人。因此,在国家企业信用信息公示系统上查询并获取工商企业登记信息是合法行为,但若将该获得的信息提供给他人,则应认定为其行为构成提供公民个人信息。

2. 手机定位信息是否属于刑法中的公民个人信息

案例来源

张×甲、张×乙非法获取公民个人信息案
发布单位:最高人民法院《人民司法·案例》2013年第16期(总第675期)
审判法院:江苏省泗洪县人民法院
案　　号:(2012)洪刑初字第05056号

基本案情

自 2011 年 6 月起,张 × 甲、张 × 乙通过互联网搜索找到能够帮人手机定位的人,与其建立上下线关系。张 × 甲、张 × 乙商议通过手机定位获取非法利益,具体操作手段如下:由张 × 甲联系需要手机定位的人,并通过银行卡转账的方式收取高额费用,再通过 QQ 将被定位人的手机号码发给张 × 乙。张 × 乙则负责将号码提供给上线,并通过网银或支付宝向上线支付一定的费用。上线完成定位后,将手机定位信息发送给张 × 乙,张 × 乙再转发给需要定位的人。通过上述方式,张 × 甲、张 × 乙非法为他人提供手机定位信息 20 余次,违法所得共计 18 000 余元,其中包括支付给上线费用 7000 余元。

案发后,张 × 甲主动到公安机关投案,如实供述了自己及所知同案犯的犯罪事实。张 × 乙归案后,亦如实供述了自己及同案犯的犯罪事实,并积极退出全部违法所得。

公诉机关以张 × 甲、张 × 乙犯非法获取公民个人信息罪,提起公诉。

张 × 甲、张 × 乙对公诉机关指控的犯罪事实未提出异议。

判决主文

一审法院判决:被告人张 × 甲犯非法获取公民个人信息罪,判处有期徒刑一年,缓刑二年,并处罚金人民币 12 000 元;被告人张 × 乙犯非法获取公民个人信息罪,判处有期徒刑九个月,缓刑一年,并处罚金人民币 10 000 元;被告人张 × 甲退出的违法所得人民币 11 200 元,被告人张 × 乙退出的违法所得人民币 6900 元,予以没收,上缴国库。

宣判后,被告人张 × 甲、张 × 乙均未提起上诉,公诉机关亦未提出抗诉,判决已发生法律效力。

裁判要旨

在非法获取公民个人信息罪的认定中,公民个人信息的本质特征在于隐私性和识别性。手机定位可以指向特定信息主体,能够显示出被害人的活动轨迹，侵害了其隐私权，因此属于刑法中的公民个人信息。在手机定位信息计算方式上，应以定位手机号码为计件单位，对于同一手机多次定位的应按照一条计算。情节严重认定上应采用多因素分析法，结合侵犯的信息数量，同时应考量定位次数、定位时间长短、信息的流向、扩散时空范围、物质损失情况等综合因素。

重点提示

非法获取公民个人信息罪虽然已由《刑法修正案（九）》修订为侵犯公民个人信息罪，但犯罪对象仍为公民个人信息，因此，公民个人信息的界定就成为了定罪量刑的关键。司法实践中，认定手机定位信息是否属于刑法意义上的公民个人信息的问题时，应当注意以下几点：（1）公民个人信息的界定。《最高人民法院、最高人民检察院关于办理侵犯公民个人信息刑事案件适用法律若干问题的解释》第1条规定："'公民个人信息'，是指以电子或者其他方式记录的能够单独或者与其他信息结合识别特定自然人身份或者反映特定自然人活动情况的各种信息，包括姓名、身份证件号码、通信通讯联系方式、住址、账号密码、财产状况、行踪轨迹等。"据此可知，判断某项信息能否成为侵犯公民个人信息罪的犯罪对象，应当首先判断该信息是否具有识别性，即该信息能否指向确定的主体。当通过该信息可以识别出某个个体身份的时候，就可以认定其为公民个人信息。（2）手机定位信息的性质认定。手机定位是指通过特定的定位技术来获取移动手机或终端用户的位置信息，在电子地图上标出被定位对象的位置的技术或服务。手机定位信息与一般的公民个人信息不同，其不具有固定性，而是随着手机用户的移动不断变化。但通过手机定位信息不但可以识别出特定的主体，还会暴露该主体的所在位置，将会极大地威胁该用户的生命、健康、财产安全，其危害相较于其他公民个人信息的泄露更为严重。因此，应当将手机定位信息作为公民个人信息运用刑法进行保护，对于贩卖手机定位信息的行为按照侵犯公民个人信息罪进行惩处。（3）手机定位信息的犯罪情节及计算方式。我国《刑法》规定的侵犯公民个人信息罪，只有情节严重的才能认定为犯罪，但对于如何认定情节严重则没有明确的标准。实务中，需要法官行使自由裁量权,以此来判断行为人是否构成犯罪。通常情况下,法官应当从犯罪金额、获取信息数量及次数、获取信息的隐私程度、扩散范围以及对被害人造成的人身及财产损失等方面对犯罪情节进行认定。对于手机定位信息的数量计算,由于对同一部手机进行多次定位时,被害人始终为同一人,侵害的也是同一人的法益,因此在计算侵犯信息数量时应当认定为同一条信息。

二、侵犯公民个人信息罪的认定(5 例)

1. 买卖网购订单信息行为的定性

案例来源

夏××侵犯公民个人信息案

发布单位:最高人民法院发布:2016 年七起侵犯公民个人信息犯罪典型案例(2017 年 5 月 9 日)

审判法院:浙江省绍兴市柯桥区人民法院

判决日期:2017 年 2 月 10 日

案　　号:(2017)浙 0603 刑初 97 号

基本案情

自 2015 年 10 月起至 2016 年 7 月止,夏××通过 QQ 等方式,买卖网购订单信息,该网购订单信息中含有网购人的姓名、收货地址、手机号码等公民个人信息,其中约 2600 条网购订单信息为真实信息。夏××利用上述信息获利约 5 万元。

公诉机关以夏××犯侵犯公民个人信息罪,提起公诉。

判决主文

一审法院判决:被告人夏××犯侵犯公民个人信息罪,判处有期徒刑二年,并处罚金人民币 2000 元;追缴被告人夏××的违法所得人民币 5 万元。

宣判后，被告人夏××未提起上诉，公诉机关亦未提出抗诉，判决已发生法律效力。

裁判要旨

包含网购人姓名、电话、地址的网购订单信息可以达到识别特定自然人的目的，符合侵犯公民个人信息罪犯罪对象的特征；购买并出售网购订单信息的行为，符合侵犯公民个人信息罪中非法获取及提供公民个人信息的客观要件。因此，对于买卖网购订单信息的行为应当以侵犯公民个人信息罪定罪处罚。

重点提示

网络购物的发展，也催生了与之相关的犯罪。司法实践中，对非法买卖网购订单信息用于牟利的行为进行定性时，应当注意以下几点：（1）网购订单信息的性质认定。侵犯公民个人信息罪的犯罪对象是公民个人信息，根据最高人民法院、最高人民检察院发布的《关于办理侵犯公民个人信息刑事案件适用法律若干问题的解释》第1条的规定可知，本罪所指的"公民个人信息"，是指以电子或者其他方式记录的能够单独或者与其他信息结合识别特定自然人身份或者反映特定自然人活动情况的各种信息，包括姓名、身份证件号码、通信通讯联系方式、住址、账号密码、财产状况、行踪轨迹等。在网购中，为了联络网购人并对其送达货品，网购订单信息中通常会包含网购人的姓名、收货地址以及手机号码等，而这些信息足以达到识别特定自然人的目的，符合侵犯公民个人信息罪的犯罪对象的特点，即网购订单信息属于刑法意义上的公民个人信息。（2）买卖网购订单信息行为的非法性认定。根据我国《刑法》第253条之一的规定可知，侵犯公民个人信息罪客观表现形式包括：违反国家有关规定，向他人出售或者提供公民个人信息的；窃取或者以其他方法非法获取公民个人信息的。其中，"提供"公民个人信息，包括向特定人提供公民个人信息，以及通过信息网络或者其他途径发布公民个人信息；而除窃取以外的其他非法获取公民个人信息的方法，包括违反国家有关规定，通过购买、收受、交换等方式获取公民个人信息，或者在履行职责、提供服务过程中收集公民个人信息的行为。由此可知,购买网络订单信息并对外出售的行为,符合侵犯公民个人信息罪的客观表现形式。(3)买卖网购订单信息行为的情节认定。由前述分析可知,网购订单信息符合侵犯公民个人信息罪的犯罪对象特征,可以作为本罪的犯罪对象,而买卖网购订单信息的行为符合侵犯公民个人信息罪的客观要件,故对于买卖网购订单信息的行为人,应当以侵犯公民个人信息罪定罪量刑。其中,对于买卖网购订单信息的犯罪行为的情节,则通常应当以其买卖网购订单信息的数量以及非法获利的数额进行判定。

2. 购买学生信息并出售牟利行为的定性

案例来源

周×城、陈××、刘×、陈×、周×云侵犯公民个人信息案

发布单位:最高人民法院发布:2016年七起侵犯公民个人信息犯罪典型案例(2017年5月9日)

审判法院:浙江省嘉兴市平湖市人民法院

判决日期:2016年12月7日

案　　号:(2016)浙0482刑初1022号

基本案情

周×城系个体家教,2011年及2016年,周×城分别从他人处购买学生信息共计772万条。随后,周×城将其所购的学生信息分别出售给陈××、刘×、陈×、周×云、潘××及侯××,共计获利65 400元。此外,刘×、陈×、周×云从他人手中购买学生信息25 068条,花费3000元。

另查明,陈×、周×云均系主动向公安机关投案,并且公安机关从二人如实供述的事实中掌握周×城、陈××的犯罪线索。之后,公安机关在周×城处扣押手机两部、笔记本电脑一台及一个移动U盘和63张学生信息表;在陈××处扣押两部手机;在刘×处扣押一个U盘。

公诉机关以周×城、陈××、刘×、陈×、周×云犯侵犯公民个人信息罪，提起公诉。

判决主文

一审法院判决：被告人周×城犯侵犯公民个人信息罪，判处有期徒刑一年十一个月，并处罚金4万元；被告人陈××犯侵犯公民个人信息罪，判处有期徒刑十一个月，并处罚金1万元；被告人刘×犯侵犯公民个人信息罪，判处有期徒刑九个月、缓刑一年，并处罚金5000元；被告人陈×犯侵犯公民个人信息罪，判处有期徒刑七个月、缓刑一年，并处罚金4000元；被告人周×云犯侵犯公民个人信息罪，判处有期徒刑七个月、缓刑一年，并处罚金4000元；依法没收公安机关扣押的涉案工具一台笔记本电脑、一个U盘、一个移动U盘、63张学生信息表，扣押的4部手机分别返还给被告人周×城、陈××；责令被告人周×城退缴违法所得65 400元。

宣判后，被告人周×城等均未提起上诉，公诉机关亦未提出抗诉，判决已发生法律效力。

裁判要旨

行为人以牟利为目的购买并出售学生信息，因学生信息中包含可以识别自然人身份的信息，属于公民个人信息，且其非法获取及出售公民个人信息的行为在主观上具有犯罪故意，依据主客观相一致原则，对其行为应以侵犯公民个人信息罪定罪量刑。

重点提示

公民个人信息所有权是公民的合法权益，法律应当对其进行保护。对于向他人收购学生信息并用于售卖牟利行为的定性问题，在司法实践中应当注意以下几点：（1）学生信息的性质认定。根据我国刑法和相关司法解释的规定，我国刑法依法保护的公民个人信息，是指以电子或者其他方式记录的能够单独或者与其他信息结合识别特定自然人身份或者反映特定自然人活动情况的各种信息，包括姓名、身份证件号码、通信通讯联系方式、住址、账号密码、财产状况、行踪轨迹等。由此可知，受刑法保护的公民个人信息的最大特点就是可以据此识别到特定的自然人身份或反映特定自然人的活动情况。学生信息是学生登记在学校或其他相关教育机构的信息，包括学生的姓名、学校、年龄、联系方式以及身份证号码等相关内容，根据上述内容，足以识别特定学生的身份，因此学生信息属于我国刑法意义上的公民个人信息。（2）购买学生信息并出售牟利行为的非法性认定。根据《刑法》中关于侵犯公民个人信息罪的规定可知，本罪在客观方面的表现形式可以分为：违反国家有关规定，向他人出售或者提供公民个人信息，情节严重的行为，以及窃取或者以其他方法非法获取公民个人信息的行为。即实施本罪的违法行为主要包括出售、提供及窃取或者以其他方法非法获取。所谓的"其他方法"，根据《最高人民法院、最高人民检察院关于办理侵犯公民个人信息刑事案件适用法律若干问题的解释》第4条的规定可知，违反国家有关规定，通过购买、收受、交换等方式获取公民个人信息，或者在履行职责、提供服务过程中收集公民个人信息的行为，均属于以其他方法非法获取公民个人信息。由此可知，无论是购买学生信息的行为还是将其出售的行为，均符合侵犯公民个人信息罪在客观方面的表现形式。（3）购买学生信息并出售牟利行为的主观意图。侵犯公民个人信息罪在主观方面表现为故意，即明知是他人的个人信息，仍向他人提供、出售或购买。对于购买学生信息并出售的行为人，若其目的在于牟利，则可认定其买卖学生信息时存在主观故意。因此，根据主客观相一致原则，购买学生信息并出售牟利的行为，应当以侵犯公民个人信息罪定罪处罚。

3. 非法获取并在网上发布他人开房记录致其自杀行为的定性

案例来源

黄××、缪×宝非法获取公民个人信息案

发布单位：最高人民法院《人民司法·案例》2015年第20期（总第727期）

审判法院：浙江省温州市中级人民法院

判决日期：2015 年 6 月 20 日

案　　　号：（2015）浙温刑终字第 528 号

基本案情

2012 年至 2013 年期间，黄××、缪×宝等人合伙投资筹建二手车交易市场，向工商行政管理局提交市场名称登记的申请材料后，未能获得批准。为此，黄××、缪×宝认为是行政人员王×故意刁难，遂决定非法获取王×的开房记录并在网上发帖曝光。黄××提议，由缪×宝从时任拘留所副所长的缪×光（另案处理）处非法获取王×的身份信息及开房记录情况后，由黄××撰写有关王×的个人开房记录及房产情况的文字信息。

2014 年 7 月，缪×宝请宋×协助黄××将撰写的文字发布到网上，信息内容包含王×单位、时任职务、历任职务等，并写明其和家人名下有多套房产，其在任职期间到酒店、宾馆等开房达 200 余次。因该次曝光未能引起激烈反响，黄××遂提议要求缪×宝将王×的个人开房记录以照片方式拍摄下来。随后，缪×宝至缪×光处查看王×的个人开房记录，并将该记录拍摄后提供给黄××发帖。三日后，黄××在宋×的协助下在全国知名网站和当地热门网站发布帖文，并附有王×开房记录图片。上述信息的曝光引起舆论的广泛关注，造成极大社会影响。次日，王×向警方报案。次月，王×因情绪受此事影响而卧轨自杀身亡。同年 11 月，缪×宝主动到公安机关投案，并如实供述了上述犯罪事实。

公诉机关以黄××、缪×宝犯非法获取公民个人信息罪，提起公诉。

一审法院判决后，被告人黄××不服，提起上诉称：首先，本人发布信息的行为属于举报而非报复，且传播的均为真实信息，发布的信息引起媒体关注不能认定为情节严重，一审判决认定本人非法获取公民信息情节严重的依据不足；其次，若王×存在违纪行为，则本人的行为不构成犯罪，王×死亡与本人行为无关，系畏罪自杀的可能性较大。综上，请求改判本人无罪。

被告人缪×宝亦不服，提起上诉称：首先，第一次发帖是上诉人黄××单独实施的行为，本人未和上诉人黄××商量，也不知道上诉人黄××获取王×相关信息的情况；其次，第一次发帖询问的信息来源是本案的关键情节，一审判决将信息来源一概认定为从本人处获取与事实不符；最后，本人在犯罪活动中所起作用小于上诉人黄××，又具有自首情节，一审判决量刑畸重。综上，请求改判。

上诉人缪×宝的辩护人辩称：首先，法律并未对非法获取公民个人信息罪情节严重的情形进行明确规定，上诉人缪×宝获得信息的手段不属恶劣，发帖内容亦属真实，故其行为不符合非法获取公民个人信息罪的构成要件；其次，王×的自杀原因不明，不能排除因纪委介入而自杀身亡；最后，上诉人缪×宝在犯罪活动中的作用小于上诉人黄××，且有自首情节，无前科。综上，请求对上诉人缪×宝从轻处罚。

判决主文

一审法院判决：被告人黄××犯非法获取公民个人信息罪，判处有期徒刑一年，并处罚金人民币2000元；被告人缪×宝犯非法获取公民个人信息罪，判处有期徒刑十个月，并处罚金人民币2000元。

二审法院裁定：驳回上诉，维持原判。

裁判要旨

非法获取被害人身份信息和开房记录，将开房记录以照片方式拍摄后，将被害人信息附上开房记录图片发布到新浪微博等网站。帖文发布不久便被各大网络媒体转载，被害人因心情不好外出后卧轨自杀身亡。对这种非法获取他人个人信息并在网上发布，引发社会舆论广泛关注，严重干扰他人正常生活的行为，可以以非法获取公民个人信息罪定罪处罚。

重点提示

网络技术的发展，也给公民个人信息的安全带来了一定的风险，侵犯公民个人信息的刑事犯罪时有发生。在司法实践中，认定通过公安内部网络获取他人开房记录并公布于网络，严重影响他人生活致其自杀的行为构成何罪时，应当注意以下几点：(1) 宾馆开房记录的性质认定。我国相关司法解释对于公民个人信息的定义是，以电子或者其他方式记录的能够单独或者与其他信息结合识别特定自然人身份或者反映特定自然人活动情况的各种信息，即公民个人信息是包括与公民存在关联的以各种形式存在的信息。而这类信息通常应当具有一定的保护价值，即一旦公开会影响公民的正常生活。公民入住宾馆需要通过身份证明进行登记，则宾馆开房记录必然包括公民的身份证号码、姓名等身份信息，还包括宾馆名称、地址、入住时间等行踪信息，通过身份信息可以识别到特定的自然人，通过入住时间及地址等可以反映该自然人的活动，而该信息一旦被公开，就会对自然人造成一定的损害，因此应将宾馆开房记录认定为公民个人信息，将其纳入刑法的保护范围。(2) 获取手段非法性的认定。非法获取公民个人信息罪已被《刑法修正案（九）》修改为侵犯公民个人信息罪，关于非法获取公民信息的行为，《刑法》中的描述为窃取或者以其他方法非法获取。判断行为人的获取手段是否具有非法性，应当判断行为人获取信息过程中是否违背了信息所有人的意愿或真实意思表示；行为人是否有权了解、接触相关公民个人信息；行为人获取信息的手段是否违反了法律禁止性规定或公序良俗。行为人通过他人从公安内部网络调取开房记录，信息所有人并不存在公开信息的意愿，行为人本身也无权接触该信息，因此应认定其获取手段具有非法性。(3) 侵犯公民个人信息罪情节严重的认定标准。根据《刑法》规定可知，非法获取公民个人信息的行为，情节严重的才构成犯罪。对于行为人的行为是否达到情节严重的标准，应当从以下几个角度进行认定：首先，应当判断信息的隐秘程度，可以合法公开的信息，其隐秘程度较低，而非法获取他人个人隐私的行为，情节相较于获取公开信息的行为显然更为严重。其次，应当判断行为人将其获取的信息扩散到何种程度，将其非法获取的公民个人信息公开，扩散范围广，造成的影响恶劣，应认定构成情节严重。最后，应判断其行为造成的损害后果，因非法获取的行为影响信息所有人的正常生活，甚至致其人身、财产等权利受到损害的，应视为具有情节严重的情形。根据上述论述可知，开房记录属于不对外公开的个人隐私，隐秘性较强，公布于网络的扩散范围极广，导致信息所有人自杀的损害后果，满足情节严重的情形，应认定为犯罪。

4. 侵犯公民个人信息犯罪的构罪要素

案例来源

沈×非法提供公民个人信息，薛××、余××、蔡××、徐××、南通××装饰装潢工程有限公司、南通××网络科技有限公司非法获取公民个人信息案

发布单位：最高人民法院《人民司法·案例》2015年第24期（总第731期）

审判法院：江苏省南通市崇川区人民法院

案　　号：（2015）崇刑初字第0058号

基本案情

沈×系信息咨询公司（南通××房产信息咨询网络公司）员工，其利用工作上的便利，私自导出当地房产管理局信息中心房产销售系统中的公民个人房产信息，并通过电子邮件非法提供给装潢公司（南通××装潢工程有限公司）的法定代表人余××。2012年10月至2013年12月间，沈×以上述手段提供公民个人房产信息共计22 993条。

另查明，装潢公司员工薛××利用工作上的便利，通过在余××电脑上安装"灰鸽子"软件的方式窃取该电脑中的公民个人房产信息，后将窃取到的26 460条公民个人房产信息中的17 900条出售给科技公司（南通××网络科技有限公司）合伙人蔡××、徐××。薛××以此获利人民币1万元。

案发后，公安机关先后抓获薛××、蔡××、沈×，余××、徐××主动向公安机关投案。归案后，沈×如实供述了非法提供公民个人房产信息的犯罪事实，余××、薛××、蔡××、徐××如实供述了非法获取公民个人房产信息的犯罪事实。

公诉机关以沈×犯非法提供公民个人信息罪，余××、薛××、蔡××、徐××、装潢公司、科技公司犯非法获取公民个人信息罪，提起公诉。

余××的辩护人辩称：余××系初犯、偶犯，且其获取的公民个人信息种类少，社会危害性较小，并有自首情节。故可以从轻或减轻处罚，并可对其单独适用罚金。

徐××的辩护人辩称：徐××仅购买公民个人房产信息，未谋取非法利益，主观恶性小，情节轻微，并非主犯，且主动自首，认罪态度好，可从轻、减轻处罚或者免于刑事处罚。

判决主文

一审法院判决：被告人沈×犯非法提供公民个人信息罪，判处有期徒刑九个月，缓刑一年，并处罚金人民币15 000元；被告人薛××犯非法获取公民个人信息罪，判处有期徒刑一年，缓刑二年，并处罚金人民币15 000元；被告人余××犯非法获取公民个人信息罪，判处拘役四个月，缓刑五个月，并处罚金人民币15 000元；被告人蔡××犯非法获取公民个人信息罪，判处拘役四个月，缓刑五个月，并处罚金人民币1万元；被告人徐××犯非法获取公民个人信息罪，判处拘役两个月，并处罚金人民币1万元；被告单位装潢公司犯非法获取公民个人信息罪，判处罚金人民币3万元；被告单位科技公司犯非法获取公民个人信息罪，判处罚金人民币2万元。

宣判后，被告人沈×、余××、薛××、蔡××、徐××，被告单位装潢公司、科技公司均未提起上诉，公诉机关亦未提出抗诉，判决已发生法律效力。

裁判要旨

结合当前严厉打击侵犯公民个人信息犯罪的刑事政策，应当对出售、非法提供公民个人信息罪和非法获取公民个人信息罪作扩大解释。只要行为人所在单位的性质决定其能够较为系统地接触和获取公民信息，就属本罪单位之列；只要行为人无正当事由，没有获取公民个人信息的法律、法规依据或资格而获取的，就属非法获取。

重点提示

　　司法实践中，认定侵犯公民个人信息犯罪的构成要素时，应当注意以下几点：（1）刑法保护的公民个人信息的特征及房产信息的性质认定。受刑法保护的公民个人信息应当具备一定的特征：一是应当具备私密性及专属性，即该公民个人信息是不应被随意公开的，且通过该信息可以反映到特定的自然人。二是应当具备一定的价值属性，即该信息具有保护的价值，一旦披露则有可能威胁到公民的人身及财产安全。但应注意公民个人信息与个人隐私间的区别，即使公民个人信息已经通过网络或其他途径公开，也不能随意侵犯。房产信息是指在房管部门登记的，与公民个人存在紧密关联性，通过该信息可以识别出特定的房产所有人的信息，对于房产所有人的人身及财产安全有重要意义，具备利用法律保护的价值，应当认定为纳入刑法保护的公民个人信息。（2）侵犯公民个人信息罪的犯罪主体。在《刑法修正案（九）》施行之前，侵犯公民个人信息罪的主体是国家机关或者金融、电信、交通、教育、医疗等单位本身以及单位的工作人员，所谓的"等"就是包括但不限于上述单位的工作人员，同时，本罪还可以构成单位犯罪。出于保护公民个人信息安全的角度考虑，对于本罪的犯罪主体应作扩大解释，即只要行为人所在单位的性质使其可以接触并获取公民个人信息，就属于本罪单位犯罪的犯罪主体；而该单位工作人员即便不具备国家机关或其他上述单位工作人员的身份，但其仍可以利用工作便利获取公民个人信息，就可作为本罪的个人犯罪主体。此外，《刑法修正案（九）》施行后，关于本罪的描述为：将在履行职责或者提供服务过程中获得的公民个人信息，出售或提供给他人的行为。综上，本罪的犯罪主体应当认定为一般主体。（3）提供及获取公民个人信息手段非法性的认定。所谓窃取或以其他方法非法获取公民个人信息，并不必然要求行为人实施诈骗等非法手段取得公民个人信息，其本质应当是行为人没有获取公民个人信息的正当事由及资格而获取公民个人信息的行为。如前所述，利用工作便利等合法方式获取公民个人信息，再向他人提供、出售的行为，也应认定为犯罪行为。而购买、收受公民个人信息，则可证明其不具有正当地获取公民个人信息的途径和资格，因此，购买、收受公民个人信息的行为也应认定为以其他非法方法获取公民个人信息。

5. 通过跟踪获取他人日常活动信息行为的定性

案例来源

胡×、王×非法获取公民个人信息案

发布单位：最高人民法院刑事审判第一、二、三、四、五庭《刑事审判参考》2014年第4集（总第99集）

审理法院：广东省××市人民法院

基本案情

2011年10月初，马×、刘×（均另案处理）以每月支付人民币3000元报酬等条件雇用胡×、王×对某机关领导所配专用公车进行跟踪，马×、刘×为方便胡×、王×进行跟踪向其提供了录音笔、望远镜、摄像机、密拍器等设备。胡×、王×先是一同驾驶汽车对目标车辆行驶的路线、停车地点进行跟踪和记录，此后又购买两个汽车定位器秘密安装在目标车辆底盘处，通过互联网查询定位器的实时位置，获取了目标车辆每日所有行驶路线、停车位置的即时信息。二人将记录的信息整理后交付马×、刘×，并从中获利。经鉴定，上述汽车定位器属于窃听专用器材。

公诉机关以胡×、王×犯非法获取公民个人信息罪，提起公诉。

判决主文

一审法院判决：被告人胡×犯非法获取公民个人信息罪，判处有期徒刑二年六个月，并处罚金人民币2万元；被告人王×犯非法获取公民个人信息罪，判处有期徒刑二年三个月，并处罚金人民币15 000元。

宣判后，被告人胡×、王×均未提出上诉，公诉机关亦未提起抗诉，判决已发生法律效力。

裁判要旨

通过跟踪获取的公民日常活动信息可以反映特定自然人的身份及其活动情况，属于受刑法保护的公民个人信息。其中，跟踪手段显然是未经对方同意的违法行为，以此方法获取公民个人信息属于以其他方法非法获取公民个人信息；而公民个人信息的泄露会危害信息所有人的人身及财产安全，影响其正常生活，故长时间跟踪的行为属于情节严重，应认定为非法获取公民个人信息罪。

重点提示

《刑法》第253条是对侵犯公民个人信息罪的规定，司法实践中，认定采取跟踪等手段获取公民日常活动信息的行为是否构成侵犯公民个人信息罪时，应当注意以下几点：(1)公民日常活动信息是否属于"公民个人信息"的认定。虽然我国刑法及其司法解释对"公民个人信息"的范围并未作出明确规定，但对于公民的姓名、职业、职务、年龄、婚姻状况、民族、学历、专业资格、工作经历、住址、电话号码、网上登录姓名及密码、居民身份证号码、护照号码、驾驶证号码、银行卡号码、签名等属于"公民个人信息"一般不存在争议。但诸如通过手机定位、跟踪等方式获取的个人日常活动轨迹是否属于"公民个人信息"则存有争议。通过定位、跟踪等获取的公民日常活动信息，通常包括公民的家庭住址、单位地址、经常出入的场所等，具有一定的私密性，能够反映特定自然人的活动情况，且据此能识别到特定的自然人。家庭住址等信息一旦泄露，也会影响该自然人的人身以及财产安全，对其生活造成严重影响。因此，通过定位、跟踪等获取的公民日常活动信息，应当认定为属于刑法保护的公民个人信息。(2)"非法获取"的认定。侵犯公民个人信息犯罪在客观行为方面主要表现为提供、出售、窃取或以其他方法非法获取公民个人信息。所谓的"其他方法"，是指以与窃取具有相当社会危害性的方法获取，主要包括以违法方式获取、未经公民本人授权或无权接触公民个人信息而获取、以违背公民个人意愿及公序良俗的不正当方式获取。"定位、跟踪"手段，必然是未经对方同意而私下进行的隐秘行为，且不具有获取公民个人信息的权限，故该行为明显属于以其他方法非法获取公民个人信息，符合侵犯公民个人信息犯罪的客观要件。(3) 跟踪获取公民日常活动信息犯罪情节的认定。侵犯公民个人信息犯罪，只有达到情节严重的程度，方可认定为犯罪。其中，对于出售或提供公民个人信息的犯罪行为，"情节严重"通常是指出售公民个人信息获利较大，出售或者非法提供多人信息，多次出售或非法提供公民个人信息，以及公民个人信息被非法提供、出售给他人后给公民造成了经济损失，或者严重影响公民正常生活，或者被用于违法犯罪活动等情形。而非法获取公民个人信息，因其即使没有出售、向第三者提供公民个人信息，其行为本身就已经威胁到了公民个人信息的安全，甚至给公民日常生活带来隐患，据此，认定其"情节严重"主要从犯罪手段的恶劣性、侵犯信息的重要性、行为持续的时间、侵犯信息数量、获利金额及造成的损害后果等方面进行综合考虑。如前述分析可知，行为人进行"跟踪"行为主要获取的是包括家庭住址、单位地址等在内的日常活动信息，且泄露后会危害公民人身及财产安全，其重要性不言而喻。且跟踪等手段本身性质恶劣，有悖于公序良俗，社会危害性大，应当认定属于情节严重，已构成刑事犯罪，应依法定罪论处。

三、侵犯公民个人信息罪的量刑（1 例）

侵犯公民个人信息犯罪中情节严重的认定

案例来源

路×、陈××、佟×× 等出售、非法提供公民个人信息案

发布单位：最高人民法院《人民司法·案例》2011 年第 24 期（总第 635 期）

审判法院：北京市高级人民法院

判决日期：2011 年 8 月 5 日

案　　号：（2011）高刑终字第 487 号

基本案情

谢××、黄××、张×丙、魏×、于××、周××、张×甲等人作为电信单位工作人员或者经电信单位授权直接从事电信相关业务的人员，利用电信单位服务平台，违反国家规定，将本单位在履行职责或者提供服务过程中获得的公民个人信息出售或者非法提供给刘×亮、程××、张××、刘×洋、路×、李×、张×乙、陈××等人。谢××曾先后多次为他人提供的90余个手机号码进行定位，非法获利9万元。黄××、张×丙、魏×、于××、周××、张×甲先后多次将本单位在提供服务过程中获得的机主信息、通话清单等公民个人信息出售或提供给他人。

刘×波、代×、路×、刘×洋、陈××、李×、费××、佟××、刘×亮、程××、张×乙、张××、陈×、王×等人利用QQ聊天、拨打电话、发送短信网络交易等手段将非法获取的公民个人信息、户籍信息、暂住人口信息、机主信息等出售、非法提供给他人或者相互进行倒卖。

公诉机关以谢××、黄××、魏×犯出售公民个人信息罪；张×丙、于××、周××、张×甲犯非法提供公民个人信息罪；刘×波、代×、路×、刘×洋、陈××、李×、费××、佟××、刘×亮、程××、张×乙、张××、陈×、王×犯非法获取公民个人信息罪，提起公诉。

一审法院判决后，被告人路×、陈××、佟××、谢××不服，提起上诉。

判决主文

一审法院判决：被告人谢××、黄××、魏×犯出售公民个人信息罪；被告人刘×波、代×、路×、刘×洋、陈××、李×、费××、刘×亮、程××、佟××犯非法获取公民个人信息罪；分别判处有期徒刑一年八个月到二年二个月不等的刑罚，并处人民币2万元到3万元不等的罚金；被告人张×乙、张××、陈×、王×犯非法获取公民个人信息罪；被告人于××、周××、张×甲、张×丙犯非法提供公民个人信息罪，判处有期徒刑十个月到一年六个月不等的刑罚,除被告人张×丙外均宣告缓刑,并处人民币1万元到18 000元不等的罚金。

二审法院裁定:驳回上诉,维持原判。

裁判要旨

将出售、非法提供、非法获取公民个人信息行为入刑,可有效遏制当下侵犯公民个人信息的犯罪现象,但司法实践中认定此罪情节严重的构成要件较复杂。情节严重的认定要采用多因素分析法,要从侵犯的信息数量及行为次数、信息隐秘程度、信息扩散时空范围、被害人精神伤害及物质损失情况、被告人获利情况等方面综合考虑。

重点提示

根据我国《刑法》的规定可知,侵犯公民个人信息犯罪,达到情节严重程度的,应当认定为犯罪。但对于情节严重的认定标准,则无明确规定。在司法实践中,认定侵犯公民个人信息犯罪中情节严重的情形时,应当从以下几点综合考虑:(1)侵犯信息的数量及行为次数、信息的重要性及扩散范围。首先,判断犯罪行为是否属于情节严重,最直观的判断标准就是犯罪行为所侵犯的信息数量及侵犯行为的次数。获取大量的公民个人信息其危害性强,应当属于情节严重的情形。此外,即使获取信息的数量较少,但其具有多次犯罪行为,也可认定为情节严重。其次,被侵害信息的重要性即隐秘程度,也可作为情节严重的认定标准。包含公民个人隐私的信息,如定位信息、家庭住址等信息的泄露会对信息所有人的人身及财产安全造成威胁,相较于对外公开的信息,侵犯隐秘性更强的信息的社会危害性显然更大。因此,被侵害信息的重要性也应当在量刑中加以考虑。最后,犯罪行为导致公民个人信息的扩散程度,对于情节严重的认定也有重要意义。若因侵犯罪行为导致个人信息权在长时间、大范围内受到破坏,且难以消除,则应认定为情节严重。(2)被告人的获利情况。侵犯公民个人信息犯罪在主观方面表现为故意,即其明知犯罪行为会造成他人个人信息权受损,仍追求或放任这种结果发生。至于被告人是出于何种目的而实施犯罪行为，对是否构成犯罪的判断并无影响。在侵犯公民个人信息犯罪中，被告人实施犯罪行为的目的通常在于探知他人隐私、损害对方名誉、以此为要挟达成某种非法目的，或者以此牟利。对于以获利为目的实施犯罪行为的被告人来说，其获利金额可作为情节严重的认定标准。结合《最高人民法院、最高人民检察院关于办理侵犯公民个人信息刑事案件适用法律若干问题的解释》的规定可知，违法所得数额在 5000 元以上的，应当认定为情节严重。(3) 犯罪行为给被害人造成的人身伤害及财产损失情况。公民个人信息受到侵犯，可能会对公民的人身及财产造成损害，如侵犯被害人的名誉权，严重影响被害人的工作、学习和生活，还可能出现被害人患病、自杀等情况；若住址等信息泄露，还有可能使其财产造成重大损失。因此，被告人实施的犯罪行为给被害人造成的损害后果，无论人身方面还是财产方面，都应作为认定犯罪行为是否构成情节严重的标准。

第十七章　重婚罪（3 例）

1. 外籍已婚人士在我国境内与他人以夫妻名义同居的定性问题

案例来源

法××·巴××·米伦、罗××重婚案

发布单位：最高人民法院刑事审判第一、二、三、四、五庭《刑事审判参考》2014 年第 2 集（总第 97 集）

审判法院：广东省广州市越秀区人民法院

基本案情

1991 年 8 月 24 日，法××（法××·巴××·米伦，英文名 FRANK BESHARA MILLEN）与 JOSEPPHINE MILLEN 在英国注册结婚且婚姻关系一直延续。2005 年，法××前往中国××省××市从事经营活动，在此期间与罗××相识，并建立了恋爱关系，罗××知晓法××在英国已经注册结婚的事实。而后，法××与罗××以夫妻名义同居，并于 2006 年举行婚礼，宴请了双方的亲属及朋友。办理婚宴后，罗××为法××生育了两名子女。2013 年 2 月 26 日，法××、罗××向公安机关投案。法××归案后，JOSEPPHINE MILLEN 对法××表示谅解，并请求司法机关对其从轻处罚。

公诉机关以法××、罗××犯重婚罪，提起公诉。

法××辩称：其对公诉机关指控的事实及罪名无异议，但其与罗××系情侣关系，而非夫妻关系。

法××的辩护人辩称：第一，我国的婚姻采取登记制度，且不承认事实婚姻，同时我国法律规定有配偶者与他人同居不构成重婚罪；第二，法××

具有自首情节，亦有悔罪表现，主观上并无触犯中国法律的恶意，因其在主观认识中认为在教堂中行礼才能建立婚姻关系，同时其已经受到英国配偶的谅解，且是初犯，故请给予改过机会；第三，公诉机关指控法××的行为侵犯的应为英国婚姻制度，且其行为未对被害人产生严重后果，又系初犯，故请求对法××从轻处罚并适用缓刑。

罗××的辩护人辩称：首先，罗××与法××并未登记结婚，且罗××具有自首情节，亦有悔改意愿，且在案发后解除了与法××的同居关系，属于纠正自己的错误。其次，根据被害人的陈述可知其已谅解了罗××，罗××未对被害人造成实质伤害。最后，罗××系初犯，亦是两个孩子的母亲，犯罪情节轻微，请求适用缓刑。

JOSEPHINE MILLEN 述称：希望将法××驱逐出境，使其回到英国与家人团聚。

判决主文

一审法院判决：被告人法××犯重婚罪，判处拘役六个月，缓刑六个月；被告人罗××犯重婚罪，判处拘役六个月，缓刑六个月。

宣判后，被告人法××、罗××均未提起上诉，公诉机关亦未提出抗诉，判决已发生法律效力。

裁判要旨

外籍被告人与外籍配偶在境外结婚后，在我国境内与行为人以夫妻名义同居。行为人对外籍被告人已结婚的事实明知，且双方在我国境内举办婚礼，公开夫妻关系并生育子女的，符合重婚罪的构成要件，构成重婚罪。

重点提示

司法实践中，认定外籍被告人与外籍配偶在境外结婚后，在我国境内与他人以夫妻名义同居的行为是否构成重婚罪时，应当注意以下几点：（1）对该行为进行定性的法律适用。我国刑事案件的管辖原则最常见的分类就是属地管辖和属人管辖，所谓属地管辖，根据《刑法》第6条的规定可知，凡在中华人民共和国领域内犯罪的，除法律有特别规定的以外，都适用本法。犯罪的行为或者结果有一项发生在中华人民共和国领域内的，就认为是在中华人民共和国领域内犯罪。对于重婚罪来说，在前述情况下，外籍被告人与他人以夫妻名义同居的行为发生在我国境内，侵犯了我国一夫一妻制度，应当认定为在我国领域内实施的行为，应当适用我国刑法的有关规定。（2）该行为符合重婚罪的构成要件。所谓重婚罪，是指有配偶又与他人结婚或者明知他人有配偶而与之结婚的行为。重婚罪在主观方面表现为直接故意，且客观上必须实施了重婚的行为。客观上实施的重婚行为包括两个方面：有配偶或明知他人有配偶；又与他人结婚。所谓又与他人结婚，包括骗取合法手续登记结婚的和虽未经婚姻登记但以夫妻关系共同生活的事实婚姻。由此可知，未经登记而以夫妻名义同居的，同样可以构成重婚罪。因此，外籍被告人在境外已经结婚，却又在我国境内与他人以夫妻名义同居的，符合重婚罪的构成要件，构成重婚罪。另外，若其同居对象明知外籍被告人有配偶而仍与其以夫妻名义同居的，也构成重婚罪。（3）相关批复废止对定罪的影响。有配偶的人与他人以夫妻名义同居生活的，或者明知他人有配偶而与之以夫妻名义同居生活的，仍应按重婚罪定罪处罚的规定是1994年《最高人民法院关于〈婚姻登记管理条例〉施行后发生的以夫妻名义非法同居的重婚案件是否以重婚罪定罪处罚的批复》作出的，但该批复已于2013年由最高人民法院废止。因此，实务中，部分被告人以"以夫妻名义共同生活的构成重婚罪"无法律依据为由进行抗辩。对此，根据我国《婚姻法》及其司法解释的规定，"有配偶者与他人同居"是指有配偶者与婚外异性，不以夫妻名义，持续、稳定地共同居住。由此可知，以夫妻名义，持续、稳定地共同居住，应当属于重婚。因此，相关批复的废止对于重婚罪的认定并无影响。

2. 重婚罪追诉时效的认定问题

案例来源

田××重婚案

发布单位：国家法官学院《中国审判案例要览》（2013年刑事审判案例卷）

审判法院：北京市第二中级人民法院

判决日期：2012年10月23日

案　　号：（2012）二中刑终字第1972号

基本案情

1988年，田××与董××登记结婚。婚后，田××于2004年与年仅28岁的杨×以夫妻名义共同生活并育有一子，为此，田××购买了房屋供其与杨×共同居住。2006年，田××在未告知杨×的情形下，离开杨×前往大连工作。一年后，杨×多次寻找田××领取结婚证未果，田××在谎称无法领取并逃走后，于2008年回到董××处生活。同年，田××未经杨×同意，将涉案房屋出售。2012年，田××被公安机关抓获归案，归案后，田××如实供述了上述犯罪事实。

公诉机关以田××犯重婚罪，提起公诉。

田××辩称：本人虽与杨×存在同居关系，但在2006年前往大连工作后即未再与杨×同居，故自2006年起，本人与杨×已结束了同居关系，至2012年3月本人被公安机关抓获时，已经超过五年的追诉时效期，因此，本人不应被追究刑事责任。

一审法院判决后，被告人田××不服，提起上诉称：本人于2006年因前往大连工作即与杨×结束了事实婚姻关系，以该起点计算本人重婚罪的追诉时效应至2011年，故在2012年3月20日杨×报案时已超过五年的追诉时效，不应再追究本人重婚罪的刑事责任。

判决主文

一审法院判决：被告人田××犯重婚罪，判处有期徒刑十个月，缓刑一年。

二审法院裁定：驳回上诉，维持原判。

裁判要旨

重婚罪符合继续犯的特征，其追诉期限的计算应当从犯罪行为终了之日起计算。后婚系事实重婚的，判定其事实重婚行为终了应当以行为人是否作出了解除事实婚姻的意思表示，以及该意思表示是否能达到实质上解除婚姻关系的效果为依据。

重点提示

根据我国《刑法》的规定可知，法定最高刑不满五年有期徒刑的，其追诉时效为五年。而所谓的重婚罪，就是指有配偶而重婚的或者明知他人有配偶而与之结婚的，本罪的法定刑期为二年以下有期徒刑或者拘役，因此，重婚罪的法定追诉时效为五年，但对于重婚罪追诉时效的起算则无明确规定。司法实践中，认定重婚罪的追诉时效时，应当注意以下几点：（1）事实婚姻的认定及其对定罪的影响。事实婚姻，是指没有配偶的男女，未在结婚登记机关进行结婚登记，便以夫妻关系同居生活，群众也认为是夫妻关系的两性结合。事实婚姻的当事人应当具有共同终身生活的目的，且双方具有公开的夫妻身份。虽然《婚姻法》自1994年起不再承认事实婚姻，但在刑法中仍然有关于事实婚姻的规定，即有配偶的人在婚姻关系未解除的情况下，又与他人以夫妻名义共同生活，但未办理结婚登记手续的，为事实婚姻，应认定构成重婚罪。（2）重婚罪追诉时效的起算。重婚罪从其性质上来讲应当属于继续犯，也就是指作用于同一对象的一个犯罪行为从着手实行到行为终了，犯罪行为与不法状态在一定时间内同时处于继续状态的犯罪。对于重婚罪而言，重婚的不法行为与不法状态在重婚过程中始终存在，对于我国一夫一妻的婚姻制度的侵害也始终持续，符合继续犯的特征。实务中，认定继续犯对于追诉时效的起算点具有重要意义。我国《刑法》第 89 条关于诉讼时效的计算规定，追诉期限从犯罪之日起计算；犯罪行为有连续或者继续状态的，从犯罪行为终了之日起计算。在已有配偶或明知他人有配偶而与之结婚或同居的情况下，双方进行的重婚登记或事实重婚的确立仅是重婚犯罪行为的开始，其不法行为及状态在之后的重婚生活中始终延续，因此，重婚罪的追诉时效应当自重婚行为终了之日起计算。（3）事实重婚行为终了的认定标准。对于重婚犯罪行为来说，进行过婚姻登记的重婚行为的终了时间自然以双方解除婚姻关系为标准。但对于后婚系事实重婚关系的，其重婚行为的终了应当从两个方面进行认定：行为人作出了解除事实婚姻的意思表示；婚姻关系因该意思表示实质上解除。首先，行为人作出的解除事实婚姻的意思表示必须是相对明确的，形式可以是口头、书面等，也可以通过躲避对方、排斥事实婚姻的继续等行动表示。其次，在一方作出解除事实婚姻的意思表示后，另一方表示认可的，则认定事实婚姻解除；若另一方不予认可，双方之间还存在财产、子女等方面的纠纷时，则要根据实际情况判断婚姻关系是否解除。因此，在认定事实重婚行为终了的过程中，不能仅以行为人作出了解除事实婚姻的意思表示为标准，还应结合该解除行为能否达到使普通公众认为婚姻关系已解除的效果。

3. 涉外重婚犯罪案件的管辖及域外证据的审查采信问题

案例来源

桥本 × 重婚案

发布单位：最高人民法院《人民司法·案例》2011 年第 6 期（总第 617 期）

审判法院：上海市第一中级人民法院

判决日期：2010 年 11 月 19 日

案　　号：（2010）沪一中刑初字第 135 号

基本案情

桥本××与桥本×均系日本公民，二人于1990年在日本登记结婚，婚后育有一子二女。2004年，桥本×认识了在当地工作的中国籍女子陈××，双方交往密切。次年，桥本×向京都家庭裁判所申请调解离婚未果后，于2007年在桥本××未到场的情况下，以协议离婚的形式在申报离婚登记的文书上伪造桥本××，以及证人桥本×之父、桥本××之父的手写签名，完成了离婚登记。同年3月，桥本××在收到市政府送达的离婚登记通知书后，向京都家庭裁判所提出该离婚无效的申请，京都家庭裁判所判决双方的离婚无效。桥本××依据该判决恢复在桥本×户籍登记中与桥本×的夫妻关系，且桥本×随后提出的上诉申请也因超过上诉期限被驳回。

2007年，桥本×与陈××在中国××市登记结婚，并经当地公证处公证，后向上海日本总领事申请将陈××登记于桥本×的日本户籍中，陈××为桥本×配偶身份。二人在中国工作和生活，并育有一子，租住于上海市。

桥本××以桥本×、陈××犯重婚罪，提起控诉，后撤回了对陈××的控诉。

判决主文

一审法院判决：被告人桥本×犯重婚罪，判处拘役三个月。

宣判后，被告人桥本×未提起上诉，判决已发生法律效力。

裁判要旨

重婚罪在犯罪形态上属于继续犯，重婚犯罪行为在一定时间和空间内处于继续状态，但期间内可能会发生犯罪地的移动和变化。外籍被告人于中国的经常居住地亦是犯罪地，所在地人民法院具有刑事管辖权。公证认证等证明手续仅能证明域外证据的真实性和合法性。刑事诉讼中，对于当事人、辩护人、诉讼代理人提供的中华人民共和国领域外形成的书证，应经所在国公证机关证明，并经我国驻该国使、领馆认证。其他证据的真实性能够确认的，无须办理公证认证等证明手续。没有给付内容或者不需要执行的外国法院民商事判决，可作为证据中的书证，其所查明的事实可在我国刑事判决中予以确认。

重点提示

司法实践中，对于涉外重婚犯罪的案件，在确定我国人民法院是否有管辖权以及如何审核和采信域外证据的问题时，应当注意以下几点：（1）外籍被告人伪造配偶签名骗取离婚登记后与我国公民在我国境内登记结婚的，构成重婚罪。无论在哪个国家，意思表示不真实、具有欺骗性质的民事法律行为都应当自始无效。对于外籍被告人伪造配偶签名以骗取离婚登记的行为，其本身具有欺骗性质，该行为的无效是自始不发生法律效力，婚姻关系也不因该无效的法律行为而解除。而重婚罪就是指有配偶又与他人结婚或者明知他人有配偶而与之结婚的行为。在前婚尚未解除的情况下，外籍被告人与我国公民在我国境内进行结婚登记的行为，符合我国《刑法》关于重婚罪构成要件的规定，构成重婚罪。（2）涉外重婚犯罪的管辖权确定问题。首先，对于涉外刑事案件来说，我国的管辖原则是属地管辖或属人管辖，所谓属地管辖，根据我国《刑法》第6条的规定可知，凡在中华人民共和国领域内犯罪的，除法律有特别规定的以外，都适用本法。犯罪行为和犯罪结果只要有一项发生在中国的犯罪，就可以认定为在中华人民共和国领域内的犯罪。外籍被告人与我国公民在我国境内登记结婚的犯罪行为，无论是适用属地管辖原则，还是适用属人管辖原则，我国人民法院均具有管辖权。其次，重婚罪符合继续犯的特征，即作用于同一对象的一个犯罪行为从着手实行到行为终了犯罪行为与不法状态在一定时间内同时处于继续状态的犯罪。重婚的犯罪行为只是自婚姻登记开始，随后其犯罪状态也一直延续，犯罪地点也可能随之发生变化，因此，并非仅有婚姻登记地的人民法院具有管辖权，外籍被告人与我国公民经常居住地的人民法院亦有管辖权。（3）域外证据的审查和采信问题。我国《刑事诉讼法》第18条规定："根据中华人民共和国缔结或者参加的国际条约，或者按照互惠原则，我国司法机关和外国司法机关可以相互请求刑事司法协助。"由此可知，我国司法机关在处理涉外刑事案件过程中，可以通过请求外国司法机关调查取得证据。我国刑事诉讼中的证据可以分为物证、书证；证人证言；被害人陈述；犯罪嫌疑人、被告人供述和辩解；鉴定意见；勘验、检查笔录；视听资料。而对于域外形成的证据是否需要公证，应当从证据的类型、维护我国国家主权等角度进行判定。其中，对于域外形成的书证，应当经其所在国的公证机关进行公证，并经我国驻该国使、领馆认证，方可采信。而对于其他证据则无须公证认证，只要可以确认真实性、合法性，就可以予以采信。

第十八章　虐待罪（2例）

1. 长期殴打共同生活的原配偶致其自杀身亡的行为定性

案例来源

朱××虐待案

发布单位：最高人民法院公布：五起涉家庭暴力犯罪典型案例（2015年3月4日）

审判法院：湖北省武汉市中级人民法院

基本案情

朱××与刘×于1998年9月办理结婚登记手续。2007年11月，朱××与刘×经协商解除婚姻关系，但此后二人对外仍然以夫妻名义同居。经查明，自2006年起，因感情纠葛及家庭琐事，刘×多次因遭受朱××殴打而受伤。2011年7月，刘×又因如何教育女儿及女儿是否为朱××亲生等问题遭到朱××用皮带抽打。在此期间，刘×不堪忍受抽打自杀，此后经送医院抢救无效身亡。鉴定人员经鉴定发现，刘×的体表存在多处挫伤，其死亡原因系被锐器刺中左胸部致心脏破裂大失血。刘×死亡当日，朱××向公安机关自首。

公诉机关以朱××犯虐待罪，提起公诉。

朱××及其辩护人辩称：首先，朱××殴打刘×的行为并不具有经常性、持续性，且二人不具有家庭成员的身份关系；同时并不能证明刘×自杀的行为系朱××殴打导致的，因此，朱××的行为并不构成虐待罪。其次，即使朱××的殴打行为构成虐待罪，但其在刘×自杀后进行积极救助，并向公安机关自首，认罪态度较好，应从轻处罚。

一审法院判决后,被告人朱××不服,以其并未对刘×实施虐待行为,一审判决认定事实不清,量刑过重为由,提起上诉。

判决主文

一审法院判决:被告人朱××犯虐待罪,判处有期徒刑五年。
二审法院裁定:驳回上诉,维持原判。

裁判要旨

离婚后仍以夫妻名义共同生活的双方具有一定的扶助义务,且存在同居关系,属于共同生活的家庭成员。一方长期对共同生活的原配偶实施殴打行为致其自杀身亡,符合虐待罪的构成要件,应当以虐待罪定罪处罚。

重点提示

在司法实践中,针对离婚后仍以夫妻名义共同生活的情形,认定一方长期殴打另一方致其自杀身亡的行为构成何种犯罪时,应当注意以下几点:(1)虐待罪的犯罪对象。根据虐待罪的构成要件可知,本罪的犯罪对象是共同生活的家庭成员。所谓共同生活的家庭成员,是指具有法定赡养、抚养、扶养关系并且长期共同生活(含长期或者阶段性在外务工)的成员。具体包括:夫妻;父母与子女(养子女、继子女、非婚生子女);祖父母、外祖父母与父母双亡的未成年孙子女、外孙子女;孙子女、外孙子女与子女死亡的祖父母、外祖父母;兄、姐与父母双亡或者父母无能力抚养的未成年弟、妹;其他经县级以上人民政府民政部门认定的共同生活的成员。此外,《最高人民法院、最高人民检察院、公安部、司法部关于依法办理家庭暴力犯罪案件的意见》指出,家庭暴力是发生在家庭成员之间,以及具有监护、扶养、寄养、同居等关系的共同生活人员之间的。由此可知,具有监护、扶养、寄养、同居等关系的共同生活人员也可以成为虐待罪的犯罪对象。(2)离婚后以夫妻名义同居的双方属于共同生活的家庭成员。在实务中,对于以夫妻名义同居通常以是否在共同生活的区域对外宣称是夫妻,以及周围群众是否认为他们是夫妻作为判定标准。对于离婚后仍以夫妻名义同居的双方，双方互相之间仍应承担相应的扶助义务，双方之间也存在同居关系，因此，应将其认定为共同生活的家庭成员，可以作为虐待罪的犯罪对象。（3）长期对共同生活的原配偶施加暴力致其自杀的行为定性。虐待罪，是指经常以打骂、禁闭、捆绑、冻饿、有病不给治疗、强迫过度体力劳动等方式，对共同生活的家庭成员进行肉体上、精神上的摧残、折磨，情节恶劣的行为。构成虐待罪除了犯罪对象是共同生活的家庭成员外，在客观上实施的虐待行为还应当具有一定的经常性与一贯性，且情节应达到恶劣的程度。判断虐待情节的严重性主要可以从虐待行为持续的时间、实施虐待行为的次数、虐待的手段以及虐待造成的后果等方面进行。如虐待行为造成了被害人精神上的病症、导致被害人瘫痪残疾、虐待被害人致死或使被害人不堪虐待而自杀等，均应认定为情节恶劣。如前所述，离婚后仍共同生活的原配偶是共同生活的家庭成员，长期对其进行虐待致其自杀的行为，应以虐待罪定罪处罚。

2. 虐待未成年子女过程中又实施故意伤害行为的处理

案例来源

王××故意伤害、虐待案
发布单位：最高人民法院公布：五起依法惩治侵犯儿童权益犯罪典型案例（2014年5月28日）
审判法院：河北省沧州市中级人民法院

基本案情

张×志与张×丽原为夫妻关系，二人育有一女张×。嗣后，张×志与王××缔结婚姻关系，王××与张×之间建立继母女关系。自2005年起，王××与张×志、张×共同生活。在共同生活期间，王××经常利用张×志外出的机会，对张×实施打骂、以铅笔扎等虐待行为。2005年春，王××用吹风机烫伤张×的头皮和耳朵。2008年12月，王××在家中撕裂了张×的嘴唇，后张×前往医院治疗，缝了三针，并留下疤痕。2009年5月，王

××在家中持筷子捅伤张×的咽部，造成张×轻伤的后果。

公诉机关以王××犯故意伤害罪，提起公诉。

在审理过程中，张×、张×丽以王××犯虐待罪，提起自诉，请求判令王××承担刑事责任。

一审法院判决后，被告人王××不服，提起上诉。

判决主文

一审法院判决：被告人王××犯故意伤害罪，判处有期徒刑二年；犯虐待罪，判处有期徒刑一年，决定执行有期徒刑三年。

二审法院裁定：驳回上诉，维持原判。

裁判要旨

在继父母对未成年继子女实施家庭暴力过程中，应当注意判定犯罪行为构成何种犯罪，在长期实施虐待的行为中又故意实施伤害行为的，同时构成虐待罪和故意伤害罪。在公诉机关以犯罪行为构成故意伤害罪提起公诉的同时，被害人及其法定代理人可以犯罪行为构成虐待罪提起自诉，受理法院则应合并审理并根据犯罪情节实行数罪并罚。

重点提示

继父母对未成年继子女实施殴打的行为，既可构成虐待罪，亦可构成故意伤害罪，抑或同时构成虐待罪和故意伤害罪。在司法实务中，认定该犯罪行为构成何罪及如何处理的问题，应当注意以下几点：（1）虐待罪与故意伤害罪的区分。在犯罪主观方面，虐待罪主观上存在使被害人遭受痛苦、折磨的故意，但行为人并不追求也不放任被害人重伤或死亡的结果；故意伤害罪的行为人则希望通过其实施的伤害行为，导致被害人的身体健康受到伤害，或明知自己的行为可能会造成被害人受到伤害而放任伤害结果的发生。在犯罪客观方面，虐待罪所实施的殴打等对被害人进行折磨的行为，是相对长期且连续的，偶然一次的殴打行为不能认定为虐待，对于行为人造成的损害后果也应当是由于长期的虐待行为导致的；故意伤害罪所实施的伤害行为应当是一次或连续几次，被害人的损害后果也应当是由其一次或连续几次的伤害行为直接造成的。（2）犯罪行为同时构成虐待罪与故意伤害罪的处理。如前所述，在继父母对未成年继子女实施家庭暴力的情况下，应当根据继父母的主观意图及客观行为来判定其构成何种犯罪。但若在长期虐待的过程中，某一次伤害行为造成的伤害程度已经足以认定为故意伤害罪时，应当由公诉机关以继父母的伤害行为构成故意伤害罪提起公诉。而对于虐待自诉案件的提起问题，根据《最高人民法院关于适用〈中华人民共和国刑事诉讼法〉的解释》第260条的规定可知，未成年人作为限制行为能力人，其法定代理人可代为提起自诉。而父母作为子女的法定监护人，其监护权是法定的，并不因双方离婚或不与子女共同居住而发生变化，即便子女的抚养权归属于对方，另一方仍然属于子女的法定代理人。在未成年子女遭受虐待时，不与子女共同生活的一方，仍可以作为法定代理人代为提起自诉。（3）自诉案件与公诉案件发生牵连时的处理。在实务中，自诉案件与公诉案件发生牵连时的处理，有合并审理和分立审理两种解决方式，如何适用不能一概而论，而应根据自诉案件与公诉案件所涉及的实体法律关系是否同一、主体是否单一、处理时间与空间是否一致等多种因素综合判断，如对于一人犯数罪的刑事案件，在自诉案件或公诉案件诉讼过程中，又有公诉案件或自诉案件提起诉讼的，应当对自诉案件与公诉案件进行合并审理。但共同犯罪的案件，其中部分被告人存在自诉案件犯罪的应当分立审理；先行诉讼的公诉案件或者自诉案件审理终结的，后提起的诉讼案件应当分立审理。

第十九章　遗弃罪（2例）

1. 继父母将智障继子女私自送走致其流浪的行为定性

案例来源

韩×诉张×新遗弃案

发布单位：最高人民法院公布：四十九起婚姻家庭纠纷典型案例（2015年12月4日）

审判法院：河南省滑县人民法院

基本案情

韩×伍与刘×婚后育有一子韩×，系智障残疾人，生活不能自理。2009年10月，韩×伍与刘×离婚，韩×跟随刘×共同生活。2013年8月，刘×与张×新再婚，韩×与二人共同生活。2014年2月，张×新私自将与其共同生活的韩×送上北京的客车，以致韩×流落街头。次月，韩×被家人找回。同年4月，刘×与张×新离婚。

韩×以张×新犯遗弃罪，提起自诉，请求法院判令张×新构成遗弃罪并赔偿经济损失。

案件审理期间，在法院主持调解下，张×新认识到自己的犯罪行为并与对方和解，韩×申请撤回自诉。

判决主文

一审法院裁定：准许韩×撤回自诉。

裁判要旨

继父母对与其共同生活的继子女具有抚养监护义务，属于遗弃罪的犯罪主体。继子女虽系成年人，但因患有智力障碍，不具有独立生活能力，属于不完全民事行为能力人，可成为遗弃罪的犯罪对象。在共同生活期间，继父母拒绝抚养智障残疾的成年子女，私自将其送走致其脱离监护流离失所的，其行为构成遗弃罪。

重点提示

遗弃罪，是指负有扶养义务的人，对年老、年幼、患病或者其他没有独立生活能力的人拒绝扶养，情节恶劣的行为。在司法实践中，认定继父母私自送走成年智障继子女致其流浪的行为是否构成遗弃罪时，应当注意以下几点：（1）共同生活的继父母具有法定抚养义务。根据我国《婚姻法》的规定，父母对子女有抚养教育的义务，父母不履行抚养义务时，未成年的或不能独立生活的子女，有要求父母给付抚养费的权利。这里的父母包括具有血缘关系的亲生父母以及具有拟制血亲关系的继父母、养父母，即继父母和受其抚养教育的继子女之间的权利义务，适用《婚姻法》对父母子女的有关规定。由此可知，继父母与不能独立生活的继子女共同生活的，就形成了事实上的抚养关系，对继子女有法定的抚养监护义务，属于遗弃罪的犯罪主体范畴。（2）遗弃罪的犯罪对象。遗弃罪的犯罪对象只限于年老、年幼、患病或者其他没有独立生活能力的家庭成员，对于成年人来说，是否具有独立生活能力应当从其是否具有民事行为能力进行判定。民事行为能力的有无，通常是按照自然人的年龄进行区分的，但对于成年人的民事行为能力，则受自然人的智力状况、认识能力、精神状态等主观条件的制约。对于有智力障碍的成年人来说，其本质上并不具有独立生活的能力，可以作为遗弃罪的犯罪对象。因此，对患有智力障碍的成年人负有法定抚养义务的人拒绝对其进行抚养，情节恶劣的，应以遗弃罪进行论处。（3）遗弃案件的处理。我国刑事审判工作中的自诉案件，就是指告诉才处理的以及其他不需要进行侦查的轻微刑事案件，遗弃案就是法定的自诉案件的一种。对于自诉案件的处理,根据我国《刑事诉讼法》的规定可知,自诉人在宣告判决前,可以同被告人自行和解、由调解委员会调解或者撤回自诉,对犯罪事实清楚、证据充分的案件,人民法院也可以对案件进行开庭审判或调解。在遗弃案中,行为人认识到自己的犯罪行为,主动对被害人进行赔偿的,可以进行和解,达成和解后自诉人可以撤回自诉,从而不追究行为人的刑事责任。

2. 借送养之名出卖亲生子女行为的定罪问题

案例来源

王×志、杨××遗弃案

发布单位:最高人民法院发布:九十八起未成年人审判典型案例(2014年11月24日)

审判法院:福建省三明市三元区人民法院

基本案情

王×志与杨××系夫妻关系,二人婚后育有二子一女。2010年9月,王×志、杨××夫妇再次生育一名男婴。次年2月,王×志、杨××夫妇与王×勇达成合意,约定该男婴由王×勇抚养,王×勇给付王×志、杨××4万元哺乳费,王×志、杨××夫妇与王×勇为此订立了协议。协议订立后,王×勇支付了王×志、杨××1万元,将男婴带至自己家中抚养。同年10月,公安机关将杨××抓获,6日后,王×志主动前往公安机关自首。

公诉机关以王×志、杨××犯遗弃罪,提起公诉。

判决主文

一审法院判决:被告人杨××犯遗弃罪,判处管制二年;被告人王×志犯遗弃罪,判处管制一年十个月。

宣判后,被告人杨××、王×志未提起上诉,公诉机关亦未提出抗诉,判决已发生法律效力。

裁判要旨

父母出卖亲生子女的犯罪行为，客观上同时存在收取一定数额金钱和拒绝抚养的双重行为，但在犯罪行为性质的认定上，关键要通过行为人的客观行为判断其犯罪的主要目的在于出卖还是拒绝承担抚养义务，而非是否存在营利目的或者非法获利目的。

重点提示

对于借送养之名出卖亲生子女的行为是否构成犯罪，以及构成何种犯罪具有争议性，主要争议点集中在拐卖儿童罪与遗弃罪的区分上。在司法实践中，认定并处理该问题时，应当注意以下几点：（1）犯罪主观方面的区分。根据《最高人民法院、最高人民检察院、公安部、司法部关于依法惩治拐卖妇女儿童犯罪的意见》的规定，以非法获利为目的，出卖亲生子女的，应当以拐卖儿童罪论处。由此可知，拐卖儿童罪在主观上应当具有非法获利的目的。而遗弃罪主观方面表现为故意，即明知自己应履行抚养义务而拒绝抚养，拒绝抚养的动机可以是多种多样的，但犯罪动机对定罪并无影响，只要行为人在主观上明知其具有抚养的义务而拒绝抚养，就应认定其具有构成遗弃罪的故意。遗弃罪在主观方面并不排斥用亲生子女换取金钱的行为，其重点是放弃或拒绝承担其应承担的抚养义务，这是一种消极的不作为犯罪。（2）犯罪客观方面的区分。构成拐卖儿童罪的行为人在客观上应当实施了非法拐骗、绑架、收买、贩卖、接送或者中转儿童的行为，对于出卖亲生子女存在下列情形的，应当以拐卖儿童罪论处：将生育作为非法获利手段，生育后即出卖子女的；明知对方不具有抚养目的，或者根本不考虑对方是否具有抚养目的，为收取钱财将子女"送"给他人的；为收取明显不属于"营养费""感谢费"的巨额钱财将子女"送"给他人的；其他足以反映行为人具有非法获利目的的"送养"行为的。遗弃罪的行为人则不必然有上述行为，其仅是客观上不再履行应履行的抚养义务。（3）民间送养行为与犯罪行为的区分。对于民间送养行为以及借民间送养为名实施的犯罪行为的区分，其关键也在于行为人主观上的目的。对于行为人是否具有非法获利的目的,可以通过审查将子女"送"人的背景和原因、有无收取钱财及收取钱财的多少、对方是否具有抚养目的及有无抚养能力等事实综合判断。若存在行为人生活困难或受重男轻女思想的影响而将无独立生活能力的亲生子女送交他人抚养,仅收取少量钱财的行为,可认定属于民间送养行为。但存在遗弃罪所规定的恶劣情节的,可按照遗弃罪进行论处。

第二十章　拐骗儿童罪（2例）

1. 以寄养家庭为名使儿童脱离家庭以供役使行为的定性

案例来源

任××拐骗儿童案

发布单位：最高人民法院刑事审判第一、二、三、四、五庭《刑事审判参考》2014年第3集（总第98集）

审判法院：四川省凉山彝族自治州中级人民法院

基本案情

任××与勒伍××、熊××（均另案处理）以救助孤儿为名，在××县招收孤儿。由任××向儿童监护人承诺，其为儿童提供教育、代为抚养、学习技术，并在春节送儿童返乡并给予2500元补助及其他年货。因任××向儿童监护人提供身份证、住址、手机号、银行卡等个人真实信息骗取监护人信任，并与之签订"家庭寄养协议"。任××与勒伍××、熊××约定，任××负责将招收的儿童带回山东省某地，并承担相关开支，勒伍××、熊××负责宣传，勒伍××还负责翻译和管理儿童，熊××负责联系，勒伍××每介绍一名儿童每年给其人民币1000元及一定工资，熊××每介绍一名儿童给其500元。三人共骗取8名未满14周岁儿童的监护人签订了"家庭寄养协议"。在任××将8名儿童带至××县汽车站，准备乘车前往山东省某地时，因形迹可疑被当地警方抓获，8名儿童均被解救回家。

公诉机关以任××犯拐骗儿童罪，提起公诉。

任××辩称：其为救助孤儿，按照民政局提供的寄养协议进行寄养，是慈善行为，未骗人钱财，无犯罪目的、动机和后果，不构成犯罪。

任××的辩护人辩称：任××提供给儿童家长的身份证、住址、手机号、银行卡、寄养场所均真实存在，其目的是使贫困儿童能学习文化、技术，勤工俭学获得补助，拥有生存本领，在带走儿童前与儿童家长签订"家庭寄养协议"，无欺骗、引诱行为，应宣告任××无罪。

一审法院判决后，被告人任××不服，以其行为不构成犯罪为由，提起上诉。

判决主文

一审法院判决：被告人任××犯拐骗儿童罪，判处有期徒刑三年。

二审法院裁定：驳回上诉，维持原判。

裁判要旨

行为人以提供个人真实信息的方式骗取监护人的信任，隐瞒真实目的，以签订"家庭寄养协议"为名，使多名未满14周岁的儿童脱离家庭的，其行为不符合家庭寄养的标准。主观上以供其使唤、奴役为目的，客观上实施了以欺骗方式使儿童脱离家庭的犯罪行为，侵害了他人的家庭关系和儿童的合法权益，构成拐骗儿童罪，应依法定罪惩处。

重点提示

根据我国《刑法》第262条第1款的规定，拐骗儿童罪，是指以欺骗、引诱或者其他方法，使不满14周岁的男、女儿童脱离家庭或者监护人的行为。司法实践中，认定以寄养家庭为名使儿童脱离家庭以供役使的行为是否构成拐骗儿童罪时，应当注意以下几点：（1）判断该行为是否符合家庭寄养的标准。依据《家庭寄养管理办法》第8条的规定，寄养家庭应当同时具备的条件包括：有儿童福利机构所在地的常住户口和固定住所；寄养儿童入住后，人均居住面积不低于当地人均居住水平；有稳定的经济收入，家庭成员人均收入在当地处于中等水平以上；家庭成员未患有传染病或者精神疾病，以及其他不利于寄养儿童抚育、成长的疾病；家庭成员无犯罪记录、无不良生活嗜好、关系和睦、与邻里关系融洽；主要照料人的年龄在30周岁以上65周岁以下，身体健康，具有照料儿童的能力、经验，初中以上文化程度。（2）该行为符合拐骗儿童罪的客观要件。拐骗儿童罪在客观方面表现为采用蒙骗、利诱或者其他方法，使儿童脱离自己的家庭或者监护人的行为。"拐骗"主要是指使用欺骗、利诱或者其他手段，将不满14周岁的未成年人带走。拐骗可以是直接对儿童实行，也可以是对儿童的家长或者监护人实行。拐骗的手段是多种多样的，以寄养家庭为名但不具备寄养家庭条件的属于拐骗。"脱离家庭或者监护人"，是指使不满14周岁的未成年人脱离家庭或者离开父母或其他监护人，致使不满14周岁的未成年人的父母或者监护人不能继续对该未成年人行使监护权。（3）使儿童脱离家庭以供役使的行为，符合拐骗儿童罪的主观要件。该罪的主观方面系故意，其目的有收养或供其使唤、奴役，抑或因非常喜欢儿童从而实施拐骗行为。该罪与拐卖儿童罪相比，不具有出卖谋利的目的，区分两罪的关键在于主观上是否具有出卖的目的。从实务中看，拐骗儿童的行为人大多没有子女，意图将拐来的儿童收养为自己的子女，其主观上没有残害儿童的故意，但此种极端损人利己的行为，使受骗儿童的心灵遭受严重创伤，给其父母和其他亲人造成极大的精神痛苦，也给群众的正常生活秩序带来威胁。故无论拐骗儿童的犯罪行为的动机、目的如何，都不应忽视其社会危害性，必须依法惩处。

2. 拐骗儿童后组织儿童乞讨行为的定性

案例来源

胡××拐骗儿童案

发布单位：最高人民法院刑事审判第一庭《拐卖妇女儿童犯罪典型案例评析及法律法规精选》（2010年）

审判法院：×× 人民法院

基本案情

邱×系杨××的养女，时年9岁。2008年5月，杨××在×市火车站售票厅准备购买车票期间，将邱×托付给刚认识的胡××暂时看管。但胡××趁杨××购买车票之机，私自将邱×带走。此后，胡××在×市组织邱×进行乞讨，后被杨××发现并报案。胡××虽然归案，但邱×下落不明，未能被公安机关解救。

公诉机关以胡××犯拐骗儿童罪，提起公诉。

判决主文

一审法院判决：被告人胡××犯拐骗儿童罪，判处有期徒刑四年。

宣判后，被告人胡××未提起上诉，公诉机关亦未提出抗诉，判决已发生法律效力。

裁判要旨

行为人乘监护人不备拐走儿童后组织儿童乞讨的行为，使监护人不能继续行使监护权，属于拐骗儿童的其他手段行为，符合拐骗儿童罪的构成要件，构成拐骗儿童罪。但拐走儿童后组织其乞讨的行为，不成立以暴力、胁迫手段组织不满14周岁的未成年人乞讨的组织儿童乞讨罪。

重点提示

拐骗儿童罪，是指以欺骗、引诱或者其他方法，使不满14周岁的男、女儿童脱离家庭或者监护人的行为。司法实践中，认定拐骗儿童后组织儿童乞讨的行为构成何罪时，应当注意以下几点：（1）乘监护人不备拐走儿童的行为构成拐骗儿童罪。使用各种手段拐骗儿童脱离家庭或者监护人，是拐骗儿童罪在客观方面的重要特征。"拐骗"主要是指使用欺骗、利诱或者其他手段，将不满14周岁的未成年人带走。拐骗行为可以针对儿童实施，也可以针对家长，乘监护人不备拐走儿童属于"其他手段"，应当认定为"拐骗"儿童行为。成立拐骗儿童罪要求儿童因拐骗行为脱离家庭或者监护人,行为人乘监护人不备拐走儿童,会导致不满14周岁的未成年人的父母或者监护人不能继续对该未成年人行使监护权,侵害他人的家庭关系和儿童的合法权益,应以拐骗儿童罪定罪论处。(2)拐走儿童后组织儿童乞讨的行为不构成组织儿童乞讨罪。组织儿童乞讨罪,是指以暴力、胁迫手段组织不满14周岁的未成年人乞讨的行为。成立组织儿童乞讨罪要求行为人必须实施了组织未成年人乞讨的行为,且组织未成年人乞讨采用的是暴力、胁迫的手段,被组织的对象是未成年人且人数应当是多人即三人或者三人以上。行为人即使以指使儿童乞讨为目的拐骗儿童,但在不符合组织儿童乞讨罪构成要件的情况下,不应以组织儿童乞讨罪论处。而对于拐骗儿童的犯罪行为,不论其动机、目的如何,都不应忽视其社会危害性,必须给以应得的惩罚。(3)拐骗儿童罪从重处罚的情形。根据《刑法》第262条的规定可知,拐骗不满14周岁的未成年人,脱离家庭或者监护人的,处五年以下有期徒刑或者拘役。但在具体量刑时,对于多次拐骗儿童的;对被拐骗儿童有奴役、虐待情节的;对被拐骗儿童身心健康造成严重损害的;对造成儿童的家长或者监护人忧虑成疾或导致其他严重后果的,均应依法从重处罚。据此,在行为人实施拐骗儿童的行为后,即使行为人已归案,但被拐儿童下落不明未能解救的,可推定该拐骗行为已造成儿童的家长或监护人忧虑成疾,对行为人应以拐骗儿童罪从重处罚。

第二十一章　组织残疾人、儿童乞讨罪（2例）

1. 组织儿童乞讨罪中"暴力、胁迫"手段、"组织"行为的认定

案例来源

翟××、魏×× 组织儿童乞讨案

发布单位：最高人民法院刑事审判第一、二、三、四、五庭《刑事审判参考》2014年第3集（总第98集）

审判法院：河南省周口市中级人民法院

基本案情

翟××与魏××系夫妻关系。2005年至2009年期间，翟××与魏××先后在河南、湖南、广西等地，借演杂技之名使用暴力迫使冯××、朱××、任××等多名五六岁的儿童沿街乞讨。在此期间，冯××被他人伤害致死，朱××失踪，任××身体多处受损伤。

公诉机关以翟××、魏××犯组织儿童乞讨罪，提起公诉。

翟××及其辩护人辩称：翟××并未使用暴力、胁迫等手段组织儿童沿街乞讨，儿童均是自愿跟随其外出卖艺；翟××与儿童家长均一一签订了合同，交付了定金；冯××的死亡、朱××的失踪以及任××的损伤均系他人导致，与翟××无关。因此，翟××的行为不构成犯罪。

魏××辩称：其仅负责做饭、洗衣服，组织儿童乞讨行为与其无关。

一审法院判决后，被告人翟××、魏××均不服，以其行为不构成组织儿童乞讨罪，一审判决量刑过重为由，提起上诉。

判决主文

一审法院认定：被告人翟××、魏××以演杂技为名，利用暴力、胁迫等手段组织多名儿童乞讨，其行为构成组织儿童乞讨罪，且系共同犯罪。在共同犯罪中，被告人魏××所起作用相对较小，依法可对其酌情从轻处罚。

一审法院判决：一、被告人翟××犯组织儿童乞讨罪，判处有期徒刑六年，并处罚金人民币5000元；二、被告人魏××犯组织儿童乞讨罪，判处有期徒刑四年，并处罚金人民币5000元。

二审法院判决：维持一审法院判决中关于被告人翟××的定罪、量刑部分及第二项关于被告人魏××的定罪部分；撤销一审法院判决第二项关于被告人魏××的量刑部分；上诉人魏××犯组织儿童乞讨罪，判处有期徒刑三年，并处罚金人民币5000元。

裁判要旨

行为人借演杂技之名，使用暴力、胁迫等手段，组织多名儿童进行乞讨活动的，其行为属于组织乞讨行为，为组织乞讨而实施殴打行为，使受害儿童因心理畏惧而不敢反抗，属于使用暴力胁迫的手段行为，组织儿童的人数超过三人的，其行为符合组织儿童乞讨罪的构成要件，应以组织儿童乞讨罪定罪处罚。

重点提示

司法实践中，认定组织儿童乞讨罪中的"暴力、胁迫"手段、"组织"行为等问题时，应当注意以下几点：（1）"组织"行为的认定。组织儿童乞讨是一种实行行为，实务中，构成组织儿童乞讨罪的实行行为通常表现为行为人实施了组织、策划和指挥的行为。组织是指把分散的乞讨人员集中起来控制，并在乞讨活动中起组织作用的行为。策划是指从事了为组织乞讨活动制定计划、筹谋布置的行为。常见的方式有为组织乞讨集团制定乞讨计划、拟定具体实施方案等。指挥，是指在实施组织儿童与残疾人乞讨的活动中起到领导、核心作用，如分配任务、决定行为等。指挥是直接实施策划行为方案、执行组织意图的实行行为，对于具体的实施乞讨活动往往具有直接的决定作用，可以说是乞讨组织的具体执行人。上述组织、策划、指挥都是组织乞讨的行为，行为人只要具备了其中的一种或数种就可认定其实施了组织乞讨行为。（2）"暴力、胁迫"手段的认定。成立组织儿童乞讨罪要求行为人的组织行为的手段是暴力或者胁迫。对于"暴力""胁迫"的理解应采折中解释，即把暴力、胁迫解释为组织行为中的行为方式，只要在组织乞讨的过程中对不愿乞讨的人实施了暴力、胁迫行为，便构成组织乞讨罪，包括实践中经常发生的，被害人由自愿被组织乞讨到想离开乞讨团体而被组织者以暴力或胁迫的手段加以制止而被迫乞讨的情形。"暴力、胁迫"等手段并不要求达到足以压制儿童反抗的程度，只要能使儿童在心理上产生恐惧即可。原因在于儿童属于弱势群体，在体力和心理承受能力上均与成年人差距悬殊，更容易受到控制，如将暴力、胁迫的标准定得过高，将不利于保护受害儿童。（3）被组织对象的范围。在组织儿童乞讨罪中，被组织的对象是不满14周岁的未成年人，且人数应当是多人。《刑法》法条虽没有对被组织乞讨人员的数额进行规定，只要求是不满14周岁的未成年人，但从立法原意来看，组织乞讨活动是把分散的个人集合起来，不仅可以促使乞讨队伍的扩大，使乞讨活动规模化，而且容易演变成带有黑社会性质的"丐帮"，使其社会危害性增大。正是鉴于组织乞讨行为的这种严重的社会危害性，刑法才专门规定本罪，目的在于惩处乞讨活动的组织行为。"组织"一词暗示多人而非一人，否则便不称其为"组织行为"。另外，《最高人民法院、最高人民检察院关于办理组织、强迫、引诱、容留、介绍卖淫刑事案件适用法律若干问题的解释》第1条规定，"以招募、雇佣、纠集等手段，管理或者控制他人卖淫，卖淫人员在三人以上的，应当认定为刑法第三百五十八条规定的"组织他人卖淫"。因此，根据刑法的立法目的并参照相关司法解释的规定，被组织乞讨的人员必须是多人，人数应理解为三人或者三人以上。

2. 暴力控制多名残疾人在多地多次乞讨的定罪处罚问题

案例来源

唐××组织残疾人乞讨案

发布单位：中国指导案例、参考案例判旨总提炼：刑事卷（二）

审判法院：湖南省郴州市北湖区人民法院

判决日期：2011年3月15日

案　　号：（2011）郴北刑初字第26号

基本案情

2010年6月，唐××伙同刘××（在逃）从福利院将郴×春和郴×爱骗出，扣押了郴×爱、郴×春以及之前骗出的邱××、李×文的身份证、手机及现金。之后，唐××纠集刘××、李×良、阳××以胁迫、诱骗、利用的方式控制郴×春、邱××、李×文分别在宜章县、祁东县、祁阳县等地街头乞讨、卖唱，郴×春、李×文被要求在街头人口密集处唱歌，并强迫邱××在旁边乞讨，通过控制残疾人来博得过路群众的同情，从中牟取非法利益。其中，刘××和李×良负责接送、监视残疾人，阳××负责收取残疾人每天乞讨得来的收入。至案发时，唐××等人已经分别在××市及宜章县、衡阳市及祁东县等地多次组织上述残疾人乞讨。

另查明，1998年，唐××曾因抢劫罪被判处有期徒刑十一年，减刑后于2006年6月释放。

公诉机关以唐××犯组织残疾人乞讨罪，提起公诉。

唐××辩称：其未使用暴力、胁迫手段控制残疾人进行乞讨，也未控制残疾人人身自由。

唐××的辩护人辩称：组织多名残疾人乞讨是对构成组织残疾人乞讨罪的定罪条件而不是量刑条件，本案组织残疾人乞讨罪的罪名成立，但不构成情节严重。

判决主文

一审法院判决：被告人唐××犯组织残疾人乞讨罪，判处有期徒刑四年六个月，并处罚金人民币5000元；公安机关扣押的赃款依法予以没收，上缴国库。

宣判后，被告人唐××未提起上诉，公诉机关亦未提出抗诉，判决已发生法律效力。

裁判要旨

行为人纠集他人使用胁迫、诱骗方式将多名残疾人从福利院骗出后予以控制，并使用暴力、胁迫手段强迫多名残疾人在多地多次乞讨的。主观上具有组织残疾人乞讨非法牟利的直接故意，客观上实施了以暴力胁迫为手段的组织乞讨行为，应以组织残疾人乞讨罪定罪处罚。同时鉴于犯罪情节严重，且行为人系累犯，应依法从重处罚。

重点提示

根据我国《刑法》第262条之一的规定，组织残疾人乞讨罪，是指以暴力、胁迫手段组织残疾人乞讨的行为。司法实践中，对以暴力、胁迫等手段控制多名残疾人在多地多次乞讨的犯罪行为进行定罪量刑时，应当注意以下几点：（1）以暴力、胁迫等手段控制多名残疾人在多地多次进行乞讨的，应以组织残疾人乞讨罪定罪论处。对于该行为，行为人在主观上是以获取非法利益为目的，具有组织残疾人乞讨的直接故意，客观上实施了胁迫、诱骗等手段对多名残疾人进行非法控制，成立以暴力、胁迫手段组织残疾人乞讨的犯罪行为，侵犯了残疾人与未成年人的身心健康，给社会正常的管理秩序带来混乱，符合组织残疾人乞讨罪的构成要件。（2）组织多名残疾人在多地多次进行乞讨的，属于情节严重。刑法对组织残疾人乞讨罪设定了两档刑法，该罪属于行为犯，不需要造成乞讨人人身伤害或其他严重后果，只要行为人实施了以暴力、胁迫的手段组织乞讨的犯罪行为，就应当立案予以追究，处三年以下有期徒刑或者拘役，并处罚金；而行为人组织多名残疾人在多地多次进行乞讨的，属于情节严重，依法应处三年以上七年以下有期徒刑，并处罚金。（3）对该行为应综合全案，认定是否具有其他法定和酌定量刑情节。最高人民法院关于实施修订后的《关于常见犯罪的量刑指导意见》的通知中规定，量刑要充分考虑各种法定和酌定量刑情节，根据案件的全部犯罪事实以及量刑情节的不同情形，依法确定量刑情节的适用及其调节比例。例如，累犯应从重处罚，应当综合考虑前后罪的性质、刑罚执行完毕或赦免以后至再犯罪时间的长短以及前后罪罪行轻重等情况，增加基准刑的10%~40%，一般不少于三个月。据此，在行为人系累犯的情形下，对其应当从重处罚。

附录　侵犯公民人身权利罪相关规定

一、基本法律类

1. 中华人民共和国刑事诉讼法（2018年10月26日修正）

2. 中华人民共和国国际刑事司法协助法（2018年10月26日）

3. 中华人民共和国反恐怖主义法（2018年4月27日修正）

4. 中华人民共和国监察法（2018年3月20日）

5. 中华人民共和国刑法（2017年11月4日修订）

6. 中华人民共和国公证法（2017年9月1日修正）

7. 中华人民共和国检察官法（2019年4月23日）

8. 中华人民共和国公务员法（2018年12月29日）

9. 中华人民共和国律师法（2017年9月1日修正）

10. 中华人民共和国军事设施保护法（2014年6月27日修正）

11. 中华人民共和国侵权责任法（2009年12月26日）

12. 中华人民共和国反洗钱法（2006年10月31日）

13. 中华人民共和国婚姻法（2001年4月28日修正）

二、行政法规类

1. 娱乐场所管理条例（2016年2月6日修订）

2. 禁止使用童工规定（2002年10月1日）

三、司法解释类

1. 最高人民法院、最高人民检察院关于办理虚假诉讼刑事案件适用法律若干问题的解释（2018年9月26日）

2. 最高人民法院、最高人民检察院关于办理侵犯公民个人信息刑事案件适用法律若干问题的解释（2017年5月8日）

3. 最高人民法院关于适用《中华人民共和国婚姻法》若干问题的解释

（二）的补充规定（2017年2月28日）

4. 最高人民法院关于审理拐卖妇女儿童犯罪案件具体应用法律若干问题的解释（2016年12月21日）

5. 最高人民法院关于审理非法行医刑事案件具体应用法律若干问题的解释（2016年12月16日修正）

6. 最高人民法院关于适用刑事诉讼法第二百二十五条第二款有关问题的批复（2016年6月23日）

7. 最高人民法院关于审理掩饰、隐瞒犯罪所得、犯罪所得收益刑事案件适用法律若干问题的解释（2015年5月29日）

8. 最高人民法院关于适用《中华人民共和国刑事诉讼法》的解释（2012年12月20日）

9. 人民检察院刑事诉讼规则（2019年12月30日）

10. 最高人民法院关于适用《中华人民共和国婚姻法》若干问题的解释（三）(2011年8月9日）

11. 最高人民法院关于审理伪造货币等案件具体应用法律若干问题的解释（二）(2010年10月20日）

12. 最高人民法院关于适用《中华人民共和国婚姻法》若干问题的解释（一）(2001年12月25日）

13. 最高人民法院关于审理抢劫案件具体应用法律若干问题的解释（2000年11月22日）

14. 最高人民法院、最高人民检察院关于办理组织、利用邪教组织破坏法律实施等刑事案件适用法律若干问题的解释（2017年1月25日）

15. 最高人民法院、最高人民检察院关于办理危害生产安全刑事案件适用法律若干问题的解释（2015年12月14日）

16. 最高人民法院、最高人民检察院关于办理寻衅滋事刑事案件适用法律若干问题的解释（2013年7月15日）

17. 最高人民法院关于审理未成年人刑事案件具体应用法律若干问题的解释（2006年1月11日）

18. 最高人民法院、最高人民检察院关于办理妨害预防、控制突发传染病疫情等灾害的刑事案件具体应用法律若干问题的解释（2003年5月14日）

19. 最高人民法院关于审理交通肇事刑事案件具体应用法律若干问题的解释（2000年11月15日）

20. 最高人民检察院关于强制隔离戒毒所工作人员能否成为虐待被监管人罪主体问题的批复（2015年2月15日）

四、司法指导性文件类

1. 最高人民检察院关于印发《检察机关办理侵犯公民个人信息案件指引》的通知（2018年11月9日）

2. 最高人民法院关于实施修订后的《关于常见犯罪的量刑指导意见》的通知（2017年3月9日）

3. 最高人民法院印发《关于全面推进以审判为中心的刑事诉讼制度改革的实施意见》的通知（2017年2月17日）

4. 最高人民法院关于印发《人民法院落实〈保护司法人员依法履行法定职责规定〉的实施办法》的通知（2017年2月7日）

5. 最高人民法院、最高人民检察院、公安部、国家安全部、司法部印发《关于推进以审判为中心的刑事诉讼制度改革的意见》的通知（2016年7月20日）

6. 最高人民法院关于防范和制裁虚假诉讼的指导意见（2016年6月20日）

7. 最高人民法院关于印发《关于审理抢劫刑事案件适用法律若干问题的指导意见》的通知（2016年1月6日）

8. 最高人民检察院关于印发《人民检察院刑事诉讼涉案财物管理规定》的通知（2015年3月6日）

9. 最高人民法院、最高人民检察院、公安部、司法部印发《关于依法办理家庭暴力犯罪案件的意见》的通知（2015年3月2日）

10. 最高人民法院、最高人民检察院、公安部、民政部关于依法处理监护人侵害未成年人权益行为若干问题的意见（2014年12月18日）

11. 最高人民法院、最高人民检察院、公安部、司法部印发《关于依法惩

治性侵害未成年人犯罪的意见》的通知（2013年10月23日）

12. 最高人民法院、最高人民检察院、公安部、司法部关于印发《关于刑事诉讼法律援助工作的规定》的通知（2013年2月4日修改）

13. 最高人民法院、最高人民检察院、公安部等关于实施刑事诉讼法若干问题的规定（2012年12月26日）

14. 最高人民法院、最高人民检察院、公安部、司法部印发《关于依法惩治拐卖妇女儿童犯罪的意见》的通知（2010年3月15日）

15. 最高人民法院印发《关于审理抢劫、抢夺刑事案件适用法律若干问题的意见》的通知（2005年7月16日）

16. 最高人民法院、最高人民检察院、公安部、司法部关于在部分地区就加强和规范刑事诉讼法律援助工作进行试点的通知（2003年12月30日）

17. 最高人民检察院关于印发部分罪案《审查逮捕证据参考标准（试行）》的通知（2003年11月27日）

18. 最高人民法院、最高人民检察院、公安部关于严格执行刑事诉讼法，切实纠防超期羁押的通知（2003年11月12日）

19. 最高人民法院关于抢劫过程中故意杀人案件如何定罪问题的批复（2001年5月23日）

20. 最高人民法院关于认真学习正确适用《中华人民共和国婚姻法》的通知（2001年5月10日）

21. 最高人民检察院关于认真落实最高人民法院、最高人民检察院、公安部《关于严格执行刑事诉讼法切实纠防超期羁押的通知》精神进一步做好相关工作的通知（2003年11月26日）

22. 最高人民检察院、最高人民法院、公安部关于严格执行刑事诉讼法关于对犯罪嫌疑人、被告人羁押期限的规定坚决纠正超期羁押问题的通知（1998年10月19日）

23. 最高人民法院关于印发《人民法院落实〈保护司法人员依法履行法定职责规定〉的实施办法》的通知（2017年2月7日）

24. 最高人民法院、最高人民检察院、公安部、司法部印发《关于依法办

理家庭暴力犯罪案件的意见》的通知（2015年3月2日）

25. 最高人民法院、最高人民检察院、公安部等印发《关于依法惩处涉医违法犯罪维护正常医疗秩序的意见》的通知（2014年4月22日）

26. 最高人民法院、最高人民检察院、公安部、司法部印发《关于依法惩治性侵害未成年人犯罪的意见》的通知（2013年10月23日）

27. 最高人民检察院关于印发部分罪案《审查逮捕证据参考标准（试行）》的通知（2003年11月27日）

28. 最高人民法院研究室关于对参加聚众斗殴受重伤或者死亡的人及其家属提出的民事赔偿请求能否予以支持问题的答复（2004年11月11日）

29. 最高人民检察院关于相对刑事责任年龄的人承担刑事责任范围有关问题的答复（2003年4月18日）

30. 最高人民检察院法律政策研究室关于对同案犯罪嫌疑人在逃对解除强制措施的在案犯罪嫌疑人如何适用《人民检察院刑事诉讼规则》有关问题的答复（2002年5月29日）

31. 最高人民法院办公厅关于实施《法院刑事诉讼文书样式》若干问题的解答（2001年6月15日）

32. 最高人民法院关于在国有股份有限公司中从事管理工作的人员非法行为如何定罪问题的批复（2001年5月29日）

33. 最高人民法院关于抢劫过程中故意杀人案件如何定罪问题的批复（2001年5月23日）

34. 最高人民法院关于审理单位犯罪案件对其直接负责的主管人员和其他直接责任人员是否区分主犯、从犯问题的批复（2000年9月30日）

35. 最高人民法院关于对设置圈套诱骗他人参赌又向索还钱财的受骗者施以暴力或暴力威胁的行为应如何定罪问题的批复（1995年11月6日）

五、部门规范性文件类

1. 公安部关于印发《违反公安行政管理行为的名称及其适用意见》的通知（2010年12月27日）

2. 国家发展改革委价格认证中心关于印发《被盗财物价格认定规则（试

行)》的通知（2014年11月15日）

　　3. 最高人民法院、最高人民检察院、公安部关于办理网络犯罪案件适用刑事诉讼程序若干问题的意见（2014年5月4日）

　　4. 公安部关于印发新修订《关于公安机关处置信访活动中违法犯罪行为适用法律的指导意见》的通知（2013年7月19日）

　　5. 最高人民法院、最高人民检察院、公安部关于依法惩处侵害公民个人信息犯罪活动的通知（2013年4月23日）

　　6. 文化部关于发布文化市场行政审批办事指南和业务手册的通知（二）（2013年8月28日）

　　7. 文化部关于贯彻《娱乐场所管理办法》的通知（2013年3月15日）

　　8. 司法部关于法律援助工作贯彻实施修改后刑事诉讼法的意见（2012年12月5日）

　　9. 商务部关于下发《境外中资企业机构和人员安全管理指南》的通知（2012年1月11日）

　　10. 公安部、最高人民法院、最高人民检察院等关于印发《关于办理流动性团伙性跨区域性犯罪案件有关问题的意见》的通知（2011年5月1日）

　　11. 民政部、公安部、财政部等关于进一步加强城市街头流浪乞讨人员救助管理和流浪未成年人解救保护工作的通知（2009年7月16日）

　　12. 公安部关于严厉打击侵害未成年人违法犯罪活动切实保护未成年人健康成长的通知（2009年6月1日）

　　13. 公安部关于印发《公安部刑事案件管辖分工补充规定》的通知（2008年2月19日）

　　14. 最高人民法院、最高人民检察院、公安部、中国证券监督管理委员会关于整治非法证券活动有关问题的通知（2008年1月2日）

　　15. 文化部关于印发《公众聚集文化经营场所审核公示暂行办法》的通知（2003年7月23日）

　　16. 最高人民法院、最高人民检察院、公安部关于依法严厉打击抢劫抢夺等多发性犯罪有关问题的通知（2002年7月30日）

17. 司法部关于下发《律师刑事诉讼格式文书》标准样式的通知（2001年5月14日）

18. 公安部关于打击拐卖妇女儿童犯罪适用法律和政策有关问题的意见（2000年3月24日）

19. 最高人民法院、最高人民检察院、公安部等关于打击拐卖妇女儿童犯罪有关问题的通知（2000年3月20日）

20. 最高人民法院、最高人民检察院、公安部、国家工商行政管理局关于印发《关于依法查处盗窃、抢劫机动车案件的规定》的通知（1998年5月8日）

21. 海关总署关于贯彻执行《关于刑事诉讼法实施中若干问题的规定》的通知（1998年4月15日）

22. 国务院办公厅关于尽快落实《刑事诉讼法》有关条款规定的通知（1997年10月23日）

23. 公安部关于贯彻实施刑事诉讼法有关问题的通知（1996年6月13日）

24. 公安部关于认真贯彻执行全国人大常委会《关于严惩拐卖、绑架妇女、儿童的犯罪分子的决定》的通知（1991年10月5日）

六、地方性法规类

1. 湖北省人民代表大会常务委员会关于加强检察公益诉讼工作的决定（2019年7月26日）

2. 湖北省预防未成年人犯罪条例（2016年12月1日）

3. 云南省人民代表大会常务委员会关于加强检察机关公益诉讼工作的决定（2019年9月28日）

4. 上海市社会救助条例（2018年11月22日）

5. 玉树藏族自治州施行《中华人民共和国婚姻法》的变通规定（2019年6月19日）

6. 浙江省社会治安综合治理条例（2017年11月30日修订）

7. 深圳市法律援助条例（2008年12月29日）

8. 广东省社会救助条例（2017年7月28日）

9. 广东省法律援助条例（2016年2月26日修订）

10. 广州市未成年人保护规定（2013 年 10 月 21 日）

11. 广东省保护公民举报条例（2014 年 9 月 25 日修正）

12. 贵州省法律援助条例（2019 年 3 月 29 日修正）

13. 贵州省安全技术防范管理条例（2017 年 11 月 30 日修正）

14. 天津市社会治安综合治理条例（2004 年 1 月 6 日）

15. 昆明市特种行业和公共场所治安管理条例（2013 年 11 月 29 日）

16. 甘肃省社会救助条例（2015 年 3 月 23 日）

17. 甘肃省临夏回族自治州施行《中华人民共和国婚姻法》的变通规定（2012 年 6 月 1 日）

18. 包头市刑事被害人困难救助条例（2012 年 5 月 30 日）

19. 甘肃省社会治安综合治理条例（2010 年 11 月 26 日修订）

20. 新疆维吾尔自治区社会治安综合治理条例（2009 年 12 月 29 日修订）

21. 吉林省社会治安综合治理条例（2008 年 11 月 28 日）

22. 成都市未成年人安全保护条例（2007 年 9 月 27 日）

23. 西藏自治区社会治安综合治理条例（2007 年 6 月 6 日修订）

24. 青海省社会治安综合治理条例（2006 年 5 月 26 日）

七、地方政府规章类

1. 南昌市最低生活保障办法（2018 年 11 月 27 日）

2. 白银市城市居民最低生活保障办法（2018 年 8 月 19 日）

3. 北京市社会救助实施办法（2018 年 5 月 4 日）

4. 广州市最低生活保障办法（2018 年 2 月 13 日修正）

5. 湖北省城镇保障性住房管理办法（2018 年 2 月 7 日）

6. 甘肃省城市居民最低生活保障办法（2017 年 10 月 9 日）

7. 福建省居民户口登记管理办法（2016 年 10 月 21 日）

8. 吉林省居住证管理办法（2016 年 3 月 8 日）

9. 宁夏回族自治区医疗救助办法（2015 年 11 月 14 日）

八、地方规范性文件类

1. 海南省教育厅关于加强预防未成年人被侵害和违法犯罪工作的通知

（2019 年 4 月 2 日）

　　2. 万宁市人民政府关于印发万宁市突发事件总体应急预案的通知（2014 年 11 月 11 日）

　　3. 黑龙江省教育厅关于印发《黑龙江省教育系统扫黑除恶专项斗争明白卡》的通知（2019 年 3 月 14 日）

　　4. 齐齐哈尔市人民政府办公室关于做好行政处罚权实施属地化执法改革落实和衔接工作的通知（2019 年 1 月 24 日）

　　5. 黑龙江省公安厅关于认真贯彻执行《中华人民共和国刑事诉讼法》第二百七十五条规定的通知（2014 年 4 月 11 日）

　　6. 黑龙江省公安厅关于印发《黑龙江省公安机关刑事案件管辖分工规定》的通知（2008 年 8 月 18 日）

　　7. 邯郸市教育局关于印发《邯郸市教育系统加强扫黑除恶专项斗争宣传工作方案》的通知（2019 年 3 月 11 日）

　　8. 河北省律师协会关于印发律师刑事诉讼格式文书参考样式的通知（2013 年 11 月 27 日）

　　9. 福建省律师协会关于下发《福建省律师办理黑恶势力犯罪案件辩护代理工作规范（试行）》及《律师刑事诉讼格式文书（修订版）》的通知（2018 年 11 月 20 日）

　　10. 福建省民政厅、福建省公安厅、福建省财政厅、福建省住房和城乡建设厅、福建省卫生厅转发民政部等 5 部门关于进一步加强城市街头流浪乞讨人员救助管理和流浪未成年人解救保护工作的通知（2009 年 9 月 17 日）

　　11. 洛阳市人民政府关于印发洛阳市加强农村留守儿童关爱保护工作实施意见的通知（2016 年 10 月 11 日）

　　12. 中共河南省委、河南省人民政府关于加强农村留守儿童关爱保护工作的实施意见（2016 年 5 月 11 日）

　　13. 河南省人力资源和社会保障厅关于印发 2014 年和谐劳动关系构建工程实施意见的通知（2014 年 4 月 8 日）

　　14. 赣州市人民政府关于进一步加强全市农村留守儿童关爱保护工作的实

施意见（2017年3月7日）

15. 景德镇市人民政府关于加强农村留守儿童关爱保护工作的实施意见（2017年1月24日）

16. 九江市人民政府关于加强农村留守儿童关爱保护工作的实施意见（2016年12月20日）

17. 萍乡市人民政府办公室关于印发加强农村留守儿童关爱保护工作实施方案的通知（2016年11月25日）

18. 南昌市人民政府印发关于加强农村留守儿童关爱保护工作的实施方案的通知（2016年10月17日）

19. 吉安市人民政府关于加强农村留守儿童关爱保护工作的实施意见（2016年9月6日）

20. 江西省人民政府关于加强农村留守儿童关爱保护工作的实施意见（2016年7月22日）

21. 江西省人民检察院、江西省人力资源和社会保障厅、江西省公安厅关于印发《江西省劳动保障监察机关移送涉嫌犯罪案件的工作意见》的通知（2011年12月26日）

22. 西安市民政局关于进一步加强村规民约建设的通知（2018年7月9日）

23. 西宁市人民政府办公厅转发市民政局等部门关于进一步加强城市街头流浪乞讨人员救助管理和流浪未成年人解救保护工作实施方案的通知（2010年1月15日）

24. 乌兰察布市人民政府关于调整一批行政权力事项的决定（2017年4月12日）

25. 益阳市人民政府办公室关于印发《益阳市公共场所安全事故应急预案》的通知（2017年2月24日）

26. 甘肃省人民政府办公厅关于印发甘肃省突发公共事件总体应急预案的通知（2016年1月9日）

27. 深圳市城市管理行政执法局关于印发《深圳市城市管理综合执法行政处罚自由裁量权实施标准》的通知（2015年12月31日）

28. 浙江省公安厅、浙江省财政厅关于印发浙江省黑恶违法犯罪举报奖励办法的通知（2018年3月6日）

29. 浙江省人力资源和社会保障厅、浙江省公安厅转发人力资源社会保障部公安部关于加强社会保险欺诈案件查处和移送工作的通知（2015年11月23日）

30. 株洲市人民政府办公室关于进一步加强和规范突发事件信息报送工作的通知（2015年7月22日）

31. 四川省人力资源和社会保障厅等十部门关于建立维护职工权益部门联动机制的通知（2014年11月12日）

32. 凉山州人民政府办公室关于开展整治非法集资问题集中宣传活动的通知（2012年3月19日）

33. 怀化市人民政府办公室关于印发《怀化市突发事件报告范围与标准》的通知（2014年10月30日）

34. 营口市人民政府关于印发加强农村留守儿童关爱保护工作实施意见的通知（2016年10月14日）

35. 陕西省民政厅关于开展未成年人社会保护试点工作的通知（2014年6月4日）

36. 贵州省高级人民法院、贵州省人民检察院、贵州省公安厅、贵州省司法厅关于印发《贵州省刑事诉讼法律援助工作实施办法》的通知（2014年11月18日）

37. 昆明市人民政府办公厅关于印发昆明市制定政府规章和规范性文件技术规范的通知（2013年10月8日）

38. 固原市人民政府办公室关于开展防范和打击非法集资宣传活动的通知（2013年5月20日）

39. 固原市人民政府办公室关于加强流浪乞讨人员救助管理工作的通知（2013年1月6日）

40. 德州市人民政府办公室转发市民政局等五部门关于城市街头流浪乞讨人员救助管理和流浪乞讨未成年人解救保护工作实施意见的通知（2010年9月

29日）

41. 江苏省司法厅关于不再办理涉及刑事诉讼案件保全证据公证的通知（2001年10月25日）

九、地方司法文件类

1. 四川省高级人民法院关于印发《四川省高级人民法院机动车交通事故责任纠纷案件审理指南》的通知（2019年9月20日）

2. 四川省高级人民法院印发《关于为民营经济健康发展提供有力司法服务和保障的实施意见》的通知（2018年12月24日）

3. 四川省高级人民法院印发《关于充分发挥审判职能作用服务保障我省乡村振兴战略实施的意见》的通知（2018年12月21日）

4. 四川省高级人民法院关于印发《〈关于常见犯罪量刑指导意见〉实施细则（二）》《〈关于规范量刑程序若干问题的意见（试行）〉实施细则》的通知（2017年2月22日）

5. 四川省高级人民法院《关于常见犯罪的量刑指导意见》实施细则（2014年7月1日）

6. 四川省高级人民法院、四川省人民检察院《关于我省敲诈勒索罪具体数额执行标准的通知》（2013年8月8日）

7. 四川省高级人民法院、四川省人民检察院、四川省公安厅关于办理拒不执行判决、裁定刑事案件若干问题的意见（2002年10月17日）

8. 江苏省高级人民法院关于办理认罪认罚刑事案件的指导意见（2019年8月21日）

9. 江苏省高级人民法院关于推进多元化纠纷解决机制的实施办法（试行）（2019年8月30日）

10. 中共江苏省委政法委员会、江苏省高级人民法院、江苏省人民检察院等关于印发《关于刑事诉讼活动中电子印章、电子签名和电子指纹捺印法律效力问题的规定（试行）》的通知（2018年10月23日）

11. 江苏省未成年人保护委员会、江苏省高级人民法院、江苏省人民检察院等关于印发《江苏省规范合适成年人参与刑事诉讼活动的实施意见》的通知

（2014 年 4 月 4 日）

　　12. 江苏省高级人民法院关于我省执行拒不支付劳动报酬罪数额标准的意见（2014 年 1 月 15 日）

　　13. 江苏省各中级人民法院刑事案件判刑量刑标准指导意见（2009 年 12 月 24 日）

　　14. 江苏省高级人民法院、江苏省人民检察院、江苏省公安厅《关于办理聚众斗殴案件适用法律若干问题的意见》（2009 年 2 月 23 日）

　　15. 江苏省高级人民法院关于审理附带民事诉讼案件若干问题的意见（试行）（2005 年 9 月 16 日）

　　16. 江苏省人民检察院、省高级人民法院、省公安厅关于统一刑事诉讼中单位犯罪主体称谓的通知（1970 年 8 月 20 日）

　　17. 杭州市人民检察院关于印发《关于庭前听取辩护人意见和提供举证提纲的指导意见》的通知（2018 年 12 月 29 日）

　　18. 浙江省高级人民法院、浙江省人民检察院、浙江省公安厅关于印发《关于办理"套路贷"刑事案件的指导意见》的通知（2018 年 3 月 18 日）

　　19. 浙江省高级人民法院关于实施修订后的《〈关于常见犯罪的量刑指导意见〉实施细则》的通知（2017 年 4 月 28 日）

　　20. 浙江省高级人民法院、浙江省人民检察院、浙江省司法厅关于在刑事诉讼中进一步加强对未成年被害人法律援助工作的通知（2016 年 5 月 20 日）

　　21. 浙江省高级人民法院、浙江省人民检察院、浙江省公安厅关于办理盗窃刑事案件的若干意见（2015 年 12 月）

　　22. 浙江省高级人民法院、浙江省人民检察院、浙江省公安厅、浙江省司法厅关于印发《关于在刑事诉讼中为未成年犯罪嫌疑人被告人提供法律援助的实施办法》的通知（2013 年 9 月 3 日）

　　23. 浙江省高级人民法院、浙江省人民检察院关于印发确定敲诈勒索罪数额标准的通知（2013 年 7 月 15 日）

　　24. 浙江省高级人民法院关于部分罪名定罪量刑情节及数额标准的意见（2012 年 11 月 9 日）

25. 浙江省高级人民法院、浙江省人民检察院、浙江省公安厅《关于办理抢夺、抢劫犯罪案件适用法律的指导意见》(2009年2月6日)

26. 浙江省高级人民法院、浙江省人民检察院、浙江省公安厅关于执行刑事诉讼法若干问题的解答(2002年1月14日)

27. 浙江省高级人民法院刑事审判庭关于执行刑法若干问题的具体意见(二)(2000年9月30日)

28. 中共深圳市委政法委员会、深圳市中级人民法院、深圳市人民检察院等关于印发《深圳市刑事诉讼涉案财物处置办法(试行)》的通知(2019年9月29日)

29. 深圳市中级人民法院、深圳市人民检察院、深圳市公安局、深圳市司法局关于印发《深圳市办理刑事案件排除非法证据规程(试行)》《深圳市办理刑事案件庭前会议规程(试行)》《深圳市刑事案件第一审普通程序法庭调查实施规程(试行)》《深圳市刑事案件出庭作证工作规程(试行)》的通知(2019年6月19日)

30. 广东省高级人民法院关于实施修订后的《广东省高级人民法院〈关于常见犯罪的量刑指导意见〉实施细则》的通知(2017年6月14日)

31. 广州市中级人民法院关于印发《广州市中级人民法院关于推进以审判为中心的刑事诉讼制度改革的工作方案》及五个配套实施规程的通知(2017年2月4日)

32. 广东省高级人民法院、广东省人民检察院关于确定抢夺刑事案件数额标准的通知(2014年8月27日)

33. 广东省高级人民法院、广东省人民检察院、广东省公安厅、广东省司法厅关于印发《关于审理减刑、假释案件实施细则》的通知(2014年5月6日)

34. 广东省高级人民法院、广东省人民检察院《关于确定抢劫刑事案件数额巨大标准的通知》(2013年9月12日)

35. 广东省高级人民法院、广东省人民检察院关于印发《广东省高级人民法院、广东省人民检察院关于刑事诉讼中适用和解的指导意见(试行)》的通

知（2008年7月30日）

36.广东省高级人民法院《关于办理公司、企业或者其他单位的工作人员职务侵占、受贿、挪用资金等刑事犯罪案件适用法律若干问题的座谈会纪要》（2006年8月28日）

37.广东省高级人民法院、广东省人民检察院、广东省公安厅《关于依法严厉打击抢劫、抢夺犯罪适用法律的指导意见》（2006年2月25日）

38.广东省高级人民法院、广东省人民检察院、广东省公安厅关于办理抢劫、抢夺案件适用法律问题的意见（2001年9月13日）

39.辽宁省高级人民法院、辽宁省司法厅关于印发《辽宁省开展刑事案件审判阶段律师辩护全覆盖试点工作实施办法》的通知（2018年12月25日）

40.辽宁省高级人民法院《关于常见犯罪的量刑指导意见》实施细则（一）（2017年8月1日）

41.辽宁省高级人民法院《关于常见犯罪的量刑指导意见》实施细则（三）（2017年8月1日）

42.辽宁省高级人民法院《关于常见犯罪的量刑指导意见》实施细则（2014年4月1日）

43.大连市公安局、大连市人民检察院、大连市中级人民法院关于依法办理暴力拆迁案件的工作意见（2009年10月19日）

44.山东省人民检察院关于印发《山东省人民检察院关于充分发挥检察职能依法服务和保障民营经济高质量发展的意见》的通知（2018年11月12日）

45.山东省高级人民法院关于印发修订后《常见犯罪量刑指导意见实施细则》的通知（2017年11月2日）

46.重庆市高级人民法院、重庆市人民检察院、重庆市公安局、重庆市司法局关于印发《关于刑事公诉案件证人出庭作证的若干规定（试行）》的通知（2018年11月25日）

47.重庆市高级人民法院印发《〈关于常见犯罪的量刑指导意见〉实施细则》的通知（2017年6月5日）

48.安徽省高级人民法院、安徽省人民检察院、安徽省公安厅关于办理

"套路贷"刑事案件的指导意见（2018年6月15日）

49. 安徽省高级人民法院、安徽省人民检察院、安徽省公安厅关于印发《部分刑事案件证据指引工作意见》的通知（2017年9月28日）

50. 安徽省高级人民法院《关于常见犯罪的量刑指导意见》实施细则（2017年5月4日）

51. 安徽省高级人民法院关于印发安徽省高级人民法院《关于十五种常见犯罪量刑规范的实施细则》的通知（2014年5月4日）

52. 安徽省高级人民法院、安徽省人民检察院关于敲诈勒索罪数额认定标准问题的规定（2013年7月30日）

53. 河南省高级人民法院印发《〈关于常见犯罪的量刑指导意见〉实施细则》的通知（2017年7月28日）

54. 河南省高级人民法院、河南省人民检察院、河南省公安厅关于办理非法集资刑事案件适用法律若干问题的指导意见（2015年12月30日）

55. 江西省高级人民法院、江西省人民检察院、江西省公安厅等印发《江西省关于依法保障律师办理刑事诉讼业务执业权利的实施细则》的通知（2017年11月3日）

56. 江西省高级人民法院关于印发《江西省高级人民法院〈关于常见犯罪的量刑指导意见〉实施细则》的通知（2017年6月27日）

57. 广西壮族自治区高级人民法院关于印发修订后《广西壮族自治区高级人民法院〈关于常见犯罪的量刑指导意见〉实施细则》的通知（2017年6月9日）

58. 广西壮族自治区高级人民法院、广西壮族自治区人民检察院、广西壮族自治区公安厅、广西壮族自治区司法厅关于印发《广西壮族自治区刑事诉讼法律援助工作实施办法》的通知（2014年4月17日）

59. 天津市高级人民法院关于实施修订后的《〈关于常见犯罪的量刑指导意见〉实施细则》的通知（2017年4月28日）

60. 天津市高级人民法院、天津市人民检察院、天津市公安局、天津市司法局关于刑法部分罪名数额执行标准和情节认定标准的意见（2017年1月

1日）

61. 天津市高级人民法院关于扩大量刑规范化罪名和刑种的量刑指导意见（试行）(2016年7月1日)

62. 天津市高级人民法院《关于刑法分则部分条款犯罪数额和情节认定标准的意见》(2011年12月26日)

63. 天津市高级人民法院关于审理刑事附带民事诉讼案件有关问题的意见(2006年7月13日)

64. 天津市高级人民法院《关于挪用公款等犯罪数额标准的意见》(1998年7月9日)

65. 湖北省高级人民法院《关于常见犯罪的量刑指导意见》实施细则(2013年12月26日)

66. 湖北省高级人民法院关于扩大量刑规范化罪名和刑种的量刑指导意见（试行）(2016年6月29日)

67. 湖北省人民检察院关于印发《湖北省检察机关刑事诉讼法律监督调查办法》的通知(2008年4月15日)

68. 上海高级人民法院、上海市人民检察院、上海市公安局、上海市司法局关于印发《关于办理减刑、假释案件的实施细则（试行）》的通知(2018年3月30日)

69. 上海市高级人民法院、上海市人民检察院、上海市公安局关于本市办理"套路贷"刑事案件的工作意见(2017年10月25日)

70. 上海市高级人民法院、上海市人民检察院、上海市公安局等关于印发《暂予监外执行规定实施细则》通知(2016年10月25日)

71. 上海市高级人民法院《关于常见犯罪的量刑指导意见》实施细则(2014年6月16日)

72. 上海市高级人民法院、上海市人民检察院、上海市公安局、上海市司法局《关于办理减刑、假释案件实施细则（试行）》(2012年12月28日)

73. 上海市高级人民法院《关于抢劫犯罪适用财产刑标准的若干意见》(2007年7月4日)

74. 上海市高级人民法院《关于办理聚众斗殴犯罪案件的若干意见》(2006年9月5日)

75. 上海市高级人民法院、上海市人民检察院、上海市公安局等关于重大故意杀人、故意伤害、抢劫和毒品犯罪案件基本证据及其规格的意见（2006年7月31日）

76. 上海市高级人民法院关于适用最高人民法院婚姻法司法解释（二）若干问题的解答（一）(2004年9月7日)

77. 上海市高级人民法院刑庭、上海市人民检察院公诉处关于进一步规范部分常见刑事案件级别管辖的意见（2004年8月13日）

78. 上海市高级人民法院、上海市人民检察院、上海市公安局《关于办理犯罪嫌疑人、被告人在刑事诉讼期间患精神病的案件的规定》(2003年11月20日)

79. 上海市高级人民法院关于下发《关于在民事审判中实施〈中华人民共和国婚姻法〉的暂行意见》的通知（2001年6月7日）

80. 上海市高级人民法院刑事审判庭《关于聚众斗殴、寻衅滋事造成他人重伤、死亡结果的定罪问题》(1997年7月15日)

81. 贵州省高级人民法院、贵州省人民检察院、贵州省公安厅关于印发《刑事案件基本证据要求》的通知（2016年4月27日）

82. 贵州省高级人民法院关于印发《贵州省高级人民法院贯彻〈最高人民法院关于常见犯罪的量刑指导意见〉实施细则》的通知（2014年7月3日）

83. 贵州省高级人民法院、贵州省人民检察院《关于对我省诈骗罪数额认定标准的规定》(2013年8月22日)

84. 贵州省高级人民法院、贵州省人民检察院、贵州省公安厅关于办理拒不执行判决、裁定刑事案件的若干意见（2002年12月4日）

85. 贵州省高级人民法院《关于对我省办理破坏社会主义市场经济秩序罪、侵犯财产罪及渎职罪部分案件数额认定标准的暂行规定》(2001年12月20日)

86. 福建省高级人民法院修改《〈关于常见犯罪的量刑指导意见〉实施细则》的通知（2015年7月14日）

87. 福建省高级人民法院、福建省人民检察院《关于我省执行抢夺罪新数额标准的通知》（2014年6月9日）

88. 黑龙江省高级人民法院《关于常见犯罪的量刑指导意见》实施细则（2015年7月2日）

89. 北京市人民检察院关于印发《北京市人民检察院关于公诉案件起诉书制作的规范意见（试行）》的通知（2015年6月16日）

90. 北京市公安局、北京市高级人民法院对非法销售、储存、运输、燃放烟花爆竹等行为依法处理的意见（2013年2月6日）

91. 吉林省高级人民法院关于实施《吉林省高级人民法院〈关于常见犯罪的量刑指导意见〉实施细则》的通知（2014年8月7日）

92. 吉林省高级人民法院《关于常见犯罪的量刑指导意见》实施细则（2014年7月24日）

93. 新疆维吾尔自治区高级人民法院关于印发新疆维吾尔自治区高级人民法院《关于常见犯罪的量刑指导意见》实施细则（2014年8月1日）

94. 青海省高级人民法院《关于常见犯罪的量刑指导意见》实施细则（2014年7月15日）

95. 内蒙古自治区检察机关减刑假释案件庭审监督规定（试行）（2014年6月19日）

96. 内蒙古自治区高级人民法院《人民法院量刑指导意见（试行）》实施细则（2012年3月23日）

97. 内蒙古自治区高级人民法院关于办理拒不执行人民法院判决裁定犯罪案件若干问题的意见（2003年11月7日）

98. 北京市高级人民法院关于印发《北京市高级人民法院关于适用办理抢夺刑事案件司法解释的若干意见》的通知（2014年6月12日）

99. 北京市高级人民法院关于印发《北京市高级人民法院"关于常见犯罪的量刑指导意见"实施细则》的通知（2014年6月12日）

100. 北京市高级人民法院关于印发《北京市高级人民法院关于落实修改后刑事诉讼法做好附带民事诉讼赔偿调整应对工作的意见》的通知（2012年11

月9日）

101. 北京市高级人民法院、市人民检察院、市公安局、市司法局关于依法办理暴力拆迁案件的工作意见（2009年2月27日）

102. 北京市高级人民法院、北京市人民检察院、北京市公安局、北京市国家安全局关于进一步加强刑事诉讼中涉案资金管理工作的意见（2008年4月2日）

103. 山西省高级人民法院《关于常见犯罪的量刑指导意见》实施细则（2014年6月1日）

104. 湖南省高级人民法院关于印发《湖南省高级人民法院关于贯彻〈最高人民法院关于常见犯罪的量刑指导意见〉的实施细则》的通知（2014年5月27日）

105. 湖南省高级人民法院、湖南省人民检察院《关于办理抢劫刑事案件执行具体数额标准的规定》（2013年7月9日）

106. 湖南省高级人民法院、湖南省人民检察院、湖南省公安厅《关于确定我省办理八种财产犯罪案件数额认定标准的意见》（2012年2月27日）

107. 湖南省高级人民法院关于加强对家庭暴力受害妇女司法保护的指导意见（试行）（2009年4月14日）

108. 河北省高级人民法院《关于常见犯罪的量刑指导意见》实施细则（2014年3月24日）

109. 海南省高级人民法院《人民法院量刑指导意见》实施细则（2014年1月1日）

110. 海南省高级人民法院、海南省人民检察院、海南省公安厅、海南省司法厅关于加强刑事诉讼法律援助工作的意见（2013年7月2日）

111. 甘肃省高级人民法院《人民法院量刑指导意见（试行）》实施细则（2011年10月4日）

十、团体、行业规定类

1. 中华全国律师协会关于印发《律师办理刑事案件规范》的通知（2017年9月20日）

2. 共青团中央、中央综治委预防青少年违法犯罪专项组、中央综治办等关于印发《关于加强青少年事务社会工作专业人才队伍建设的意见》的通知（2014年1月10日）

3. 中华全国律师协会律师办理婚姻家庭法律业务操作指引（2008年12月31日）

4. 海峡两岸共同打击犯罪及司法互助协议（2009年4月26日）

5. 军队贯彻实施《中华人民共和国婚姻法》若干问题的规定（2001年11月9日）

6. 全国妇联贯彻《关于广泛开展学习宣传〈中华人民共和国婚姻法〉活动通知》的意见（2001年7月24日）

7. 中国建设银行金融诈骗、盗窃、抢劫案件报告制度（1996年5月29日）